O que as pessoas estão falando sobre
Conflito de Gerações

Os líderes estão tendo dificuldade em motivar os *Millennials* no local de trabalho — e, agora, a Geração Z está chegando. Grubb oferece sugestões concretas sobre como engajar quatro gerações consecutivas, cada uma com expectativas diferentes em relação aos gestores e às organizações. Se sua intenção é ler somente um livro de gestão neste ano, *este* é o livro. Foi uma alegria lê-lo, com um texto dinâmico e numerosos conselhos práticos.

Timothy T. Baldwin, professor titular de Gestão e Empreendedorismo na Universidade de Indiana, Kelley School of Business.

Val Grubb captou com exatidão e concisão a realidade do novo local de trabalho, descrevendo-a em um texto legível e compreensível. Na essência, suas recomendações para construir e impulsionar uma organização diversificada e multigeracional são objetivas e pontuais. Eu gosto de livros que apresentam soluções realistas e factíveis, mas adoro livros que fazem as perguntas certas! Eu gostaria de ter sido o coautor.

Chip Espinoza, PhD e autor de *Managing the Millennials: Discover the Core Competencies for Managing Today's Workforce.*

Desde a primeira página, *Conflito de Gerações* nos alveja com números e fatos concretos. Grubb escreveu um livro magistral, que capta a essência do conflito de gerações e fornece soluções argutas. *Conflito de Gerações* não é um bote salva-vidas, mas sim uma lancha de corrida para alcançar o sucesso multigeracional.

Meagan Johnson, Generational Humorist, autora de *Generations, Inc.: From Boomers to Linksters: Managing the Frictions Between Generations at Work.*

A experiência de muitos anos de Grubb em liderar e gerenciar equipes diversificadas e multigeracionais, além de prestar consultoria a empresas que se incluem entre as melhores da classe, faz de *Conflito de Gerações* um livro cativante sobre como a população ativa está mudando – e mudando com rapidez. Qualquer pessoa empenhada em desenvolver suas competências de liderança e em aprender a navegar nas corredeiras de equipes em rápido processo de diversificação concluirá que as estratégias por ela propostas não só se baseiam nas tendências mais atuais, mas também são as mais factíveis, práticas e promissoras.

> Jennifer Brown, presidente e CEO da Jennifer Brown Consulting, autora de *Inclusion: Diversity, the New Workplace & the Will to Change.*

CONFLITO DE GERAÇÕES

Desafios e estratégias para gerenciar quatro gerações no ambiente de trabalho

Copyright © 2017 Valerie M. Grubb
Copyright © 2018 Editora Autêntica Business

Todos os direitos reservados. Esta tradução foi publicada nos termos de licenciamento com a editora original John Wily & Sons, Inc.

Título original: *Clash of the Generations: Managing the New Workplace Reality*

Todos os direitos reservados pela Editora Autêntica Business. Nenhuma parte desta publicação poderá ser reproduzida, seja por meios mecânicos, eletrônicos, seja cópia xerográfica, sem autorização prévia da Editora.

EDITOR
Marcelo Amaral de Moraes

ASSISTENTE EDITORIAL
Vanessa Cristina da Silva Sá

CAPA
Diogo Droschi (sobre imagem de guteksk7 / Twin Design / Shutterstock)

REVISÃO TÉCNICA
Marcelo Amaral de Moraes

REVISÃO
Lúcia Assumpção

DIAGRAMAÇÃO
Larissa Carvalho Mazzoni

Dados Internacionais de Catalogação na Publicação (CIP)
(Câmara Brasileira do Livro, SP, Brasil)

Grubb, Valerie M.
  Conflito de Gerações : desafios e estratégias para gerenciar quatro gerações no ambiente de trabalho / Valerie M. Grubb ; tradução Afonso Celso da Cunha Serra. -- 1. ed. -- São Paulo : Autêntica Business, 2018.

  Título original: Clash of the Generations: Managing the New Workplace Reality.

  ISBN 978-85-513-0404-4

  1. Gestão 2. Mudança organizacional 3. Conflito de Gerações 4. Recursos Humanos 5. Gestão de Pessoas I. Título.

18-17254   CDD-650.13

Índices para catálogo sistemático:
1. Relações interpessoais : Comportamento organizacional : Administração 650.13
Iolanda Rodrigues Biode - Bibliotecária - CRB-8/10014

A **AUTÊNTICA BUSINESS** É UMA EDITORA DO **GRUPO AUTÊNTICA**

São Paulo
Av. Paulista, 2.073,
Conjunto Nacional, Horsa I
23º andar . Conj. 2310 - 2312
Cerqueira César . 01311-940
São Paulo . SP
Tel.: (55 11) 3034 4468

Belo Horizonte
Rua Carlos Turner, 420,
Silveira . 31140-520
Belo Horizonte . MG
Tel.: (55 31) 3465 4500

Rio de Janeiro
Rua Debret, 23, sala 401
Centro . 20030-080
Rio de Janeiro . RJ
Tel.: (55 21) 3179 1975

www.grupoautentica.com.br

VALERIE M. GRUBB

CONFLITO DE

GERAÇÕES

Desafios e estratégias
para gerenciar
quatro gerações no
ambiente de trabalho

TRADUÇÃO Afonso Celso da Cunha Serra

autêntica
BUSINESS

Ao meu pai, Byron E. Grubb, que me ensinou a respeitar todas as pessoas, qualquer que seja sua posição ou status. *Você deixou saudades.*

SUMÁRIO

Prefácio — **13**

Agradecimentos — **15**

Capítulo 1: A realidade do novo ambiente de trabalho — **17**

A mudança na natureza da liderança — 19
A mudança no papel do gestor — 22
A mudança no papel do RH — 25
A mudança no papel dos trabalhadores — 28
Construindo sobre essas mudanças — 29

Capítulo 2: Definindo as gerações — **31**

O que dizem os especialistas — 31
As três grandes e uma novata — 33
Características geracionais — 40
Quanto mais as coisas mudam... — 41

Capítulo 3: Fomentando uma cultura de inclusão — **44**

O caso de negócios pela diversidade — 46
O papel da cultura da empresa — 48
Superando uma cultura negativa — 53
Construindo uma cultura de diversidade etária — 54

Capítulo 4: Montando o cenário para um grande desempenho — **61**

Definindo os objetivos — 63
Avaliando o desempenho dos trabalhadores — 69
Você consegue o que você recompensa — 78
Reconhecimento pela liderança sênior *versus*
reconhecimento pelos pares — 79
Fundamentos do reconhecimento — 81
Motivadores intrínsecos — 83
Reconhecimento via carreira e desenvolvimento — 86

Capítulo 5: Atuando como gestor inclusivo — **90**

Os benefícios da inclusão — 91
Quebrando os maus hábitos — 92
O raciocínio falso dos novos gestores — 93
Lidere pelo exemplo — 94
Não imite os maus gestores — 95
Promova o respeito — 95
Inovação nas duas pontas do espectro — 98
Gerenciando trabalhadores mais velhos que você — 100
As consequências de não ser inclusivo — 101

Capítulo 6: Promovendo oportunidades de crescimento — **103**

O poder da delegação eficaz — 105
Empodere os trabalhadores — 110
Conciliando diferentes estilos de aprendizado — 111
Treinamento experiencial — 114
Desenvolva um programa de mentoria — 116

Capítulo 7: Gerenciando diferenças na ética de trabalho — **118**

Definindo ética de trabalho — 120
A importância da missão para os *Millennials* — 122
Conectando a missão da empresa com os objetivos sociais — 125
O que os gestores podem fazer — 127
O que as empresas podem fazer — 130

Capítulo 8: Gerenciando diferentes expectativas
de equilíbrio trabalho-vida — **131**

A origem do equilíbrio trabalho-vida — 132
Mistura *versus* equilíbrio trabalho-vida — 133
Desempenho *versus* presença física — 135
Gerenciando a flexibilidade — 137
Gerenciando equipes virtuais — 141

Capítulo 9: Gerenciando as diferenças em planos
de desenvolvimento de carreira — **145**

Expectativas de desenvolvimento de carreira por geração — 146
Usando o desenvolvimento de carreira para o planejamento
de sucessão em todos os níveis — 149
Cinco passos fáceis para criar um plano de desenvolvimento de carreira — 152
Criando em toda a empresa um programa de desenvolvimento
específico para a liderança — 154
Criando o seu próprio plano de desenvolvimento de carreira — 158

Capítulo 10: Dar e receber entre as gerações — **162**

A comunicação é a chave — 163
O como e o quando da comunicação — 164
Apreciando as contribuições da juventude — 168
Valorizando a sabedoria da idade — 170
Promovendo interações positivas — 171
O desafio da juventude ao liderar a sabedoria — 174

Capítulo 11: Você como a força motivadora — **176**

As expectativas dos gestores de hoje — 177
Focando em você — 179
Encontrando um mentor — 182
Mudando de fazedor tático para pensador estratégico — 186

Apêndice A: Estudo de caso – Chegg — **189**

Antecedentes — 189
Benefícios — 190
Cultura da empresa — 191
Ambiente de trabalho físico — 193
Recrutamento — 194
Resumo — 195

Apêndice B: Estudo de caso – Consultores: Serviços de
Desenvolvimento da Liderança — **196**

Liderança — 197
Flexibilidade — 199
Ética de trabalho e estilo — 200
Benefícios — 201

Apêndice C: Estudo de caso – Electronic Arts — **203**

Antecedentes — 203
Cultura da empresa — 204
Desenvolvimento de carreira — 205
Recrutamento — 209
Resumo — 209

Apêndice D: Estudo de caso – Hy-Ko Products — **210**

Antecedentes — 210
Benefícios e recrutamento — 211
Desenvolvimento de carreira — 213
Resumo — 214

Apêndice E: Estudo de caso – TECT Corporation **215**

Antecedentes 215
Recrutamento 216
Cultura da empresa 216
Desenvolvimento de carreira 217
Resumo 220

Apêndice F: Estudo de caso – The Andersons **222**

Antecedentes 222
Cultura da empresa 223
Ambiente de trabalho físico 226
Desenvolvimento de carreira 226
Benefícios 227
Resumo 228

Sobre a autora **229**

Índice **230**

PREFÁCIO

POR VOLTA de 2020, 25% da população ativa dos Estados Unidos terá mais de 55 anos de idade – e não se aposentará tão cedo. Resultado? Um choque de culturas que exige nova abordagem gerencial.

Nos anos recentes, muito se tem falado sobre questões relacionadas com gerações no local de trabalho – principalmente sobre a iminente aposentadoria em massa dos *Baby Boomers* (nascidos entre 1946-1964). Líderes seniores e executivos de RH foram advertidos a se preparar para enfrentar o êxodo de conhecimento decorrente da aposentadoria de multidões de *Baby Boomers*, e para gerenciar as gerações subsequentes, em especial os *Millennials* (nascidos entre 1981-1997), que substituiriam as gerações anteriores.

A realidade, contudo, é que os *Boomers* não se aposentaram nas quantidades esperadas de início. De fato, a idade média de aposentadoria vem aumentando gradualmente (hoje situa-se em torno de 61 anos), e pesquisas recentes indicam que as pessoas continuarão se aposentando cada vez mais tarde. Pesquisa recente do Instituto Gallup descobriu que 24% dos *Baby Boomers* estão esperando até 65 anos para se aposentar, e que 49% pretendem aguardar até 66 anos ou mais. Além disso, pesquisadores do Stanford Center on Longevity, estimam que, por volta de 2020, 25% da população ativa terá 55 anos ou mais – um grande salto em comparação com os 13% do ano 2000. No futuro próximo, é possível que vejamos pessoas trabalhando com 100 anos, ou mais!

Como os *Baby Boomers* estão prolongando sua permanência no local de trabalho, o velho modelo de negócios em que "os velhos se aposentam para dar lugar aos jovens" não mais se aplica. Em vez dos ciclos anteriores de gerações sucessivas, as empresas estão deparando, cada vez mais, com quadros de pessoal que abrangem faixas de idades cada vez mais amplas. Os líderes seniores, os gestores e os profissionais de RH devem gerenciar um quadro de pessoal mesclado, abrangendo quatro gerações, com ideias muito diferentes sobre ética de trabalho, equilíbrio trabalho-vida, objetivos de carreira de longo prazo, e outras questões.

Gerenciar pessoas é um empreendimento desafiador sob quaisquer circunstâncias – e é ainda mais difícil em meio a um choque cultural geracional. Com base em minhas experiências de mais de duas décadas na gestão de milhares de pessoas e em entrevistas com representantes de numerosas empresas com grande diversidade etária, este livro explica estratégias de eficácia comprovada a serem adotadas por gestores e por líderes seniores para motivar e engajar até os seus colaboradores diretos mais difíceis.

AGRADECIMENTOS

ESTE LIVRO é o resultado de muitas lições aprendidas ao longo dos anos, em que gerenciei milhares de pessoas — desde minha primeira equipe de manutenção na Plant 8 da Allison Gas Turbine, em 1989, até as que trabalham comigo em minha empresa de consultoria, além das muitas outras que liderei em todo o percurso. Eu lhes agradeço por terem me ensinado o que significa ser um bom gestor. Essa jornada foi uma curtição, e não importa onde vocês estejam agora, na vida e na carreira, desejo-lhes tudo de bom.

Também sou grato à minha amiga Jane Brofka-Berends, que sempre me surpreende com suas proezas editoriais. Achei que este livro, uma realização difícil e desafiadora, a deixaria assustada, mas, felizmente, ela não se assustou (e já está empenhada em trabalhar em meu próximo livro!). Não poderia deixar de agradecer a Sarah Barasch, por suas pesquisas magníficas, em que ela não deixou pedra sobre pedra. Trabalhamos juntas na Oxygen alguns anos atrás, e foi maravilhoso reencontrá-la neste projeto. Estendo esses agradecimentos a Jenna Rose Robbins, por seus estudos inestimáveis e por suas contribuições editoriais a este trabalho.

Muito obrigado a Jeanenne Ray, minha editora na John Wiley & Sons, por reconhecer a importância deste tema. Obrigado também a Heather Brosius, por responder às minhas perguntas ao longo desta jornada. Foi um prazer trabalhar com vocês duas.

Finalmente, eu seria ingrata se não agradecesse à minha mãe, Dorothy Grubb, e a meu irmão, Eric Grubb, por me tolerarem quando escrevo. Eu poderia ser um monstro, mas vocês me amariam de qualquer maneira — e por isso lhes sou eternamente grata. Obrigada! Também amo vocês do fundo do coração.

Capítulo 1

A REALIDADE DO NOVO AMBIENTE DE TRABALHO

Agarrar-se ao passado é o problema.
Abraçar a mudança é a solução.
Gloria Steinem, *Moving Beyond Words*[1]

DESDE A PRIMEIRA rodada de *downsizing* (enxugamento) das empresas, na década de 1980, a longa trajetória do emprego tradicional está em fluxo. Foram-se os dias em que as pessoas ingressavam na população ativa como jovens adultos, trabalhavam até metade da faixa dos 50 anos, ou algo em torno disso, e, então, navegavam para a aposentadoria, enquanto as gerações mais jovens assumiam o seu lugar. Em vez disso, a idade média de aposentadoria tem se arrastado, curva acima, nas últimas décadas, na medida em que os trabalhadores mais velhos, sobretudo os *Baby Boomers*, fincam o pé na população ativa, por escolha ou por necessidade. Graças aos avanços da medicina e da tecnologia, estamos vivendo cada vez mais tempo que as gerações anteriores. A instabilidade financeira provocada pela recessão de 2008, porém, custou caro para as expectativas de aposentadoria, exigindo que muitas pessoas mais velhas continuassem por mais tempo na população ativa. Os *Boomers*, no entanto, estão trabalhando até mais tarde não só porque *precisam*: muitos deles continuam a trabalhar porque *querem*, opção de que dispõem graças em parte à disponibilidade crescente de funções de escritório, que

---

[1] STEINEM, Gloria. *Moving Beyond Words:* Age, Rage, Sex, Power, Money, Muscles: Breaking the Boundaries of Gender. Nova York: Simon & Schuster, 1994. p. 274.

as pessoas podem exercer com mais idade. Além disso, muitos *Boomers* simplesmente apreciam o clima de camaradagem e os relacionamentos sociais no local de trabalho. E os *Boomers*, em geral, têm muito orgulho de sua carreira profissional – sentimento que os torna mais propensos a continuar trabalhando por mais tempo.[2]

Nos anos recentes, contudo, uma nova geração tornou-se o maior grupo no mercado de trabalho: os *Millennials*. No começo de 2015, um estudo do Pew Research Center constatou que, pela primeira vez, a população ativa dos Estados Unidos tinha mais *Millennials* (quase 54 milhões) do que *Baby Boomers* (quase 53 milhões) ou membros da Geração X (nascidos entre 1965 - 1980, pouco menos de 45 milhões).[3] Com tantas pessoas mais jovens entrando na população ativa, seria de supor que a idade média dos trabalhadores nos Estados Unidos estaria diminuindo. Surpreendentemente, porém, esse *não* é o caso.

De acordo com o Birô de Estatísticas Trabalhistas (Bureau of Labor Statistics – BLS) do Departamento do Trabalho (Department of Labor) dos Estados Unidos, a idade mediana da população ativa, em 2004, era de 40,3 anos, mas, em 2014, ela já havia aumentado para 41,9 anos – e, em 2024, deve chegar a 42,4 anos.[4] O interessante é que, embora o número de *Millennials* seja muito maior do que as cifras atuais referentes às gerações anteriores, o relatório do BLS projeta que "a taxa de crescimento anual média do grupo com mais de 55 anos será de 1,8%, mais que o triplo da taxa de crescimento anual média da população ativa total", acrescentando que "a fatia desse grupo na população ativa deve aumentar de 21,7%, em 2014, para quase 25%, em 2024".[5] Essas projeções indicam não só que os *Baby Boomers* continuam a trabalhar ao lado dos colegas da atual Geração X e dos *Millennials*, mas também que ainda estarão na ativa, quando os membros da Geração Z (nascidos depois de 1998) entrarem na população ativa.

---

[2] MUNNELL, Alicia. What Is the Average Retirement Age? *Center for Retirement Research, Boston College,* ago. 2011. <http://crr.bc.edu/wp-content/uploads/2011/08/IB_11-11-508.pdf>.

[3] FRY, Richard. Millennials Are The Largest Generation in the U.S. Labor Force. *Pew Research Center,* 11 maio 2015. <http://www.pewresearch.org/fact-tank/2018/04/11/millennials-largest-generation-us-labor-force/>.

[4] TOOSSI, Mitra. Labor Force Projections to 2024: The Labor Force Is Growing, but Slowly. *Monthly Labor Review,* dez. 2015. <http://www.bls.gov/opub/mlr/2015/article/labor-force-projections-to-2024.htm>.

[5] TOOSSI, 2015.

Essa talvez seja uma boa notícia para as empresas que estão experimentando falta de trabalhadores, sobretudo de profissionais qualificados. Todavia, quando três ou até quatro gerações compartilham o local de trabalho, conseguir que todos trabalhem juntos em busca de um objetivo comum torna-se ainda mais difícil. Os líderes seniores, os gestores e os profissionais de RH devem estar preparados para gerenciar quadros de pessoal e equipes funcionais envolvendo várias gerações com ideias radicalmente diferentes sobre ética do trabalho, equilíbrio trabalho-vida e objetivos de carreira de longo prazo, entre muitas outras questões. Cada faixa etária traz para o local de trabalho, todos os dias, suas próprias expectativas, objetivos, motivações e experiências, e os líderes de empresas, os gestores e os executivos de recursos humanos que quiserem alcançar o sucesso precisarão compreender essas diferenças para minimizar o conflito e construir um local de trabalho produtivo.

A mudança na natureza da liderança

Como diz a canção de Loretta Lynn, "Percorremos um longo caminho, amor". Mais ou menos nos últimos 50 anos, as práticas e expectativas no local de trabalho mudaram drasticamente – e para melhor. Quando os primeiros *Baby Boomers* entraram na população ativa, eles foram ensinados que os líderes dão ordens, garantem que as ordens sejam cumpridas e lidam com o pessoal que as desobedece. No entanto, os líderes ditatoriais estão desaparecendo rapidamente do local de trabalho e em seu lugar estão surgindo líderes que constroem parcerias dentro e fora da organização – uma mudança nos estilos de liderança baseada na crença de que a construção de coalizões pode ser mais eficaz do que o controle rígido. Será que essa mudança significa que os gestores só podem decidir com o consenso de toda a sua equipe direta? É evidente que não. Mas *significa*, isso sim, que as pessoas de qualquer idade esperam contribuir para as decisões que as afetam, e que a falta dessas contribuições diminuirá em muito o empenho delas em realizar os objetivos da empresa.

A mudança de expectativas em relação aos líderes empresariais também está sendo influenciada pelo fato de os trabalhadores de todas as idades não terem confiança nas empresas. Durante a década de 1980, os *Baby Boomers* e a Geração X perderam a confiança nas empresas, no auge da construção e aplicação do conceito de *valor para os acionistas*, por meio de demissões de pessoal maciças, quando até as empresas mais saudáveis aderiram ao movimento de *downsizing* para aumentar sua participação no mercado. Também os *Millennials* não demonstram muita fé no mundo empresarial de hoje, e, se essas tendências prosseguirem, a falta de confiança continuará presente quando a Geração Z começar a ingressar na população ativa. Qualquer que seja a década ou a geração, no entanto, essa desconfiança – e a consequente ausência de lealdade forte para com a organização – podem afetar a todos *negativamente*, sobretudo quando as pessoas optarem por buscar o progresso na carreira em outros lugares, em vez de ser na organização em que estão trabalhando. Para evitar esse êxodo, os gestores precisam descobrir como se adaptar a essa mudança de expectativas quanto à lealdade do pessoal.

A mudança da demografia nos Estados Unidos e no mundo é outra transformação cultural que obrigará os líderes a repensar não só seus estilos de liderança, mas também a totalidade de seus planos de negócios, uma vez que o quadro de pessoal das organizações não é a única realidade em mutação: os clientes e os fornecedores também estão mudando. Nas próximas décadas, a população dos países, em geral, e do mundo como um todo tende a envelhecer e a se diversificar etnicamente. Por exemplo, de acordo com o U.S. Census Bureau, nas próximas décadas os grupos étnicos não brancos aumentarão dramaticamente em quantidade e, por volta de 2042, nenhum grupo étnico, isoladamente, será a maioria da população total. A parcela da população hispânica liderará essa transformação demográfica, "mais do que dobrando, de 53,3 milhões em 2012, para 128,8 milhões em 2060".[6] A fatia da população com mais de 65 anos também dobrará por volta de 2060, crescendo de 43,1 milhões para 92 milhões.

Muita gente argumenta que a liderança empresarial já lida com a gestão da mudança há uns dez anos ou mais. Como Ad J. Scheepbouwer (então CEO da Royal KPN) observou, em pesquisa da IBM, de 2008, envolvendo 1.000 CEOs, "vimos mais mudanças nos últimos dez anos do que nos 90 anos anteriores".[7] Os avanços tecnológicos promoveram grande parte dessas mudanças e continuam

---

[6] PROJECTIONS Show a Slower Growing, Older, More Diverse Nation a Half Century from Now. *U.S. Census Bureau*, 12 dez. 2012. <http://www.census.gov/newsroom/releases/archives/population/cb12-243.html>.

[7] IBM GLOBAL CEO Study. The Enterprise of the Future. *IBM*, 2008. <http://www-03.ibm.com/industries/ca/en/healthcare/files/2008_ibm_global_ceo_study.pdf>.

a impulsioná-las. As palavras de Scheepbouwer ainda são aplicáveis, quase dez anos depois. Apesar da consciência generalizada dessas mudanças, muitas práticas gerenciais das organizações ainda não se ajustaram à nova realidade do local de trabalho.

Por mais chocante que pareça, embora os primeiros *Millennials* tenham entrado nos locais de trabalho cerca de dez anos atrás, muitas empresas *ainda* têm dificuldade em lidar com os representantes dessa geração. E com os primeiros membros da Geração Z prontos para entrar na população ativa em tempo integral nos próximos anos, além de outras mudanças iminentes na demografia do local de trabalho, o palco está montado para o desastre se essas empresas continuarem retardatárias em suas práticas gerenciais. Mesmo com essas realidades as encarando olho no olho, porém, muitas empresas *ainda* resistem à mudança. Por quê? Porque a mudança é difícil – mesmo quando (e, às vezes, *sobretudo* se) for absolutamente necessária. As organizações que lideram o mercado, no entanto, têm consciência da importância da mudança e alcançam o sucesso, em parte, justamente por causa dessa capacidade de se ajustar com rapidez às necessidades em mutação dos clientes e *stakeholders*. Essas empresas cultivam a adaptação contínua às mudanças porque, dessa maneira, criam novas oportunidades à frente dos concorrentes.

Promover a mudança em sua organização significa atualizar suas táticas de liderança, o que, por seu turno, exige descartar os velhos hábitos e raciocinar sobre motivação e engajamento sob nova perspectiva – tarefa que não é fácil de executar mesmo nas situações mais descontraídas e menos arriscadas, que dirá quando se trata de se engajar em algo tão difícil (e, às vezes, tão esotérico) quanto gerenciar pessoas. Infelizmente, gerenciar pessoas é tarefa ainda mais complexa, devido ao fato de que, conforme o Gallup, "apenas uma em cada dez pessoas tem talento para gerenciar" – e as empresas não conseguem escolher bons gestores em 82% das situações.[8] Quando se combina essa tendência com o desafio agregado de ter quatro gerações convivendo no ambiente de trabalho, aumentam as chances de que a empresa enfrente alta rotatividade e baixo engajamento do pessoal (fatores que podem exercer forte influência sobre os resultados financeiros da organização) – e a gestão torna-se muito mais complexa.

---

[8] RANDALL, Beck; HARTER, James. Why Good Managers Are So Rare. *Harvard Business Review*, 13 mar. 2014. <https://hbr.org/2014/03/why-good-managers-are-so-rare>.

A mudança no papel do gestor

A gestão de pessoas sempre foi árdua para gestores novatos e veteranos. Se você for como a maioria dos gestores, você não iniciou sua carreira como gestor, mas foi promovido para uma função de supervisão com base em suas contribuições significativas no exercício de funções de linha ou de assessoria. Portanto, é possível que você passe a gerenciar uma equipe funcional com níveis de competência inferiores, equivalentes ou até superiores ao seu. Como gestor, você deve incentivar os membros da equipe para executar suas tarefas com pontualidade e eficácia, mas você precisa ter cuidado para que esse incentivo não degenere em microgestão. Fácil, não? Nem tanto.

Executar o trabalho por meio dos esforços de outras pessoas é incrivelmente diferente – e muito mais desafiador – do que fazer o trabalho sozinho, por si próprio, e poucos gestores recém-promovidos estão plenamente preparados para essa transformação quando passam a exercer funções de supervisão. E a ajuda para manejar esse deslocamento é escassa: de acordo com uma enquete da CareerBuilder, em 2011, por exemplo, quase 60% dos participantes afirmaram: "Não recebi nenhum treinamento em gestão".[9] Quando essa falta de treinamento se conjuga com as várias e, às vezes, conflitantes expectativas das pessoas num local de trabalho multigeracional, o resultado é uma mistura explosiva de desafios gerenciais! Os *Baby Boomers* querem ser respeitados por sua experiência, a Geração X quer autonomia e dinheiro e os *Millennials* querem um ambiente de trabalho em equipe associado a reconhecimento mais frequente. Mesmo quando as gerações concordam em relação a algumas questões (como o desejo comum de melhorar o equilíbrio trabalho-vida, por meio de condições de trabalho mais flexíveis, o manejo desses pontos em comum ainda envolvem grandes desafios para os gestores.[10]

Encontrar maneiras de conciliar as necessidades das pessoas, para incentivá-las e engajá-las (e efetivamente executar o trabalho pelo qual os gestores são os responsáveis de última instância!), tornou-se

---

[9] MORE THAN One-Quarter of Managers Said They Weren't Ready to Lead When They Began Managing Others, Finds New CareerBuilder Survey. *CareerBuilder*, 28 mar. 2011. <http://www.careerbuilder.com/share/aboutus/pressreleasesdetail.aspx?id=pr626&sd=3%2F2%2F2011&ed=12%2F31%2F2011>.

[10] FINN, Dennis; DONOVAN, Anne. PwC's NextGen: A Global Generational Study. *PwC*, 2013. <https://www.pwc.com/gx/en/hr-management-services/pdf/pwc-nextgen-study-2013.pdf>.

fator crítico da gestão nos últimos anos – aspecto que não só é muito diferente das práticas gerenciais do passado recente, mas também tarefa difícil de executar com eficácia, principalmente em empresas sem políticas de apoio às necessidades das pessoas.

À medida que você progride em sua jornada como gestor (esteja você só no início do caminho ou já o esteja percorrendo há algum tempo e queira ampliar e melhorar suas atuais competências), lembre-se de que ser um gestor eficaz no novo local de trabalho exigirá muito mais adaptação dos gestores do que dos membros das equipes diretas. Ao longo de meus 20 anos em gestão, descobri que o desafio de gerenciar e motivar outras pessoas não se atenua com o tempo. Mesmo à medida que você adquire experiência, a rotatividade da empresa típica e as mudanças nas carreiras significam que você está sempre lidando com pessoas novas. Alguns dos membros da sua equipe direta serão promovidos para outras equipes, transferidos para outras áreas ou deslocados para outras organizações, por exemplo – ou, quem sabe, *você* é que será promovido, transferido ou deslocado. Sempre que você supõe ter construído uma equipe coesa, o grupo mudará, seja por adição, seja por subtração, e você terá de reiniciar todo o processo.

Embora seja importante reconhecer que cada geração tem expectativas diferentes, é igualmente importante admitir os perigos de estereotipar as pessoas com base na idade. Ao gerenciar pessoas, lembre-se sempre que cada uma tem necessidades únicas, determinadas pelas circunstâncias da vida e pelos objetivos pessoais. Portanto, mesmo ao considerar como as influências geracionais podem se manifestar no escritório, não se esqueça de que o sucesso na gestão de pessoas, para que cada uma dê o melhor de si, exigirá que você trate cada pessoa, acima de tudo, como indivíduo, e não exclusivamente como parte de uma geração.

Por exemplo, durante meus oito anos na Oxygen Media, gerenciei um total de 55 pessoas, em vários departamentos, cujas idades extremas tinham uma diferença de 40 anos. Para mim, teria sido fácil classificá-las com base na idade (e nos pressupostos sobre suas necessidades). Na prática, porém, constatei que cada indivíduo tinha diferentes objetivos de realização pessoal no trabalho. Cada pessoa também tinha expectativas diferentes em relação às minhas atitudes como gestor, e todas precisavam de mim para incentivá-las de diferentes maneiras. Por exemplo, um dos membros da minha equipe direta precisava ficar sozinho na primeira hora do dia, para definir suas prioridades – e para saborear o primeiro café do dia –, enquanto outro preferia começar o dia de trabalho com uma breve reunião comigo. Uma das minhas principais atribuições como gestora era identificar a necessidade de cada *indivíduo*, para executar com eficácia as suas tarefas, e atender a essas demandas da melhor maneira possível.

De fato, ao longo de toda a minha vida de trabalho, descobri que a motivação individual é sempre o principal indutor do comportamento. Constatei essa realidade desde o começo, quando iniciei minha carreira como engenheira, na Allison Gas Turbine, uma fábrica de motores de avião em Indianápolis. As diferenças entre a idade de cada um dos 52 membros, todos homens, da equipe de manutenção que eu gerenciava, e a minha idade variavam de 15 anos a menos e 44 anos a mais. Essa amplitude de quase seis décadas pareceu, a princípio, um pouco assustadora, mas logo percebi que, apesar dessas grandes diferenças, todos tínhamos o *trabalho* em comum, e a chave era compreender como cada *indivíduo* se realizava no trabalho. Algumas pessoas precisavam da minha aprovação antes de prosseguirem na tarefa mais elementar, por exemplo, enquanto outras preferiam não me ver até concluir o trabalho. Alguns indivíduos brigavam para fazer horas extras, enquanto outros evitavam horas extras como se fosse praga. Cada um tinha os próprios anseios de realização pessoal e as próprias expectativas quanto às minhas atitudes.

A princípio, achei que eu enlouqueceria na tentativa de navegar em meio a todas essas diferentes personalidades! Por fim, esse trabalho – minha primeira função gerencial – transmitiu-me uma lição muito valiosa que, desde então, levo comigo para onde vou: *descobrir o que faz cada pessoa dar o melhor de si é uma das experiências mais construtivas que um gestor pode ter no meio empresarial.*

Ao gerenciar outras pessoas, você é diretamente responsável por ajudar cada uma delas a trabalhar melhor, e o sucesso nessa tarefa pode imbuí-lo de um sentimento intenso e maravilhoso. Portanto, ao refletir sobre o que é preciso para gerenciar e liderar outras pessoas, lembre-se que você precisará ajustar o seu estilo, para atender às necessidades individuais da sua equipe direta. E se você for mais velho ou mais moço do que o seu pessoal, mantenha o foco no objetivo de ajudá-los a fazer melhor o trabalho deles, não nas diferenças de idade.

Se você for um *Millennial* no exercício de uma função gerencial, por exemplo, não saber como pedir a alguém mais velho do que você para fazer alguma coisa não é desculpa para evitar ou ignorar as pessoas mais velhas, que detêm conhecimentos fundamentais para a empresa. Da mesma maneira, se você for um gestor mais velho, você precisa reconhecer que os *Millennials* são essenciais para o crescimento no futuro e para a *própria existência* da empresa, e que ser capaz de mantê-los engajados e empolgados em trabalhar com você é de importância fundamental. Ao aprimorar o seu jogo gerencial, você terá maiores chances de manter ao seu lado as pessoas mais capazes e mais brilhantes – independentemente da idade – trabalhando para você.

A mudança no papel do RH

Gerenciar na nova realidade do local de trabalho é difícil para todos, mas, sobretudo, para a equipe de RH, incumbida de supervisionar os programas de capital humano da empresa. Durante a última recessão, as empresas estavam em posição vantajosa na contratação de talentos: como a demanda de trabalho era superior à oferta de trabalho, as pessoas eram muito cuidadosas ao trocar de emprego. Com a melhora da economia, no entanto, o pêndulo oscilou para o outro lado, e na pós-recessão, as empresas estão enfrentando dificuldades crescentes para contratar os melhores talentos. As empresas hoje estão experimentando a versão em RH do mercado do comprador em imóveis. Há muita oferta de trabalho e pouca demanda de trabalho. Em consequência, as pessoas que têm trabalho ou que procuram trabalho podem ser muito mais seletivas em relação às ofertas disponíveis.

Por exemplo, na última década, os *Millennials* entraram na população ativa e já a encontraram muito congestionada, cheia não só de membros da Geração X, mas também de trabalhadores mais velhos, que não estavam se aposentando nas quantidades esperadas (e altamente discutidas) na virada do milênio. Complicando ainda mais a situação, há o fato de que os *Millennials* esperam gostar do trabalho e querem muito mais que apenas um contracheque: essas pessoas querem missões que elas sejam capazes de executar e querem empresas que estejam interessadas no crescimento pessoal delas. Por essas razões, os *Millennials*, mais do que os membros de qualquer outra geração, são muito mais propensos a deixar um trabalho de que não gostam (enquanto os membros da Geração X e os *Baby Boomers* são um pouco mais pacientes ao esperar uma promoção ou mais oportunidades). Os *Millennials*, porém, não são os únicos a ser exigentes. Como qualquer executivo de RH pode confirmar, quando membros da Geração X e os *Baby Boomers* constatam que as suas necessidades não estão sendo atendidas, também eles partirão em busca de novas oportunidades.

Agravando os desafios com que se defrontam os executivos de RH, alguns líderes empresariais não adotam plenamente as políticas e práticas que correspondem às expectativas da população ativa de hoje. Os líderes empresariais adoram enaltecer a inclusão e a diversidade como prioridades de suas organizações, mas, em muitos casos, seus discursos resultam em pouco mais que meras formalidades, para efeitos externos, sem exercer qualquer impacto sobre a cultura organizacional. Se a inclusão e a diversidade são tratadas como "amenidades", apenas para salvar as aparências, não como imperativos de negócios de alta prioridade, é possível que recebam pouco apoio eficaz do topo – e RH não pode fazer muita coisa numa organização sem o apoio decisivo e ostensivo da alta administração. Se sua empresa se encaixa nessa descrição, é importante que você demonstre o valor da inclusão e da diversidade *antes* de tentar promover qualquer mudança. Se os altos executivos não reconhecerem esse valor, você terá dificuldade em atualizar os programas em curso ou em lançar novas iniciativas destinadas a engajar as pessoas de todas as idades.

O que é mais importante para a maioria das equipes de alta administração? Os resultados financeiros. O foco nos resultados financeiros é a chave para convencer os altos executivos a abraçar a diversidade. Um ótimo ponto de partida é analisar primeiro a sua base de clientes (isso mesmo, a sua base de *clientes*) – até antes de olhar para a própria base de trabalhadores. Discussões sobre vendas por certo chamarão a atenção do CEO. Portanto, envolva os altos executivos de vendas e examine a demografia geracional dos atuais clientes. Será que o seu quadro de pessoal reflete a composição geracional da sua base de clientes? Será que a sua empresa está perdendo oportunidades por não atender a todas as faixas etárias com as atuais linhas de produtos? Em caso positivo, como a organização poderá servir melhor às faixas etárias negligenciadas?

Em seguida, examine o crescimento projetado da empresa, em termos tanto de volumes quanto de ofertas de produtos. Aborde as seguintes questões:

- Como o crescimento projetado compara-se com a composição projetada da sua base de trabalhadores no futuro? São as duas projeções proporcionalmente iguais?
- Será que a composição geracional da sua base de trabalhadores daqui a cinco ou dez anos refletirá a sua base de clientes na mesma época?

- Será que o seu produto envelhece junto com os seus clientes, ou será que os seus clientes buscarão os seus concorrentes à medida que eles (e os seus atuais produtos) envelhecem? O que você pode fazer para que os clientes continuem voltando e sigam comprando mais dos seus produtos em vez de procurar os seus concorrentes?

Compor a sua base de trabalhadores de maneira a refletir a sua base de clientes pode contribuir para que os seus produtos continuem relevantes para os clientes enquanto ambos envelhecem. À medida que as pessoas mais velhas em sua organização sentem as mudanças em suas próprias necessidades, elas serão capazes de adaptar os seus produtos para atender às necessidades dos seus clientes, à medida em que eles também ficam mais velhos. A diversidade etária no local de trabalho também ajuda a reduzir o pensamento de grupo (*groupthink*) que não raro prevalece nos quadros de pessoal homogêneos em idade e formação (o fenômeno *like hires like* ou "iguais contratam iguais"), fomentando, em consequência, a mais ampla variedade de ideias possível para os seus produtos e serviços. Atente, portanto, para a tendência demográfica da população local, de envelhecimento ou de rejuvenescimento, e reflita sobre como esse rumo provável pode afetar os resultados das vendas e suas políticas de recrutamento e retenção de pessoal. As organizações mais sagazes e flexíveis estão modificando radicalmente as suas práticas de negócios *agora*, a fim de se preparar para mudanças futuras em sua base de trabalhadores e, talvez mais importante, também em sua base de clientes.

Uma realidade que está exercendo tremendo impacto sobre o resultado financeiro é a dificuldade que muitas empresas estão enfrentando para preencher vagas com pessoas que tenham as competências específicas para exercer essas funções. A chamada lacuna de competências continua a crescer a cada ano, tornando a contratação de pessoal cada vez mais difícil e criando problemas também para a retenção de pessoal. Se as pessoas mais experientes deixam a empresa, a lacuna de competências se amplia ou se reduz? Qual é o ponto doce em que a sua empresa tem pessoal suficiente de todas as idades, com um conjunto de competências bastante diversificado (abrangendo experiência e novas qualificações) para estreitar – ou até eliminar – a lacuna de competências?

Se a entrada de talentos mais jovens está ampliando a sua lacuna de competências, como será que você pode contratar talentos mais velhos para fechar esse hiato? O verdadeiro desafio consiste em definir como ajustar as políticas de RH para reter pessoas de outras faixas etárias. Uma possibilidade é oferecer alguma coisa que as pessoas mais maduras valorizam (como horários mais flexíveis) em troca do aprendizado de novas competências para ajudar a reduzir a lacuna de competências em sua organização. Por exemplo, uma grande cadeia de drogarias mantém a bordo, e engajadas, pessoas mais idosas, que não saem porta afora, em busca da aposentadoria, oferecendo-lhes posições sob medida, estruturadas com flexibilidade, e jornadas mais curtas – vantagem bastante aliciante que tem ajudado os gerentes e executivos de RH a prover posições de baixa capacidade de retenção. Que outros incentivos você poderia oferecer aos seus atuais trabalhadores mais velhos? Verifique também se outras mudanças demográficas estão ocorrendo na área geográfica onde se localiza sua empresa, capazes de afetar seu quadro de pessoal.

A capacidade de compreender e satisfazer as demandas dos consumidores é fundamental para a sobrevivência da sua empresa, e, como muitos executivos de RH já perceberam, garantir que o seu quadro de pessoal esteja preparado para atender às necessidades dos clientes exige mentalidade criativa e heterodoxa. Associar o crescimento projetado da sua empresa à composição do seu quadro de pessoal pode assegurar a relevância da sua organização agora e no futuro. Buscar respostas para essas perguntas pode municiá-lo com os dados necessários para tratar da questão com os altos executivos da sua organização. Se você for capaz de demonstrar com clareza que essas políticas exercerão efeitos positivos sobre o resultado financeiro da empresa, é mais provável que você consiga convencer a alta administração a adotar políticas propícias à composição de um quadro de pessoal com diversidade etária.

A mudança no papel dos trabalhadores

Hoje, a pessoa ideal para as empresas não é mais alguém que seja bom – nem mesmo ótimo – no trabalho. A pessoa ideal é aquela que não só é excelente no trabalho, mas também é capaz de se integrar num quadro de pessoal diversificado.

Quando comecei a trabalhar como engenheira na Allison Gas Turbine, a empresa tinha dois profissionais que se incluíam entre os poucos especialistas de uma área altamente técnica. O conhecimento especializado e o conjunto de competências deles lhes permitiam adotar impunemente comportamentos inadequados (como gritar com os colegas ou hostilizar os chefes), porque a administração os considerava "importantes demais para irem embora". No entanto, quando deixei a Allison vários anos depois, a empresa já havia substituído essas duas pessoas por outras que não só tinham competência técnica, como também tinham sido contratadas por causa da capacidade testada e demonstrada de manter bom relacionamento com os colegas. O que muitas empresas, inclusive a Allison, aprenderam nas duas últimas décadas é que empresas ótimas erguem-se sobre pessoas ótimas, trabalhando juntas. Hoje, os craques vaidosos e arrogantes já não são tão tolerados quanto antes, mesmo que tenham competências valiosas, uma vez que seu mau comportamento pode influenciar negativamente toda a empresa, de inúmeras maneiras, como agredir e enxotar da empresa ótimas pessoas e expor a empresa a riscos de ações judiciais. Ter um especialista altamente competente pode ser muito bom para a empresa, desde que ele ou ela também compreenda a importância do bom relacionamento com os colegas no local de trabalho.

Mas será que isso significa inibir a manifestação de opiniões divergentes ou impedir a livre expressão de perspectivas diferentes? De modo algum. Na verdade, uma das razões para diversificar o quadro de pessoal (não só quanto à idade, mas também sob outros critérios, como etnia e gênero) é que a diversidade de experiências é importante para as decisões de negócios — essa variedade de pontos de vista melhora a criatividade das propostas. Os grupos homogêneos têm pontos de vista homogêneos. Embora a diversificação em si já seja capaz de expandir a base de conhecimento e experiência como solo fértil de ideias para a aceleração do crescimento e para a conquista de novos clientes, lembre-se que a multiplicidade de opiniões implica abrir-se para a inovação e cultivar a divergência.

Construindo sobre essas mudanças

Conforme pesquisa de 2015 envolvendo mais de 7.000 líderes de negócios e de recursos humanos em mais de 130 países mundo afora, a Deloitte identificou os maiores desafios para as empresas hoje:

- cultura e engajamento;
- liderança;
- aprendizado e desenvolvimento.[11]

---

[11] BERSIN, Josh; GELLER, Jason; WAKEFIELD, Nicky; WALSH, Brett. Introduction: The New Organization. In: *Global Human Capital Trends 2016*.

No âmago de toda empresa encontra-se a cultura, que dá o tom de como as pessoas são tratadas (pelos gestores e pelos colegas) no trabalho, o que, por seu turno, dá o tom de como as pessoas tratam os clientes. Quando se sentem maltratadas (principalmente pelos líderes seniores) e se consideram descartáveis, as pessoas desabafam esses sentimentos negativos nas interações umas com as outras, assim como com os clientes. A recíproca também é verdadeira: as pessoas que se sentem valorizadas no trabalho transmitem essa percepção nos relacionamentos umas com as outras. A cultura é importante porque exerce esse efeito poderoso e difuso em todas as transações (internas e externas), tão importante para a organização, e os gestores que subestimam a relevância desse impacto o fazem por sua conta e risco.

As ligações entre cultura e local de trabalho multigeracional são claras: quando a cultura da empresa não valoriza as contribuições dos trabalhadores de todas as idades, toda a organização sofre as consequências. Os executivos argutos sabem que a cultura começa no topo e focam em engajar as pessoas de todas as gerações para que contribuam com suas ideias mais brilhantes e mais criativas em favor da empresa. Os especialistas em gestão discutem entre si se a cultura gera engajamento ou se o engajamento forma a cultura. Esse debate sobre "o que vem primeiro", porém, é irrelevante, uma vez que os líderes seniores compreendem o poder da cultura para criar um ambiente sem *vieses de idade*.

No entanto, simplesmente proclamar "Agora somos inclusivos" não levará a empresa muito longe. Sem a adoção de processos de reforço do capital humano para realmente promover a mudança na filosofia da gestão, nenhuma organização pode reivindicar com honestidade ser um local de trabalho multigeracional receptivo e inclusivo. O desenvolvimento desses processos de reforço exige a compreensão dos antecedentes, dos interesses e das motivações de cada geração (e ainda o reconhecimento, evidentemente, de que essa compreensão depende, antes de tudo, da conscientização quanto às necessidades individuais). Vamos examinar mais de perto as características e os objetivos de cada geração.

Westlake, TX: Deloitte University Press, 2015. Disponível em: <https://www2.deloitte.com/insights/us/en/focus/human-capital-trends/2016/human-capital-trends-introduction.html>. Acesso em: 25 maio 2018.

─── **Capítulo 2** ───

DEFININDO AS GERAÇÕES

Não tivemos um *GAP* geracional. Tivemos um
Grand Canyon geracional.
Mary Crow Dog, *Lakota Woman*[12]

SEM DÚVIDA, você já deparou com muitas descrições das várias gerações. *Baby Boomers*, *Echo Boomers*, Geração X, Geração Y, Geração Silenciosa, Geração Eu — esses termos aparecem em todos os lugares na mídia, e todos temos alguma ideia do que significam. A maioria de nós, porém, tem dificuldade em defini-los com exatidão e a falta de definições padronizadas pode dificultar o desenvolvimento de conversas produtivas, que ajudem a transpor os fossos entre os diferentes grupos etários. Vamos começar, portanto, definindo os termos.

O que dizem os especialistas

Ao descrever as gerações, a maioria das pessoas tende a focar em datas — ou seja, ano de nascimento. A prática usual é aglomerar numa única geração todas as pessoas que nasceram entre o ano X e o ano Y. Sem dúvida, essa é uma maneira conveniente de traçar as divisórias. O Harvard Joint Center for Housing Studies, por exemplo, adota, especificamente, "intervalos constantes de 20 anos", ao definir as gerações do pós-Segunda Guerra Mundial, uma vez que esses grupos se alinham tanto "com grupos etários típicos de trabalhos publicados"

---

[12] Extraído de *Lakota Woman*, copyright © 1990 por Mary Dog Crow e Richard Erdoes. Uso autorizado por Gove/Atlantic, Inc. Qualquer uso deste material por terceiros, fora desta publicação, é proibido.

quanto "com níveis de nascimentos anuais".[13] Só o calendário, porém, não gera uma imagem adequada, uma vez que as gerações se caracterizam por muito mais o que datas de nascimento.

Em termos amplos, as gerações podem ser definidas como "grupos identificáveis que têm em comum anos de nascimento, idade, localização, e eventos significativos ao longo da vida, em estágios críticos do desenvolvimento"[14] O Pew Research Center, centro de pesquisas em ciências sociais, especializado em demografia, observa que "uma geração tipicamente abrange grupos de pessoas nascidas ao longo de um intervalo de 15 a 20 anos", mas acrescenta que as definições das gerações, tanto quanto possível, baseiam-se numa "gama de fatores, como demografia, atitudes, eventos históricos, cultura popular e consenso predominante entre os pesquisadores".[15] Os pesquisadores do Pew vão adiante, para enfatizar três fatores críticos a serem levados em conta na diferenciação dos vários grupos etários[16]:

1 Efeito ciclo de vida (ou efeito idade): "Do ponto de vista desse efeito, as diferenças entre as pessoas mais jovens e as pessoas mais velhas resultam em grande parte de suas posições no ciclo de vida". Isso é muito fácil de compreender. Basta lembrar-se de quando você era adolescente (quando você ainda morava com os pais e não era responsável pelo pagamento de muitas contas – se é que já pagava alguma conta!) e comparar essa situação com o que é a sua vida hoje (quando você tem a hipoteca, a carreira e a família – quase sempre as três juntas!). Por certo, você experimentou algumas mudanças em suas atitudes, nas diferentes fases da vida. Infância, juventude, parentalidade, maturidade e aposentadoria – cada uma dessas fases com preocupações e perspectivas distintas.

2 Efeito período: Esse efeito manifesta-se "quando eventos e circunstâncias[...] assim como forças sociais mais amplas[...]im-

---

[13] MASNICK, George. Defining the Generations. *Joint Center for Housing Studies of Harvard University*, 28 nov. 2012. Disponível em: <http://www.jchs.harvard.edu/blog/defining-the-generations/>.

[14] TOBIZE, Anick. Generational Differences in the Workplace. Research and Training Center on Community Living. *University of Minnesota*, 16 ago. 2008. Disponível em: <http://rtc.umn.edu/docs/2_18_Gen_diff_workplace.pdf>.

[15] THE WHYS and Hows of Generations Research. *Pew Research Center*, 3 set. 2015. <http://www.people-press.org/2015/09/03/the-whys-and-hows-of-generations-research/>.

[16] *Pew Research Center*, 2015.

pactam ao mesmo tempo todas as pessoas, qualquer que seja a idade". A Grande Recessão de 2007-2009 é um exemplo desse tipo de ocorrência, que afetou todos os segmentos da população. Na década de 1960, a dessegregação e o movimento dos direitos civis também geraram efeitos que afetaram toda a sociedade.

3 Efeito coorte: Esse efeito resulta de "circunstâncias históricas únicas, experimentadas pelos membros de uma coorte etária, sobretudo numa época em que estejam no processo de formação de opiniões". Os pesquisadores do Pew enfatizam dois tipos de efeitos coorte: os que "podem ser o resultado de um efeito período, que foi experimentado por uma geração mais velha, mas que não afetou as gerações subsequentes" (por exemplo, as pessoas que estavam vivas em 11 de setembro experimentaram um efeito coorte que as pessoas nascidas depois de 11 de setembro não experimentaram) e os que "exercem efeito desmesurado sobre os membros de uma geração" (por exemplo, as pessoas que eram adolescentes ou jovens adultos – dois períodos formativos da vida – durante a Guerra do Vietnã a experimentaram diferentemente das pessoas que eram muito mais velhas ou muito mais moças na mesma época).

Como você vê, para definir geração precisa-se de muitos mais dados do que datas de nascimento! Além das datas de nascimento e dos três efeitos aqui descritos, outros fatores (como etnia, religião, estado civil, para citar apenas alguns) também podem desempenhar papel importante. Este capítulo, porém, não pretende fornecer uma análise abrangente dos fatores e definições geracionais (deixarei esse trabalho por conta dos pesquisadores demógrafos e outros especialistas!). Meu objetivo aqui é fornecer uma visão geral dos referenciais usados para definir gerações – e dar uma ideia de como pode ser traiçoeiro propor definições rígidas – portanto, o restante deste livro adota um ponto de partida acessível a todos os leitores.

Assim sendo, com tudo isso em mente, vamos falar sobre as diferentes gerações que se encontram nos locais de trabalho de hoje!

As três grandes e uma novata

Para começar, vou estabelecer alguns parâmetros. É verdade que há alguns pré-*Baby Boomers*, por exemplo, a Maior Geração (*the Greatest Generation*) e a Geração Silenciosa (*the Silent Generation*), que ainda hoje recebem contracheques. Mas esses caras são tão raros que grande parte das discussões, hoje, sobre gerações no local de trabalho geralmente os omite. Vou seguir essa tendência e focar nas gerações que compõem o grosso dos trabalhadores da atualidade: *Baby Boomers*, Geração X, *Millennials* e Geração Z.[17]

Quanto às datas de nascimento, somente os *Baby Boomers* são delimitados por números de aceitação quase universal: 1946-1964. Com efeito, essa é a única geração que é definida oficialmente pelo U.S. Census Bureau, como descobriu um jornalista ao telefonar para esse órgão.[18] Quem sair por aí perguntando sobre as datas das outras gerações, vai receber muitas respostas diferentes. Mas, geralmente, as diferenças não muito grandes, e tendem a variar em apenas alguns anos – outra prova da minha afirmação anterior de que "todos temos alguma ideia do que são as gerações".

Em minhas próprias pesquisas sobre como se definem as gerações, descobri que as datas de nascimento do Pew Research Center tendem a se encaixar muito bem no meio dessas muitas variações. Além disso, como já mencionei, o pessoal do Pew tem experiência comprovada como especialistas em demografia. Tenho muita confiança no que eles dizem a esse respeito; portanto, vou seguir essa liderança e adotar aqui as datas por eles propostas.

Baby Boomers (1946-1964)

Ao contrário de outras gerações, a geração dos *Baby Boomers* tem datas certas de início e fim. A deflagração do surto de natalidade (*baby boom*) do pós-Segunda Guerra Mundial e o lançamento da pílula anticoncepcional (que acarretou queda súbita nas taxas de natalidade) servem como marcadores convenientes do início e fim desse grupo etário, que hoje abrange cerca de 76 milhões de pessoas nos Estados Unidos.[19]

Os *Baby Boomers* amadureceram durante um período marcado por grande instabilidade social e por preocupação exacerbada com

---

[17] Esses são os nomes mais comuns usados nas empresas americanas e on-line.

[18] BUMP, Philip. Here Is When Each Generation Begins and Ends, According to Facts. *The Atlantic*, 25 mar. 2014. <http://www.theatlantic.com/national/archive/2014/03/here-is-when-each-generation-begins-and-endsaccording-to-facts/359589/>.

[19] COLBY, Sandra L.; ORTMAN, Jennifer M. The Baby Boom Cohort in the United States: 2012 to 2060. *U.S. Census Bureau*, maio 2014. <http://www.census.gov/prod/2014pubs/p25-1141.pdf>.

as relações internacionais, sobretudo com a difusão do comunismo por todo o mundo. A União Soviética testou sua primeira bomba atômica em 1949, preparando o palco para a Guerra Fria, para o pânico desencadeado pelo senador Joseph McCarthy na década de 1950 em relação a supostos simpatizantes comunistas, para construção de um dia para o outro do Muro de Berlim, em 1961, e para o conflito entre Estados Unidos e União Soviética em relação a Cuba, que culminou com a crise dos mísseis cubanos de 1962. (A Guerra Fria, porém, não foi *completamente* nociva – afinal, ela foi o gatilho da exploração espacial, que, além da grandiosa realização de desembarcar seres humanos na Lua, também resultou no desenvolvimento das tecnologias de comunicação por satélite da qual todos dependemos hoje!)

No outro lado do mundo, o Partido Comunista de Mao Zedong assumiu o controle da China, em 1949. Poucos anos depois, a violência no Vietnã assumiu proporções absurdas, na medida em que o Norte, apoiado pela União Soviética e pela China, procurou reunificar o país sob um governo comunista. O que começou basicamente como um conflito regional acabou envolvendo os Estados Unidos e os primeiros *Baby Boomers*, que foram convocados para lutar no Sudeste Asiático. A guerra custou a vida de milhares de jovens americanos e infligiu invalidez permanente em outros milhares, dividindo o país. Muitos especialistas apontam para a Guerra do Vietnã como uma das influências mais formativas dessa geração.

Essa geração, todavia, teve de enfrentar mais do que apenas um conflito externo. Os *Baby Boomers* cresceram em meio a mudanças sociais dramáticas – frequentemente impulsionadas por conflitos – também no âmbito interno. A revolução sexual, cujo início coincidiu com o fim oficial do surto de natalidade dos *Baby Boomers* e com o movimento dos direitos civis, induziu as pessoas a reconsiderar como se relacionavam umas com as outras, e em meio a essas mudanças rápidas e radicais nas realidades política e social, muitos *Baby Boomers* se rebelaram contra o convencionalismo dos pais.

Guerra, incerteza e mobilidade econômica foram algumas das principais forças que moldaram essa geração. Os anos formativos dos *Baby Boomers* também foram marcados pelo assassinato de vários líderes políticos e sociais: o presidente John F. Kennedy (1963); o ativista e líder do movimento dos direitos civis, Martin Luther King Jr. (1968); e o senador Bobby Kennedy (1968).

Tumulto e *promessa* são dois marcos das experiências de vida dessa geração. Como jovens adultos, eles foram moldados pela guerra e pela inquietação social, e, já na idade madura, experimentaram as mais altas taxas de divórcio da história. Ao mesmo tempo, porém, grande parte dessa geração continuou perseguindo o chamado Sonho Americano – e essa busca e as reiteradas narrativas de sucesso conferiram-lhes a reputação de materialismo e ganância, que levou o grupo a também ser conhecido como *Me Generation*, ou Geração Eu.

Geração X (1965-1980)

A Geração X, para começar, não foi um grupo muito grande. Graças à baixa taxa de fertilidade dos pais, ela também é conhecida como *Baby Busters*, pessoas nascidas durante a *depressão de bebês*, em oposição aos *Baby Boomers*, pessoas nascidas durante a *explosão de bebês*. Hoje, são cerca de 66 milhões de pessoas. Embora a Guerra do Vietnã ainda estivesse rugindo quando do nascimento dos primeiros membros da Geração X, o impacto direto do conflito sobre essa faixa etária não foi suficiente para justificar sua inclusão na lista das principais influências sobre os Geração X. Daí não se deve depreender que essas pessoas não experimentaram seus próprios conflitos e dificuldades durante seus anos formativos. A Geração X cresceu sob um clima econômico conturbado por numerosas crises de energia (uma em 1973, provocada pelo embargo do petróleo imposto pela OPEP; outra em 1979, decorrente da Revolução Iraniana; e outra em 1990, associada à Guerra do Golfo.) E, evidentemente, muitos dos membros dessa geração já tinham idade para servir no maior conflito militar da época, a Guerra do Golfo.

Mais do que qualquer outra geração até então, a Geração X cresceu em famílias com dupla fonte de renda, embora também houvesse muitas famílias com uma única fonte de renda. Também conhecida como *Latchkey Generation*, ou geração com a chave de casa, porque os pais passavam grande parte do dia no trabalho, seus membros tinham que se virar por conta própria e aprender a ser autossuficientes desde cedo, uma vez que geralmente ficavam em casa sozinhos. Ao entrarem na idade adulta, eles e os pais foram os primeiros a experimentar a onda de *downsizing* das empresas. A sucessão de grandes escândalos políticos (Watergate, Caso Irã-Contra, o *impeachment* de Bill Clinton) e o flagelo da AIDS os tornaram mais céticos e pessimistas que seus antecessores. Também os desastres ambientais, como o *meltdown* (derretimento) da usina nuclear de Three Mile Island, na Pensilvânia (1979); o vazamento de gases tóxicos na fábrica de pesticidas da Union Carbide, em Bhopal, Índia (1984); e a catástrofe de Chernobyl, na Ucrânia, União Soviética (1986), contribuiu para a formação da visão de mundo dessa coorte.

Embora tenham crescido no contexto da queda do Muro de Berlim, do fim da Guerra Fria e de avanços tecnológicos acelerados, a Geração X tem forte senso de ceticismo em relação aos políticos e aos líderes empresariais. Ao entrarem na idade adulta, assistiram ao retrocesso da supremacia militar e econômica dos Estados Unidos, e, pela primeira vez na história, é provável que estejam em condições financeiras piores do que a dos pais.[20] Menos numerosa que a geração anterior e posterior, a Geração X é considerada, geralmente, a dos filhos do meio ignorados e relegados da sociedade americana.[21] As experiências de vida dessa geração são caracterizadas por *independência e desilusão*.

Millennials (1981-1997)

De acordo com o U.S. Census Bureau, o número de americanos nascidos entre 1982 e 2000 é um pouco superior a 83 milhões, o que torna essa faixa etária o maior segmento da população total.[22] Em 2015, essa coorte também passou a ser o maior segmento da população ativa – e isso sem incluir os muitos *Millennials* que ainda estão na escola e ainda não ingressaram na força de trabalho.[23] Durante algum tempo, esse grupo também foi conhecido como Geração Y (por ser a letra seguinte no alfabeto, depois do X), mas esse nome não pegou. Alguns pesquisadores preferem chamar esse grupo de *Echo Boomers*, porque sua grande população a deixa em igualdade de condições quantitativas

---

[20] FRY, Richard. Millennials Projected to Overtake Baby Boomers as America's Largest Generation. *Pew Research Center*, 1 mar. 2018. <http://www.pewresearch.org/fact-tank/2018/03/01/millennials-overtake-baby-boomers/>.

[21] TAYLOR, Paul; GAO, George. Generation X: America's Neglected "Middle Child". *Pew Research Center*, 5 jun. 2014. <http://www.pewresearch.org/fact-tank/2014/06/05/generation-x-americas-neglected-middle-child/>.

[22] MILLENNIALS Outnumber Baby Boomers and Are Far More Diverse, Census Bureau Reports. *U.S. Census Bureau*, 25 jun. 2015. <http://www.census.gov/newsroom/press-releases/2015/cb15-113.html>.

[23] FRY, 2018.

com os *Baby Boomers*, situados duas gerações atrás. A maioria dos especialistas, porém, resolveu denominá-los *Millennials*.

Embora muitos *Millennials* tenham crescido em famílias divorciadas, os seus pais, da Geração X, dedicaram-se intensamente aos filhos (em parte para compensar a ausência dos próprios pais, os *Baby Boomers*). Mais do que as gerações antecessoras, os *Millennials* tiveram infância resguardada, na medida em que seus pais cuidadosos os transportavam de uma atividade para a seguinte e os mantinham ocupados – além de pouco afeitos a negativas. Em suas manifestações mais ativas, como a parentalidade tipo helicóptero, sempre pairando acima dos filhos, os esforços dos pais para proteger a prole deixaram alguns *Millennials* mal preparados para viver a vida como adultos independentes.

Não estamos dizendo com isso que parte dessa proteção era totalmente injustificada. Os *Millennials* cresceram em clima de conflito e medo. Muitos deles já eram nascidos durante a Guerra do Golfo (1990-1991) e amadureceram em meio aos atentados a bomba em Oklahoma e aos ataques de 11 de setembro. O tiroteio em Columbine foi o primeiro do que veio a ser uma sucessão de tiroteios em massa em escolas, e muitos *Millennials* tiveram de praticar exercícios de confinamento nas salas de aula. Em face de todas essas preocupações, os *Millennials*, mais do que qualquer outra geração, viram-se cercados de leis destinadas a protegê-los.

Ouvindo desde o berço que são especiais e valiosos, os *Millennials* cresceram sob os cuidados de todos os adultos ao redor deles. Essa geração introduziu a era de "todos recebem medalhas" como prêmio pela participação e aprenderam a esperar recompensas imediatas pelo trabalho árduo. Ao mesmo tempo, os *Millennials* aprenderam a conversar com abertura e em público sobre seus sentimentos, exigem muito *feedback* e querem ardentemente fazer diferença positiva no mundo. Uma enquete ampla sobre as atitudes dos *Millennials* no local de trabalho ofereceu o seguinte resumo: os *Millennials* "reivindicam significado, mentoria e meritocracia em ambientes de trabalho que aproveitam as suas contribuições".[24]

Graças ao aumento das oportunidades educacionais, essa é a primeira geração em que as mulheres são mais numerosas que os homens nas faculdades (e também alcançam melhores pontuações e

---

[24] HILLHOUSE, Alison. Consumer Insights: MTV's "No Collar Workers". *Blog Viacom*, 4 out. 2012. <http://blog.viacom.com/2012/10/consumer-insights-mtvs-no-collar-workers/>.

avaliações do que o sexo oposto!). Também é, a propósito, uma geração com grande diversidade étnica (43% dos *Millennials* são não brancos).[25]

Com a internet e os computadores pessoais assumindo a frente do palco durante a infância dessa geração, os *Millennials* cresceram com a tecnologia, o que lhes rendeu o apelido de "nativos digitais". O acesso fácil e imediato à informação e à comunicação os torna a primeira geração realmente global. As experiências de vida dos *Millennials* caracterizam-se por *resguardo* e *conexão*.

Geração Z (1998-presente)

Essa geração ainda é tão recente que só agora os especialistas a estão incluindo em suas análises demográficas. Alguns outros nomes já foram propostos para esse grupo – *nextsters, homeland generation, iGeneration,* e *post-Millennials* são apenas alguns – mas, de longe, o mais aceito hoje, entre os demógrafos e a mídia (e o que suponho pegará no longo prazo) é Geração Z. Desde 2015, esse grupo abrange cerca de 80 milhões de pessoas (como os números de cada geração não são exatos, algumas pesquisas mostram a Geração X emparelhada pescoço a pescoço com os *Millennials*, e até os ultrapassando), mas ela ainda está crescendo e em breve será o maior grupo geracional dos Estados Unidos.[26] Também é a geração com maior diversidade, até hoje, em termos de etnia, religião e estrutura familiar, ultrapassando, sob esse aspecto, até os *Millennials*.

Até agora, a tecnologia é a principal característica desse grupo, que é "a primeira geração a crescer na era dos smartphones" e mídias sociais.[27] Um consultor de uma empresa especializada no gerenciamento de *Millennials* compara a Geração Z com a geração que a precedeu:

> Os Geração Z são como *Millennials* esteroidados... São *Millennials* ampliados. No momento em que nasceram, já tinham nome de domínio e perfil no Facebook, e feed no Twitter. As mídias sociais são uma segunda natureza para eles. Até os membros da Geração Z que

---

[25] MILLENNIALS in Adulthood. *Pew Research Center*, 7 mar. 2014. <http://www.pewsocialtrends.org/2014/03/07/Millennials-in-adulthood/>.

[26] DILL, Kathryn. 7 Things Employers Should Know About the Gen Z Workforce. *Forbes*, 6 nov. 2015. <https://www.forbes.com/sites/kathryndill/2015/11/06/7-things-employers-should-know-about-the-gen-z-workforce/#17d0e4ebfad7>.

[27] WILLIAMS, Alex. Move Over, Millennials, Here Comes Generation Z. *The New York Times*, 18 set. 2015. <https://www.nytimes.com/2015/09/20/fashion/move-over-millennials-here-comes-generation-z.html>.

não se acham safos em tecnologia também são intuitivos nessa área. A tecnologia é uma extensão de sua autoexpressão.[28]

Os benefícios da alta proficiência da Geração Z com as mídias sociais, no entanto, vão além de suas amizades pessoais. Também está "acostumados a se engajar com amigos em todo o mundo, o que os prepara para um ambiente de negócios global".[29]

Eles estão crescendo em meio a acenos de inovação tecnológica – mas também em um ambiente de incerteza econômica obscurecido pela recessão de sua infância e pela queda acentuada nas perspectivas de carreira bem definidas e confiáveis, assim como pela perda das oportunidades de que desfrutavam as gerações anteriores. Enquanto a Geração X e os *Millennials* tiveram de mudar suas expectativas na esteira das recessões e de outros eventos restritivos de escolhas, a "Geração Z [...] foi despertada para essa nova realidade desde o começo".[30] Por conseguinte, em comparação com os antecessores, este grupo é mais cauteloso e mais ansioso (sobretudo em relação a pagar a faculdade e a encontrar bons empregos). Até agora, as experiências de vida da Geração Z podem ser caracterizadas pela *tecnologia* e pela *cautela*.

Características geracionais

Para gerenciar pessoas, é preciso compreendê-las. E como as experiências e atitudes geracionais influenciam em muito não só como as pessoas executam o próprio trabalho, mas também como se relacionam umas com as outras, qualquer indivíduo que gerencie um local de trabalho multigeracional deve priorizar a compreensão dessas experiências e atitudes.

Familiarizar-se com a história e com os fatores formativos de cada geração (como já detalhado) é um bom ponto de partida. Com esse conhecimento, começa-se a perceber os valores, as motivações, as forças (assim como as fraquezas) e os objetivos de carreira de cada

---

[28] "MILLENNIALS on Steroids": Is Your Brand Ready for Generation Z? *Knowledge@ Wharton*, 28 set. 2015. <http://knowledge.wharton.upenn.edu/article/millennials-on-steroids-is-your-brand-ready-for-generation-z/>.

[29] LEVIT, Alexandra. Make Way for Generation Z. *The New York Times*, 28 mar. 2015. <https://www.nytimes.com/2015/03/29/jobs/make-way-for-generation-z.html>.

[30] WILLIAMS, 2015.

geração – informações que podem ajudá-lo a ter a certeza de que todos os trabalhadores estão exercendo funções que lhes permitem contribuir mais e melhor para a organização. Por exemplo, os *Baby Boomers* que cresceram durante uma era de atribuições bem definidas e de lealdade à empresa tendem a ser mais eficazes em ambientes com hierarquias e expectativas nítidas, enquanto os Geração Z talvez floresçam com mais exuberância em estruturas menos rígidas e com mais oportunidades empreendedoras.

A Tabela 2.1 delineia algumas das principais características e influências, já analisadas, das quatro gerações. As informações aqui coligidas são oriundas de várias fontes, inclusive de pesquisas demográficas, de análises de mídia e de minhas próprias experiências. Como trabalhador e como gestor, você provavelmente também tem suas próprias observações; portanto, sinta-se à vontade para acrescentá-las a essa tabela. Você talvez também considere útil compartilhar as informações desta tabela com seus colegas e com sua equipe, pois também eles precisam compreender como negociar as diferenças geracionais no local de trabalho.

Quanto mais as coisas mudam...

No começo da década de 1980, quando a Geração X estava entrando na população ativa, a maioria das notícias na imprensa a esse respeito descrevia seus membros como cínicos desrespeitosos, que relutavam em adotar a ética do trabalho tradicional dos Estados Unidos. "Por que será que os jovens de hoje são tão céticos?", indagou a revista *Time*, enquanto um artigo da revista *Newsweek* os depreciava como "A Geração Chorosa", e uma manchete do *Washington Post* os admoestava: "Cresçam, bebês chorões".

Avance rápido quase duas décadas e a mídia reproduz os mesmos tons – só que desta vez é um *remix*, destacando os *Millennials*. Um artigo de março de 2014 na *The Atlantic* citou um estudo descrevendo os sucessores da Geração X como "profundamente confusos" e "contraditórios", enquanto Jean Twenge, PhD., professora do Departamento de Psicologia da Universidade Estadual de San Diego, conduziu vários estudos, não muito elogiosos, sobre os *Millennials*, que ela reuniu em seu livro *Generation Me: Why Today's Young Americans Are More Confident, Assertive, Entitled – and More Miserable Than Ever Before* [Geração Eu: por que os jovens americanos de hoje são mais confiantes, mais assertivos, mais privilegiados – e mais infelizes do que nunca antes], cujo título é tão revelador quanto o do subsequente, *The Narcissism Epidemic: Living in the Age of Entitlement* [A epidemia do narcisismo: vivendo na era dos privilégios]. A *Wired* até reconheceu a tendência de denegrir a geração seguinte, com um artigo intitulado "Congrats, Millennials. It's Your Turn to be Vilified" [Parabéns, *Millennials*. É a sua vez de serem aviltados].

Quanto mais as coisas mudam, mais continuam as mesmas.

Definição das Gerações

Tabela 2.1: Influências e atributos geracionais

	Baby Boomers	Geração X	*Millennials*	Geração Z
Período de nascimento	1946-1964	1965-1980	1981-1997	1998-presente
População	76 milhões	66 milhões	83 milhões	80 milhões (em crescimento)
Eventos e tendências influentes (efeitos período e efeitos coorte)	Guerra Fria, Difusão do comunismo, Guerra do Vietnã, Revolução sexual, Movimento dos direitos civis, Assassinatos de políticos e de líderes culturais	Crises de energia, Escândalos políticos, *Downsizing* de empresas, AIDS, Desastres ambientais, Declínio da supremacia mundial dos Estados Unidos, Internet e e-mail, Desastre da nave espacial *Challenger*	Ataques de 11 de setembro, Tiroteios escolares, Agendas cheias, Resguardados e protegidos pelos pais, Mídias sociais	Tiroteios escolares, Terrorismo mundial (notadamente Al-Qaeda e ISIS), Aumento da diversidade social (p. ex., etnia, religião, estrutura familiar)
Traços e características gerais	Orientação pela equipe, Otimistas, Formais	Autoconfiantes, Céticos, Informais	Orientação por *feedback*, Orientação pela comunidade, Realistas	Orientação global, Extremamente safos em tecnologia, Pragmáticos, Progressistas sociais
Objetivos de trabalho e carreira	Estabilidade duradoura, Hierarquias nítidas, Pouca ou nenhuma mudança no trabalho	Equilíbrio trabalho-vida, Apenas mudanças necessárias no trabalho, Horário flexível	Oportunidades empreendedoras, Diretrizes claras, Mudanças frequentes no trabalho, Locais de trabalho divertidos	Trabalho vitalício (pouca confiança nos programas de seguridade social para financiar a aposentadoria

Tabela 2.1: Influências e atributos geracionais (continuação)

Comunicação e tecnologia	Telefone, fax, e-mail, Introdução à internet e aos computadores pessoais como adultos	E-mail, mensagens de texto, Introdução à internet e aos computadores pessoais quando crianças ou jovens adultos	E-mail, mensagens de texto, Nativos digitais, cresceram com a internet e os computadores pessoais	Mensagens de texto, mídias sociais, "Geração 'internet no bolso'", Nascidos no mundo da internet, cresceram com dispositivos móveis
Pontos fortes no ambiente de trabalho	Jogadores de equipe, Disposição para o esforço extra	Não limitados pela estrutura, adaptáveis	Safos em tecnologia, Ansiosos por causar impacto no mundo	Safos em tecnologia, Independentes, Valorização do crescimento profissional duradouro
Pontos fracos no ambiente de trabalho	Dificuldade em lidar com o conflito, Resistência em pensar fora do quadrado	Menos investimento pessoal no trabalho, Rejeição da estrutura e das regras	Necessidade de estrutura, de supervisão e de validação, Expectativas irrealistas quanto ao trabalho interessante, Falta de experiência	Baixa capacidade de concentração, Falta de experiência

Capítulo 3

FOMENTANDO UMA
CULTURA DE INCLUSÃO

Os empregadores reconheceram há algum tempo que é
bom negócio ter um quadro de pessoal diversificado –
uma força de trabalho em que muitas opiniões estejam
representadas e em que todos os talentos sejam valorizados.
Thomas Perez, "Our New Year's Resolution"[31]

MUITOS LÍDERES de empresas falam em abraçar a diversidade, mas essas conversas sempre giram em torno de etnia e gênero, e, em geral, não se referem a idade. Embora a discriminação por etnia e gênero seja de fato um problema no local de trabalho, a discriminação por idade também é um problema sério – sobretudo para os mais velhos. Em pesquisa da AARP, de 2013, envolvendo pessoas com idade entre 45 e 74 anos, 64% dos participantes disseram que "já viram ou sofreram discriminação por idade no local de trabalho", com 58% afirmando que, na opinião deles, o preconceito se inicia quando a pessoa chega aos 50 anos.[32] Esse contexto resulta em parte do fato de muitos líderes influentes perpetuarem o estereótipo de que ser mais jovem é melhor. No Product Enclave, de 2011, da National Association for Software and Service Companies (NASCOMM), por exemplo, o investidor

---

[31] PEREZ, Thomas. Our New Year's Resolution. *U.S. Department of Labor,* 30 dez. 2013. <http://blog.dol.gov/2013/12/30/our-new-yearsresolution/>.

[32] STAYING Ahead of the Curve 2013: AARP Multicultural Work and Career Study, Perceptions of Age Discrimination in the Workplaces – Ages 45-74. *AARP,* abr. 2014. <http://www.aarp.org/content/dam/aarp/research/surveys_statistics/econ/2013/Staying-Ahead-of-the-Curve-Age-Discrimination.pdf>.

de capital de risco Vinod Khosla disse aos participantes: "As pessoas com menos de 35 anos são aquelas que fazem a mudança acontecer" e "As pessoas com mais de 45 anos basicamente morrem em termos de novas ideias", em parte porque "acomodam-se nos maus hábitos".[33] Essa percepção, porém, não é absolutamente exata, e os dados contam uma história diferente – em especial, as pesquisas de Benjamin Jones, da Kellogg School of Management, da Northwestern University, ao revelarem que as experiências da vida conferem às pessoas acima dos 50 anos muito mais potencial de inovação do que alguém com 25 anos.[34] Com efeito, a multidão com mais de 50 anos compõe um dos grupos de empreendedores em mais rápido crescimento nos Estados Unidos.

O que isso significa para as organizações? As empresas sagazes podem se beneficiar da proclividade dos trabalhadores mais velhos para a inovação, mantendo essas pessoas junto com trabalhadores mais jovens, que podem ajudar a impulsionar a inovação. (O McDonald's, por exemplo, compreende essa missão: ele reportou aumento de 20% no desempenho em localidades onde as pessoas com 60 anos ou mais trabalhavam com pessoas mais jovens.)[35] No entanto, manter na equipe trabalhadores mais velhos é apenas uma maneira de lidar com os desafios da gestão. Também é fundamental criar um ambiente em que as pessoas de todas as idades estejam engajadas e focadas na reformulação dos produtos e serviços da empresa, de modo a atender às mudanças nas expectativas dos consumidores. As empresas não devem subestimar a importância do engajamento dos trabalhadores: um estudo do Gallup descobriu que "os trabalhadores engajados são muito mais propensos a sugerir e a desenvolver maneiras criativas de melhorar a gestão ou os processos de negócios".[36] A chave é fomentar um ambiente de inclusão que reconheça as diferenças, reforce os pontos em comum e ponha em ação

---

[33] WADHWA, Vivek. The Case for Old Entrepreneurs. *The Washington Post*, 2 dez. 2011. <http://www.washingtonpost.com/national/oninnovations/the-case-for-old-entrepreneurs/2011/12/02/gIQAulJ3KO_story.html>.

[34] JONES, Benjamin F. Age and Great Invention. *Review of Economics and Statistics*, v. 92, n. 1, p. 1-14, 2010.

[35] RESEARCH Shows McDonald's Customers Prefer Older Workers. *Lancaster University*, 1 ago. 2009. <http://news.lancs.ac.uk/Web/News/Pages/BE8CC3D-C5B5D9A3880257619003619DE.aspx>.

[36] KRUEGER, Jerry; KILLHAM, Emily. Who's Driving Innovation at Your Company? *Gallup*, 14 set. 2006. <http://www.gallup.com/businessjournal/24472/whos-driving-innovation-your-company.aspx>.

políticas e procedimentos que manejem as prioridades de cada grupo. Agir assim pode gerar benefícios para empresas de todos os tamanhos.

Esse, porém, é o tipo de coisa que é mais fácil apresentar do que executar, sobretudo em organizações grandes e tradicionais, uma vez que a tendência de enfatizar o fornecimento dos atuais produtos e serviços com consistência e eficiência em relação ao custo geralmente as torna menos propensas a inovar.[37] Sob esse impulso para a confiabilidade, as pessoas focam na maximização da eficiência – não em sonhar novos produtos e serviços. Os comentários de Vinod Khosla refletiriam a realidade se fossem reformulados nos seguintes termos: "As *empresas* basicamente morrem em termos de novas ideias" porque cultivam "velhos hábitos", e os trabalhadores (sobretudo os que estão na empresa há mais tempo) seguem o exemplo da liderança.

O caso de negócios pela diversidade

Mesmo que você adote um quadro de pessoal multigeracional para promover a inovação, é importante compreender que a diversidade etária (ou a diversidade de qualquer espécie) e a inclusão só podem se tornar prioridades da empresa se os líderes seniores transformarem esses objetivos em iniciativas de negócios de toda a empresa. Para serem eficazes, os esforços em favor da diversidade devem ter o mesmo peso de outros objetivos de negócios, como aumentar a participação no mercado ou diminuir o custo das mercadorias vendidas. Muitas empresas já reconhecem essa necessidade: num estudo da *Forbes Insights* sobre a diversidade no local de trabalho, que envolveu 321 executivos de empresas globais com receita anual superior a US$ 500 milhões, a maioria absoluta dos entrevistados salientou a correlação positiva entre diversidade e inovação. A diretora de diversidade e inclusão global da Intel, Rosalind Hudnell, salienta essa conexão: "Não há como alcançar o sucesso no cenário global sem [diversidade]".[38]

Em enquete de 2014 do Chartered Institute of Personnel and Development (CIPD), tanto os empregados quanto os empregadores

---

[37] ASHKENAS, Ron. Steve Blank on Why Big Companies Can't Innovate. *Harvard Business Review*, 13 fev. 2013. <https://hbr.org/2013/02/steve-blank-on-why-big-companies>.

[38] GLOBAL Diversity and Inclusion: Fostering Innovation through a Diverse Workforce. *Forbes Insights,* 2011. <http://images.forbes.com/forbesinsights/StudyPDFs/Innovation_Through_Diversity.pdf>.

destacaram os numerosos aspectos positivos de trabalhar em equipes com diversidade etária. Os empregadores apontaram o "compartilhamento do conhecimento (55% dos respondentes), a melhoria dos serviços aos clientes (14%), e mais inovação (7%) como principais vantagens das equipes com diversidade etária". Os empregados, por outro lado, salientaram outros benefícios, inclusive "considerar diferentes perspectivas (72%), compartilhamento do conhecimento (66%), novas ideias (41%) e aumento da capacidade de solução de problemas (32%)".[39] Um estudo de 2013 abrangendo 24 empresas com forte reputação de adotar a diversidade como prioridade constatou que a construção de equipes altamente diversificadas capacitava a organização a propor uma variedade mais ampla de soluções para problemas de negócios, porque os membros da equipe desafiavam mais uns aos outros. Antes da diversificação, observou-se que os quadros de pessoal não diversificados isolam-se demais e perdem o contato com a base de clientes mais diversificada.[40]

Se a diversidade exerce impacto tão positivo sobre o engajamento e os esforços de inovação dos trabalhadores, por que será que nem todas as organizações adotam essas práticas? Uma explicação possível se resume numa observação, no estudo da *Forbes Insights*, de que "as diferenças [geracionais], se não forem bem manejadas, podem ser disruptivas e levar a sérios mal-entendidos".[41] Em outras palavras, depois que o local de trabalho torna-se mais diversificado, os gestores precisam se empenhar mais em promover a interação de todos – e a gestão de pessoas já é bastante difícil, mesmo quando o quadro de pessoal não é composto de várias gerações. No entanto, na medida em que os dados reforçam cada vez mais o argumento em prol do aumento da diversidade e da inclusão, é fundamental que os líderes seniores e os gestores, da mesma maneira, valorizem as contribuições positivas, não importa de onde e de quem partam. As pessoas que se sentem mais apreciadas se engajarão com mais intensidade – atitude que pode exercer impacto positivo sobre os resultados financeiros da empresa.

---

[39] MANAGING an Age-Diverse Workforce: Employer and Employee Views. *Chartered Institute of Personnel and Development*, 2014. <http://www.cipd.co.uk/binaries/managing-an-age-diverse-workforce_2014.pdf>.

[40] GROYSBERG, Boris; CONNOLLY, Katherine. Great Leaders Who Make the Mix Work. *Harvard Business Review*, set. 2013. <http://www.hbr.org/2013/09/great-leaders-who-make-the-mix-work/ar/1>.

[41] *Forbes Insights*, 2011.

O papel da cultura da empresa

Se você está na população ativa, ainda que há pouco tempo, você provavelmente já encontrou diferentes culturas empresariais – e é provável que você se encaixe melhor em umas do que em outras. Quando um trabalhador se encaixa bem em determinada cultura empresarial, ele ou ela tem mais probabilidade de progredir nesse ambiente. Quando, porém, o trabalhador e a cultura empresarial não combinam, o relacionamento tende a ser pouco duradouro. Aprendi essa lição em primeira mão quando me mudei de uma pequena organização, em que eu tinha muita liberdade, para uma grande empresa, controlada por um conglomerado ainda maior. Nesse segundo contexto, a cultura era muito mais rígida, a ponto de eu, praticamente, ter que pedir permissão para ir ao banheiro! Esse tipo de ambiente cultural é completamente incompatível com as minhas idiossincrasias pessoais, e foi um milagre eu ter sobrevivido lá durante tanto tempo (seis meses – e me senti extremamente infeliz durante toda essa eternidade). Essa experiência me ajudou a compreender como a cultura da empresa pode ser importante para se conseguir o melhor das pessoas.

Howard Schultz, CEO da Starbucks, enfatizou o valor da cultura em seu livro de 2011 *Onward: How Starbucks Fought for Its Life Without Losing Its Soul* (ed. bras. *Em frente! – Como a Starbucks lutou por sua vida sem perder a alma*, trad. Joanne Gordon, Elsevier/Alta Books, 2011). Ele relata que, depois de ter deixado a Starbucks, em 2000, a empresa se desviou de sua cultura original, do foco nas pessoas, dos seus valores e da sua missão. Ao adotar uma estratégia de negócios que enfatizava a expansão a qualquer custo, a empresa assistiu à queda vertiginosa da receita e do preço das ações.[42] Ao retornar como CEO da Starbucks, em 2008, para reativar a empresa debilitada, Schultz liderou um esforço maciço de reviravolta radical, que redirecionou o foco de volta para as pessoas – os clientes e, principalmente, os trabalhadores – e reconduziu a empresa para lucros recordes, apenas cinco anos depois. Ao descrever o novo sucesso da empresa, Schultz proferiu sua declaração famosa: "A cultura supera a estratégia".[43]

---

[42] SCHULTZ, Howard. *Onward:* How Starbucks Fought for Its Life without Losing Its Soul. Nova York: Rodale, 2011.

[43] HELM, Leslie. Howard Schultz. *Delta Sky*, mar. 2014. <http://deltaskymag.com/Sky-Extras/Favorites/Howard-Schultz.aspx>.

As empresas que alcançam o sucesso duradouro têm em comum uma característica vital: estão repletas de trabalhadores e gestores que se sentem valorizados e que o tempo todo se empenham ao máximo para cumprir – e superar – os objetivos da empresa e os seus objetivos pessoais. Esse ânimo decorre da responsabilidade pessoal, que deve estar presente em todos os níveis da organização (do CEO à recepcionista), para que a empresa seja bem-sucedida. Os gestores que querem que os trabalhadores tenham responsabilidade pessoal devem liderar pelo exemplo. Esse aspecto é ainda mais importante quando se trata de fomentar um ambiente inclusivo: se *você* não demonstrar respeito pelos trabalhadores de *qualquer* idade e não valorizar as contribuições de *todos*, por que eles o fariam, sem o exemplo dos líderes?

O dicionário *Merriam-Webster* define *accountability* (responsabilidade, prestação de contas) como a qualidade ou o estado de ser *accountable* (responsável, sujeito a prestar contas); *esp*: a obrigação ou a disposição de aceitar uma atribuição ou de prestar contas de suas ações.[44] *Mesmo ao enfrentar desafios*, os trabalhadores com alto grau de responsabilidade pessoal sentem-se compelidos a ajudar a empresa a alcançar o sucesso, e internamente obrigados a concluir projetos e a executar tarefas com que já se comprometeram. A responsabilidade pessoal é uma escolha ou uma atitude que se manifesta nas iniciativas pessoais de controlar as próprias atribuições e resultados (positivos e negativos).

Nesses termos, qual é a ligação entre responsabilidade pessoal e ambiente de trabalho inclusivo? Quando os executivos C-Level (CEO, CFO, COO, etc.) transformam a diversidade e a inclusão em algo mais do que apenas atributos "desejáveis" e as tratam como requisitos "indispensáveis" que devem se alinhar com os objetivos centrais da empresa, os trabalhadores com alto grau de responsabilidade pessoal tomarão nota da missão e assumirão a incumbência. Para esses trabalhadores, tudo o que a liderança considera "indispensável" converte-se em seu objetivo pessoal – e eles se empenharão com afinco para alcançar esse novo propósito.

Ao pensar em trabalhar em determinada empresa (ou ao procurar melhorar sua capacidade de liderança na atual organização), é importante compreender como a cultura da empresa desempenha um papel crítico em reforçar (ou solapar) a capacidade de liderança de cada gestor. Cultura da empresa não é apenas um mote inteligente afixado nas paredes ou uma frase inspiradora distribuída aos trabalhadores num cartão plastificado.

---

[44] MERRIAM-WEBSTER'S Collegiate Dictionary, 11. ed., 2002.

Cultura da empresa é um conceito que abrange valores, crenças e, talvez o mais importante, os comportamentos compartilhados e demonstrados pela maioria dos trabalhadores da organização. Cultura empresarial não é o que a empresa *proclama* a respeito de si mesma, mas o que ela realmente *pratica* nas suas atividades do dia a dia. Aí se incluem as crenças comuns dos trabalhadores, referentes ao seu valor para a empresa, como os objetivos *realmente* são alcançados, e o que a empresa valoriza ao conceder promoções e outras oportunidades aos trabalhadores.

Como já dissemos, a cultura da empresa desenvolve-se nos níveis mais elevados da organização. Da mesma maneira como as ondulações concêntricas espalham-se pelo lago ao se atirar uma pedra na água, os métodos C-Level para valorizar e recompensar sua equipe direta influenciam as respostas dos demais trabalhadores. Se o CEO apresenta tendências de apontar o dedo, não assumindo responsabilidades e culpando os outros pelos fracassos, por exemplo, é provável que os membros de sua equipe direta sigam a mesma tendência e adotem o mesmo comportamento em relação à equipe direta *deles* – e assim sucessivamente, cadeia de comando abaixo. Do mesmo modo, quando os líderes seniores favorecem ou desfavorecem um grupo etário, os líderes mais abaixo na cadeia de comando talvez tenham dificuldade em se opor a essa atitude. Quando os líderes seniores demonstram respeito pelas contribuições de todos os grupos etários, esse apoio impregna a organização e serve de modelo para as pessoas de todos os níveis, tornando-se parte da cultura da empresa. Os trabalhadores conscientes de que suas contribuições são valorizadas tendem a ser mais engajados no local de trabalho – e o alto engajamento dos trabalhadores pode render altos dividendos para os resultados financeiros da empresa.

Portanto, onde começar para melhorar a cultura da empresa? Os CEOs e outros líderes seniores que queiram aproveitar os benefícios de uma cultura de inclusão precisam, antes de tudo, avaliar o atual estado da organização. Afinal, não é possível decidir onde querem que a empresa esteja no futuro se não sabem onde ela está agora. Lembre-se, antes de lançar qualquer iniciativa para promover a diversidade de idade ou de outro fator demográfico, é preciso, primeiro, associar esses fatores aos objetivos estratégicos da empresa, para que a iniciativa seja realmente "indispensável", em vez de apenas "desejável". Para ajudá-lo a estabelecer essas conexões ao planejar um programa e, assim, demonstrar que se trata de um imperativo de negócios, considere as seguintes questões:

- Qual é a atual composição da sua base de clientes? Como será a sua base de clientes daqui a cinco anos? Em que clientes potenciais mirar para se manter na atual trajetória de crescimento?

- Qual é a atual composição da sua base de trabalhadores, e como ela poderá ser diferente daqui a cinco anos? Será que a sua base de trabalhadores reflete organizações profissionais semelhantes em seu campo de atuação?

Compreender como são os clientes no presente e como serão os clientes no futuro e alinhar essa base de clientes com a sua base de trabalhadores no presente e no futuro são fontes de *insights* sobre oportunidades potenciais para diversificar a contratação de pessoal e mirar em mercados inexplorados. As pesquisas confirmam a importância de construir e manter um quadro de pessoal com diversificação etária: numa enquete entre 100.000 trabalhadores, "42% dos respondentes afirmaram que as diferenças entre Geração Y (*Millennials*), Geração X, e *Boomers* efetivamente melhoraram a produtividade no local de trabalho".[45] Em consequência da forte correlação entre produtividade e oportunidade de negócios, as deficiências em sua base de trabalhadores, que comprometem a produtividade da organização, podem gerar oportunidades para que outras empresas absorvam parte da sua fatia de mercado potencial. Ao avaliar a situação do seu quadro de pessoal, considere as seguintes questões:

- Que capacidades de liderança serão necessárias para motivar e engajar o quadro de pessoal em cinco anos? Será que a sua atual base de trabalhadores está desenvolvendo o conjunto de competências para alcançar esses requisitos de liderança no futuro?

- Que outras competências estão faltando na caixa de ferramenta dos trabalhadores? Qual é o plano para desenvolver essas competências? Como se está manejando o plano de sucessões para acompanhar o crescimento da empresa?

- Será que uma parcela significativa do seu quadro de pessoal se aposentará nos próximos cinco ou dez anos? O que está sendo feito para fechar quaisquer lacunas de competência que essas aposentadorias venham a abrir na empresa?

---

[45] HANNAM, Susan; Yordi, BONNI. Engaging a Multi-Generational Workforce: Practical Advice for Government Managers. *IBM Center for the Business of Government*, primavera-verão 2011. <http://www.businessofgovernment.org/sites/default/files/Hannam_Yordi.pdf>.

- Você tem um programa de reconhecimento formal que recompense o bom relacionamento com colegas de trabalho de todas as idades? Em caso positivo, será que esse programa é neutro em relação à idade ou tende a favorecer os trabalhadores de determinadas faixas etárias? Como garantir que todas as idades são valorizadas com equidade, conforme seus méritos e resultados?

- À medida que aumentam as lacunas de competências, como reciclar os conjuntos de habilidades dos trabalhadores mais velhos e preparar os trabalhadores *Millennials* e da Geração X para preencher essas lacunas? Como a empresa sustentará o impulso da inovação no longo prazo?

- Que mudanças no ambiente de trabalho serão necessárias para alcançar os objetivos de negócios da empresa, agora e no futuro?

Nos Conselhos de Administração espalhados pelos Estados Unidos, fala-se cada vez mais sobre como as empresas americanas estão perdendo o trunfo empreendedor, em consequência da consolidação e da competição de concorrentes externos.[46] Essas conversas são motivo de grande preocupação para os líderes seniores, sabedores de que o sucesso contínuo da organização depende da capacidade de inovação e da tomada de riscos para manter a empresa relevante no futuro. De fato, um estudo conjunto da IESE Business School, Universidade de Navarra, e Capgemini Consulting confirmou que as empresas mais inovadoras apresentavam melhor desempenho financeiro.[47] Também o engajamento pode exercer impacto sobre a última linha da demonstração do resultado: estudo de 2015 da AARP avaliou que "bastam 5% de aumento no engajamento para gerar aumento de 3% no crescimento da receita".[48] Descobrir como aproveitar melhor o conjunto de competências dos atuais trabalhadores da empresa,

---

[46] GARLAND, Eric. Why America Is Losing Its Entrepreneurial Edge. *Harvard Business Review*, 20 maio 2014. <https://hbr.org/2014/05/why-america-is-losing-its-entrepreneurial-edge>.

[47] MILLER, Paddy *et al*. Innovation Leadership Study: Managing Innovation, An Insider Perspective. *Capgemini*, mar. 2012. <https://www.capgemini.com/consulting-fr/resources/innovation-leadership-study-managing-innovation-an-insider-perspective/>.

[48] HEWITT, Aon. A Business Case for Workers 50+: A Look at the Value of Experience. *AARP*, abril 2015. <https://states.aarp.org/wp-content/uploads/2015/08/A-Business-Case-for-Older-Workers-Age-50-A-Look-at-the-Value-of-Experience.pdf>.

sobretudo os mais maduros, propensos a inovar, ajudará a empresa a conquistar um trunfo competitivo, agora e no futuro.

- Os atuais trabalhadores serão capazes de promover inovações para impulsionar a empresa no futuro próximo (e no mais distante)? Que decisões sobre contratação e treinamento de pessoal devem ser tomadas agora para atender às necessidades de inovação no futuro?
- As atuais decisões sobre contratação de pessoal estão envolvendo uma equipe multigeracional? Será que as atuais oportunidades de promoção têm favorecido determinado grupo etário?

Contratar trabalhadores de vários grupos etários é um passo para aumentar a diversidade no local de trabalho e, portanto, melhorar a capacidade de inovação da empresa. Afinal, quando o sucesso de um departamento ou organização está em jogo, será que realmente importa de onde vêm as boas ideias? Uma ideia fantástica pode vir de alguém que acabou de se juntar à empresa ou de alguém que já trabalha na empresa há décadas. Por essa razão, gerenciar a nova realidade do local de trabalho significa priorizar a construção de uma cultura de inclusão que promova as propostas de inovação de trabalhadores de todas as idades.

Superando uma cultura negativa

E se os líderes seniores derem maus exemplos e assim ensejarem uma cultura empresarial negativa? Embora seja possível atenuar a influência de um CEO que adote comportamentos negativos, é difícil neutralizar os impactos daí resultantes em todo o âmbito da empresa. Cada departamento pode ter filões de positividade e inclusividade, mas uns poucos ambientes positivos são insuficientes para reformular toda a cultura da empresa. *Todos* os trabalhadores da empresa, quaisquer que sejam a idade e outros atributos demográficos, devem ser tratados com respeito. Todos os trabalhadores devem se sentir valorizados — situação difícil de alcançar se a liderança estiver atirando pedras que desencadeiem ondulações pestilentas em toda a empresa.

É importante observar que, se a liderança sênior na sua empresa estiver sendo fonte de maus exemplos, isso não dá licença aos gestores para se comportar da mesma maneira — pelo menos se quiserem manter seus melhores executores. "Os trabalhadores se juntam às empresas, mas se afastam dos gerentes" (como diz o velho ditado); portanto, os gerentes nunca devem subestimar o quanto suas atitudes influenciam a retenção dos trabalhadores. Como os recém-admitidos geralmente levam de quatro a seis meses para ganhar velocidade, os gestores cujo estilo de gestão contribui para a evasão de pessoal nunca colherão as recompensas de trabalhadores plenamente treinados. Como gestor, seu objetivo, quaisquer que sejam as ações dos seus líderes seniores, é criar um ambiente em que os trabalhadores estejam engajados, motivados e operando da melhor maneira possível – e para criar esse ambiente é preciso valorizar os trabalhadores de todas as idades.

É, sem dúvida, muito importante para você ser o melhor gestor possível. Além do objetivo mais amplo de ajudar a empresa a ser bem-sucedida, lembre-se que, ao trabalhar bem, os membros da sua equipe contribuem para melhorar a *sua* imagem! (E, evidentemente, quando trabalham mal, elas contribuem para piorar a *sua* imagem.) Melhorar o seu desempenho como gestor também o ajudará a atrair os trabalhadores mais capazes e mais brilhantes para operar ao seu lado: as boas notícias se espalham com rapidez! Portanto, se os executivos seniores forem maus líderes, faça tudo o que for possível para se certificar de que as deficiências deles não passam pelo seu crivo e não contaminam ainda mais a cadeia de comando abaixo de você.

Construindo uma cultura de diversidade etária

O segredo para construir uma cultura de diversidade etária (ou uma cultura diversificada sob outros aspectos) é contratar pessoas com diferentes formações. Parece simples, certo? O desafio, porém, é recrutar candidatos diversificados. Para tanto, você precisa expandir seu *pool* de candidatos para várias posições. Infelizmente, as práticas usuais de recrutamento e seleção não priorizam a diversidade, uma vez que as pessoas tendem a contratar pessoas como elas. O que geralmente acontece é que "iguais contratam iguais". Portanto, para construir uma cultura diversificada, a equipe de RH e os gestores contratantes devem olhar além do *pool* de talentos habituais e encontrar candidatos com potencial para atender a novos requisitos.

Com a internet oferecendo acesso quase ao mundo inteiro, nunca foi tão fácil para a equipe de RH e para os gestores contratantes ampliar a diversidade do *pool* de candidatos, indo além dos "canais tradicionais" e explorando a lista em expansão contínua das opções mais recentes para alcançar pretendentes não convencionais. O passo seguinte é desenvolver um processo de recrutamento e seleção neutro em relação à idade, que foque nas competências necessárias para a eficácia em determinada posição e que avalie os candidatos na extensão em que preenchem esses requisitos. Sem dúvida, simpatia e personalidade são importantes nas decisões sobre contratação. Se, porém, um trabalhador é demitido por incapacidade no exercício da função, a simpatia, no caso, é irrelevante. Como se sabe, as empresas não podem fazer discriminação na contratação com base em certas características, como idade. O objetivo da organização não deve ser apenas cumprir a lei, mas sim contratar como que com antolhos, para descartar qualquer outra consideração além da capacidade do candidato para o exercício da função.

No entanto, da mesma maneira como as empresas procuram candidatos diversificados, em termos de idade e de outros atributos, os candidatos também buscam organizações com quadro de pessoal diversificado. Hoje, o ambiente de trabalho inclusivo não é mais anomalia no contexto de negócios – é expectativa. Por exemplo, quase metade dos participantes de uma enquete abrangente responderam que "desejam que os empregadores adotem soluções reais para promover e fomentar um ambiente de trabalho diversificado".[49] Portanto, o ambiente inclusivo o ajudará não só a reter os atuais trabalhadores, mas também a atrair candidatos com maior probabilidade de serem bem-sucedidos na organização, uma vez que as referências são extremamente importantes no recrutamento. Depois de ter recrutado e selecionado bem e de ter construído um quadro de pessoal com diversidade etária, você está em condições de implementar as estratégias para motivar e engajar esses trabalhadores no processo de melhorar a capacidade de inovação. Primeiramente, você precisa motivá-los e capacitá-los a se desenvolver nas seguintes áreas:

- **Tomada de riscos:** Disposição para propor ou executar projetos que envolvam perigo ou risco, a fim de alcançar um objetivo.[50]

---

[49] GOLDSTEIN, Melanie. The Impact of Workplace Diversity from the Employee Perspective. *Kanjoya*, 16 fev. 2015. <http://www.kanjoya.com/measuring-impact-workplace-diversity-employee-perspective/>.

[50] RISK-TAKING. In: Merriam-Webster. Disponível em: <https://www.merriam-webster.com>. Acesso em: 27 maio 2018.

- **Inovação:** Capacidade de conceber ou desenvolver novas ideias, dispositivos ou métodos.[51]

- **Empreendedorismo:** Coragem e ânimo para desenvolver, organizar e gerenciar empreendimentos de negócios e de assumir os riscos implícitos, para auferir lucro.[52]

Fundamentais para o sucesso da organização, essas três atividades envolvem uma abordagem que impele o trabalhador de qualquer idade a engajar-se na solução criativa de problemas e na busca proativa de métodos mais eficazes, em vez de meramente seguir a rotina vigente. Os trabalhadores imbuídos de espírito empreendedor não ficam à espera de mudanças – eles promovem mudanças positivas que melhoram a cultura e o desempenho da empresa.

As inovações, porém, não acontecem ao acaso: elas precisam ser fomentadas, apoiadas e protegidas, sobretudo, como geralmente é o caso, quando as ideias não se convertem em realidade por seus próprios méritos. Para impulsionar essa atitude inovadora e permitir que ela floresça na organização, a empresa deve apoiá-la – e esse apoio deve começar no topo. Mesmo o mais alto executivo, para não falar nos gerentes de nível médio, teria dificuldade em promover a inovação, a tomada de riscos e o espírito empreendedor, se seus esforços não forem respaldados pelo resto da equipe C-Level. Portanto, ao fomentar esses comportamentos em sua empresa, peça aos membros da equipe executiva para desbravar o caminho com sua própria equipe direta. As oito estratégias seguintes podem ajudar a difundir o impulso para a inovação em toda a organização.

Estimule a geração de ideias

Quando eu era vice-presidente de operações da Oxygen Media, minha equipe e eu realizávamos sessões trimestrais de *brainstorming*, que não se relacionavam com o dia a dia dos negócios. Nessas reuniões, focávamos em identificar tarefas críticas e novas abordagens que já não estavam incluídas em nossa lista de afazeres. Essas reuniões vale-tudo e sem censura capacitaram nossa equipe de operações a se situar constantemente na fronteira avançada da mudança e da reinvenção.

---

[51] INNOVATION. In: Merriam-Webster's Collegiate Dictionary, 11th ed, 2002.

[52] ENTREPRENEURSHIP. In: BusinessDictionary.com. Disponível em: <www.businessdictionary.com/>. Acesso em: 27 maio 2018.

Também era *incrivelmente* empolgante para os membros da equipe assistir à apresentação de grandes ideias por trabalhadores de todas as origens e idades, o que servia como poderosa advertência a toda a equipe de que idade não é barreira para concepção e formulação de ideias disruptivas.

Proteja as fontes de ideias

Se você algum dia, durante uma reunião, propôs uma nova ideia que logo foi rejeitada, você provavelmente logo se deu conta de que o mais prudente era ficar de boca fechada para não ser fuzilado. Esteja você liderando a equipe ou atuando meramente como um membro do grupo, apoie os geradores de ideias malucas, que empurram todo mundo além do modo de pensar normal. Até observações simples do tipo "Ótima ideia! E agora?", em vez de "Já tentamos isso antes" ou "Não vai funcionar", bastam para encorajar o *brainstorming* – e podem levar a reações espantosas! Durante as sessões de *brainstorming*, mantenha o tom positivo e proativo, desestimulando o uso de expressões como *não, mas, impossível*. Essa restrição é ainda mais importante quando a equipe inclui membros mais novos que podem sugerir uma ideia já conhecida e até experimentada pelo grupo. Até uma velha ideia pode parecer nova para um estranho no ninho, com antecedentes e perspectivas diferentes, que talvez seja a pessoa indicada para explorá-la e fazê-la funcionar.

Não massacre quem ousou errar

Quando um de seus sócios referiu-se aos milhares de tentativas que não tinham dado resultados, Thomas Edison respondeu: "Resultados? Por que não? Eu consegui muitos resultados! Agora conheço vários milhares de maneiras que não funcionam!"[53] O mundo melhora com o fracasso (os adesivos Post-it e a penicilina são dois exemplos clássicos desse fenômeno), e tanto a capacidade inovadora quanto o espírito empreendedor murcham quando os erros são punidos ou condenados. Não importa que você tenha sido incumbido da supervisão de um grupo de trabalhadores ou que esteja começando a trabalhar numa nova organização numa posição

---

[53] DYER, Frank Lewis; COMMERFORD, Thomas. *Edison:* His Life and Inventions. Nova York: Harper & Bros., 1910. v. 2.

gerencial, talvez você precise encorajar os membros da equipe a sair da zona de conforto, garantindo-lhes que não os punirá por fracassos. A mentalidade de que os erros são aceitáveis pode ser um conceito novo para os trabalhadores mais velhos, há muito tempo acostumados a serem avaliados pela qualidade do trabalho, e para os trabalhadores mais jovens, que acabaram de sair de ambientes escolares, onde é preciso acertar tudo e não cometer erros, como medida de sucesso.

Patrocine as boas ideias

Além de proteger as fontes de ideias, é preciso patrocinar as boas ideias, não importa quem as apresente. Essa atitude pode ser desafiadora no contexto empresarial clássico, onde líderes e membros de equipes não raro são ciosos dos próprios feudos. Se você pensar como *dono* (outro traço do espírito empreendedor), não importa *onde* as boas ideias brotem, você sempre será sensível e arguto o suficiente para aproveitá-las. Se você for novato na gestão de equipes, é extremamente importante não reivindicar os méritos pelas ideias dos indivíduos ou do grupo. Além de antiética, essa atitude é contraproducente: se você, em vez disso, promover e recompensar essas contribuições, encorajará cada vez mais as propostas criativas e ousadas, sem medo do fracasso.

Amplie sua base de conhecimento

O velho adágio "Conhecimento é poder" definitivamente aplica-se ao fomento do espírito empreendedor. Não importa que exerçam funções de liderança sênior ou sejam influenciadores em funções de início de carreira, os líderes devem expandir continuamente suas bases de conhecimento para saber mais sobre a organização. Quanto mais você compreender de que maneira suas palavras afetam outras operações da empresa, mais você será capaz de tomar decisões esclarecidas que ajudem toda a organização. Também é fundamental para você e para a equipe compreender como a empresa gera lucro, de modo a contribuir para o resultado financeiro. Em todas as funções gerenciais que exerci, por exemplo, promovi almoços trimestrais, para os quais eram convidadas todas as pessoas do meu departamento, para ouvir outros chefes de departamento analisar suas operações, inclusive o impacto delas sobre o desempenho financeiro da empresa. Em todas essas experiências, sempre me surpreendia ao constatar como esses eventos inspiravam minha equipe a pensar além das suas tarefas do dia a dia.

Empurre-se para fora da zona de conforto

Todos sabemos que pode ser difícil falar alto em funções de início de carreira. O que nem todos reconhecemos é que também pode ser desafiador falar alto em funções de alto nível – afinal, ninguém quer parecer tolo. Daí a importância de continuar aprendendo, de modo a continuar contribuindo em todo o âmbito da empresa, não apenas em suas próprias esferas de influência. Portanto, esforce-se para romper as próprias rotinas e ir além de suas atribuições formais. Pense além de suas áreas de interesse, além das divisórias de seu departamento, e, sobretudo, além de sua zona de conforto, para superar o comodismo e liderar a mudança e a inovação na empresa.

Contrate trabalhadores diferentes e componha equipes diversificadas

Não é à toa que a diversidade no local de trabalho é assunto debatido com frequência: se você quiser estimular a mais ampla variedade de ideias, precisa incluir pessoas com diferentes pontos de vista e diferentes maneiras de pensar. Se todos tiverem as mesmas experiências e forem da mesma idade, a equipe pode atolar na homogeneidade do pensamento de grupo (*groupthink*). Portanto, promova o pensamento criativo e inovador, compatível com o espírito empreendedor, e empenhe-se para que os membros da equipe contribuam para a diversidade de gênero, etnia, idade, formação, e outros fatores que influenciam a visão de mundo.

Reconheça e recompense a tomada de risco

Mesmo que você não seja o chefe do departamento, reagir com entusiasmo e encorajamento – sobretudo em público e nas reuniões da equipe – ajuda a promover e a suportar a mentalidade inovadora. Ideias simples podem gerar *grande* impacto. Portanto, diga: "Que ideia fantástica!" ou nada mais que: "Obrigado!", no grupo ou com terceiros; envie um e-mail ou dispare uma mensagem, dizendo a um colega que a maneira como ele ou ela se expôs ao risco foi uma fonte de inspiração para você. Qualquer que seja a sua posição na empresa, reconhecer e apreciar a tomada de risco pode exercer efeitos produtivos e de longo alcance, espalhando-se por toda a organização.

O psicólogo Abraham Maslow afirmou que "a pessoa se dedica ao aprendizado apenas na medida em que não é incapacitada pelo medo e na proporção em que se sente bastante segura para ousar".[54] Se você quiser que os trabalhadores inovem, ofereça-lhes condições para que se sintam "bastante seguros para ousar" – dispostos a assumir riscos e incertezas. Promover a inovação pode gerar impacto profundo sobre a empresa. Na verdade, a inovação pode ser simplesmente o fator de que a sua organização precisa para manter-se à frente dos concorrentes, em vez de tentar acompanhá-los.

Portanto, os líderes seniores devem engajar-se na maneira de apoiar e encorajar a inovação em todos os níveis e em todo o âmbito da organização! A inovação só pode florescer em um local de trabalho que fomente uma cultura de inclusão e acolha de bom grado as ideias e as sugestões de todos, independentemente da idade e de outras características pessoais. Essa cultura valoriza as experiências e as perspectivas dos trabalhadores de todas as faixas etárias e os mantém focados no futuro da empresa.

---

[54] HESS, Edward D. *Learn or Die:* Using Science to Build a Leading-Edge Learning Organization. New York: Columbia University Press, 2014.

Capítulo 4

MONTANDO O CENÁRIO PARA UM GRANDE DESEMPENHO

Os trabalhadores que acreditam que a administração se preocupa com eles como pessoa integral – não só como trabalhador – são mais produtivos, mais satisfeitos, mais realizados. Trabalhadores satisfeitos geram clientes satisfeitos, que redundam em empresas lucrativas.
Anne M. Mulcahy.[55]

QUEM DISSE pela primeira vez a frase "os trabalhadores se juntam às empresas, mas se afastam dos gerentes" sem dúvida acertou em cheio – e essa afirmação é mais pertinente hoje do que em qualquer outra época, para trabalhadores de *todas* as idades. E, talvez, para surpresa de ninguém, os trabalhadores mais propensos a pular fora são os *Millennials*.

De acordo com um relatório de 2014, do Bureau of Labor Statistics, os trabalhadores com idade entre 25 e 34 anos ficam em média 3 anos na mesma empresa (em comparação com 3,2 anos em 2012). Essa brevidade, porém, não é característica apenas dos trabalhadores mais jovens: a mediana do tempo de serviço de todos os trabalhadores é de somente 4,6 anos. Por outro lado, os trabalhadores mais velhos tendem a ficar na empresa por muito mais tempo:

> Por exemplo, a mediana do tempo de serviço dos trabalhadores na faixa etária de 55 a 64 (10,4 anos) era mais que o triplo da dos trabalhadores com idade entre 25 e 34 (3.0 anos). Maior proporção de trabalhadores mais velhos do que de trabalhadores mais jovens

---

[55] MULCAHY, Anne M. Discurso de abertura. In: LIFECARE INC'S LIFE EVENT MANAGEMENT CONFERENCE. Nova York: Rye Brook, maio 2003.

continuava no emprego por mais de 10 anos. Entre os trabalhadores com idade entre 60 e 64, 58% estavam na mesma empresa havia pelo menos 10 anos, em janeiro de 2014, em comparação com apenas 12% daqueles com idade entre 30 e 34.[56]

Os resultados de um estudo de 2016 da CareerBuilder sustentam a crença de que os trabalhadores estão sempre de olho na porta de saída: "76% dos trabalhadores em tempo integral estão procurando emprego ativamente ou estão abertos a novas oportunidades de trabalho".[57] Em estudo anterior da CareerBuilder, 69% dos respondentes disseram que a procura de novas oportunidades era parte de sua "rotina diária", com 30% deles procurando emprego ativamente todas as semanas.[58] E essa falta de lealdade é prejudicial às empresas. Numa pesquisa da American Management Association entre executivos e gestores, 33% dos participantes disseram sentir que "a lealdade dos trabalhadores tinha relação direta com os lucros" e que a falta de lealdade gerava consequências extremamente negativas para o relacionamento dos trabalhadores uns com os outros e com a organização.[59]

Esses estudos, e muitos outros, demonstram por que é fundamental para os gestores melhorar sua acuidade em liderança, para reduzir o pula-pula dos trabalhadores e melhorar o engajamento e a lealdade deles. O preço do *turnover* do pessoal pode ser extremamente alto para as organizações, como escreveu um especialista: "No caso de trabalhadores no nível de entrada, o custo de substituição é de 30% a 50% do salário anual", acrescentando que o custo sobe para até 400% do salário anual no caso de trabalhadores no topo da pirâmide.[60] A porta giratória dos trabalhadores, sempre a rodar, é prejudicial para os gestores, uma vez que os obriga a dedicar mais tempo ao treinamento dos substitutos e os deixa malvistos pelos

---

[56] EMPLOYEE Tenure in 2014. *Bureau of Labor Statistics*, 18 set. 2014. <http://www.bls.gov/news.release/pdf/tenure.pdf>.

[57] HOW to Rethink the Candidate Experience and Make Better Hires. *CareerBuilder*, 2016. <https://hiring-assets.careerbuilder.com/media/attachments/original-2184.pdf>.

[58] 2012 CANDIDATE Behavior Study: The Myth of the Passive Job Seeker. *CareerBuilder*, 2012. <http://www.careerbuildercommunications.com/candidatebehavior2012/2012/>.

[59] Survey Finds Employees Less Loyal Than Five Years Ago. *American Management Association*, 6 jan. 2015. <http://www.amanet.org/news/10606.aspx>.

[60] BORYSENKO, Karlyn. The Cost of Employee Turnover. *Zen Worplace*, 22 abr. 2015. <http://www.zenworkplace.com/2014/07/01/cost-employee-turnover/>.

executivos seniores, que talvez questionem a capacidade de gestão e liderança dos responsáveis pelas áreas com maior evasão de pessoal.

Como reduzir o risco de evasão dos trabalhadores? Para começar, pense nos gestores que você admira, com base em suas próprias experiências, seja na escola, seja no trabalho. Que características os tornam ótimos? Embora cada entrevistado tenha uma resposta diferente por força das próprias circunstâncias, a maioria das respostas enfatiza a capacidade de inspiração do gestor, por meio das seguintes práticas:

1 Ser absolutamente claro sobre os requisitos do bom desempenho e sobre os objetivos a serem atingidos.

2 Fornecer *feedback* e *coaching* que ajudem a melhorar o desempenho e a alcançar os objetivos.

3 Reconhecer e recompensar quando os objetivos são realizados.

Essa fórmula de três passos, aparentemente simples, é o fundamento da boa gestão e essencial para a melhoria do desempenho dos trabalhadores de todas as idades. Se você não executar a contento essas três recomendações, é altamente improvável que você consiga desenvolver competências de gestão mais avançadas, como motivar quatro gerações a interagir e a trabalhar com eficácia no local de trabalho. E se parte do referencial de definição de objetivos, de oferta de *feedback* e de distribuição de recompensas não focar na cooperação multigeracional, você acabará empurrando os trabalhadores porta afora. Por ser essa fórmula tão importante para a gestão de pessoas, vale a pena olhar mais de perto cada um dos passos.

Definindo os objetivos

Antes de incentivar e engajar os trabalhadores, é preciso deixar claro o que você espera deles. E não presuma que, por serem mais experientes, os trabalhadores mais velhos já são ótimos na definição de objetivos. São boas as chances de que eles, como os colegas mais jovens, ainda não tenham de fato aprendido a definir objetivos. Embora seja forte a correlação entre sucesso da empresa, eficácia na definição de objetivos e desempenho dos trabalhadores, muitas organizações se apressam no processo formal de definição de objetivos, quando não o ignoram totalmente.[61]

---

[61] FITZ-ENZ, Jac; BREGGERN, Erik. How Smart Human Capital Management Drives Financial Performance. *SuccessFactors*, 2006. <http://www.successfactors.com/en_us/lp/articles/smart-hcm.html>.

Os trabalhadores que se sentem mais conectados com a empresa também se sentem mais motivados para ajudar a organização a alcançar seus objetivos do que os colegas que se consideram menos conectados com a empresa e que talvez se vejam como dentes de engrenagem. Envolver *todos* os trabalhadores (não só os gestores) na definição de objetivos garante que todos estejam focados em como contribuir pessoalmente para o sucesso da empresa. Ao iniciar o processo de definição de objetivos, lembre-se que cada geração terá suas próprias ideias sobre como se desincumbir melhor dessa tarefa.

- Como os *Baby Boomers* estão na população ativa há mais tempo do que outras gerações, é possível que tenham mais experiência estratégica e tática do que os colegas mais jovens, dependendo das funções que exerceram ao longo da carreira. Os *Boomers* preferem que os gestores definam os resultados esperados e lhes deem flexibilidade para descobrir como realizar esses objetivos da maneira mais adequada. São ótimos em objetivos de longo prazo e, geralmente, não precisam de muitas verificações ao longo do percurso, embora isso não signifique que você pode passar a bola e sair de campo.

- Os trabalhadores da Geração X também são muito independentes. Como os *Boomers*, eles preferem que os gestores esbocem os resultados esperados e os deixem definir como alcançá-los. Mais do que os membros de outras gerações, as pessoas da Geração X preferem trabalhar com independência depois da definição dos objetivos. (Portanto, prepare-as para a partida e saia da frente!). Ao contrário de outros grupos, no entanto, os Geração X geralmente se beneficiam por ter objetivos intermediários a caminho do objetivo final. Com sua natureza hipercompetitiva, os membros da Geração X desabrocham ao receberem manifestações de reconhecimento, por exemplo, a cada trimestre, em vez de uma vez por ano.

- Os *Millennials*, por outro lado, sempre foram gregários. Durante toda a vida, viram-se cercados pelos pais, avós, professores, preceptores, coaches, mentores, e outros adultos, que decidiam por eles ou os orientavam detalhadamente no processo decisório. Acostumados a receber certificados de participação e *feedback* constante, os *Millennials* esperam mais reconhecimento (nem que seja um simples "Bom trabalho!") do que as outras gerações. Como vivem a vida on-line, estão habituados a ter tudo às claras, com validação externa de terceiros. Em consequência, eles precisam de mais suporte do que as gerações anteriores. Os *Millennials* também esperam que os seus objetivos de trabalho os ajudem a alcançar seus objetivos pessoais, e veem entrelaçadas essas duas ordens de objetivos. Portanto, esteja preparado para ajudá-los a estabelecer essa conexão. Diferentemente das gerações anteriores, os *Millennials* querem e esperam verificações frequentes, e muito *feedback*.

- Os membros da Geração Z estão apenas começando a entrar no mercado de trabalho, e, por enquanto, não há como avaliar todo o impacto de sua presença. Mas é provável que tenham em comum muitas das expectativas e motivações dos *Millennials*.

Dando a partida

A maneira como você define objetivos com os trabalhadores é tão importante quanto defini-los e descrevê-los por escrito. O comprometimento dos trabalhadores será muito maior se você *envolvê-los* no processo de definição, em vez de meramente entregar-lhes uma lista de objetivos e mandar-lhes partir para a ação. Mas o que de fato significa na prática "*envolvê-los*"?

Como líder, você define os resultados esperados e, então, dá aos trabalhadores liberdade e autonomia para decidir *como* alcançar o objetivo final que você estabeleceu. Conceder aos trabalhadores participação ativa na determinação das próprias ações aumentará em muito a motivação deles. Pense um pouco: se seu chefe lhe disse para concluir o projeto e, em seguida, definiu exatamente como fazê-lo, será que você se sentiu assim tão motivado? Nessas circunstâncias, é provável que o projeto tenha parecido muito mais uma lista de tarefas do que alguma coisa que requer inteligência e *expertise*. Por certo, você provavelmente o executará, porque você valoriza muito a responsabilidade pessoal. Mas seu entusiasmo e, portanto, sua atenção para os detalhes e seu comprometimento com o projeto não seriam nem de longe tão grande quanto o que você sente em relação aos projetos de que você é *dono* e, como tal, que você controla, na condição de responsável por todo o processo.

Uma estratégia incrivelmente eficaz que adoto ao iniciar o processo de definição de objetivos é formar parcerias entre trabalhadores *Baby Boomers* e Geração X, mais experientes, e os trabalhadores *Millennials*, menos experientes. Essas associações promovem o espírito de equipe, a cooperação intergeracional e a compreensão do valor e das contribuições de cada geração. Antes de os pares partirem para a execução de seus objetivos, porém, explico a importância de que *todos* compartilhem os seus objetivos e discutam os objetivos uns dos outros. Portanto, o processo não se resume em as gerações mais velhas dar conselhos às gerações mais jovens – os *Millennials* também devem expor suas opiniões com relação aos objetivos dos colegas Geração X e *Baby Boomers*. Com essa mentoria reversa, a organização não se limita a tocar os negócios de sempre, mas também se empenha em manejar os desafios e os objetivos sob uma nova perspectiva, conforme as circunstâncias. Essa nova abordagem pode ser um pouco acidentada no começo, e é preciso ter a certeza de que todos estão ouvindo uns aos outros. Fazer questão, porém, de incluir todas as vozes sobre os objetivos nas reuniões da equipe, demonstrará aos trabalhadores que *todos* são importantes, quaisquer que sejam as diferenças. Lembre-se: não basta dizer que você é um gestor inclusivo: você precisa liderar de maneira a *comprovar* que você age conforme o discurso e cumpre o prometido.

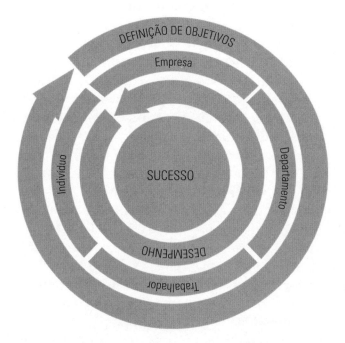

Figura 1: A importância dos objetivos no desempenho dos trabalhadores

Também achei muito útil atribuir a cada trabalhador o objetivo individual de promover a cooperação intergeracional no respectivo departamento. Quando pergunto:"Como você contribuirá pessoalmente para a operação eficaz do departamento como equipe?", sempre fico surpreso com as muitas ideias criativas propostas pelos trabalhadores. As respostas também me ajudam a identificar qualquer pessoa que esteja tendo dificuldade para alcançar esse objetivo e que talvez precise de mais ajuda direta para se integrar com colegas mais velhos ou mais jovens. Além disso, incluir "promover a cooperação interna" como objetivo individual a ser analisado durante as entrevistas periódicas de avaliação do desempenho enfatiza a prioridade atribuída à interação produtiva de todas as gerações. Se você quer que os trabalhadores levem a sério a inclusão de todos os trabalhadores, quaisquer que sejam as suas características individuais, eles precisam ser avaliados com base na maneira como contribuem para a realização desse objetivo. Sem estipular consequências positivas ou negativas, tudo não passa de discurso sem ação, ou blablablá.

E se a empresa *não* tiver divulgado os objetivos e as metas? Primeiro, se você for da área de recursos humanos ou da administração geral, pressione sua equipe executiva para definir objetivos. Use o diagrama (Figura 1) para reforçar seu argumento de que o desempenho dos trabalhadores é fundamental para a execução dos objetivos da empresa. Saliente que, quando a empresa não tem objetivos, os trabalhos em andamento nem sempre contribuem para as prioridades da alta administração, e podem até comprometê-las.

Segundo, se a empresa não tem objetivos e se a equipe de gestão demora em defini-los, não deixe que isso o impeça de definir os objetivos de seu próprio departamento. Os trabalhadores *Millennials* e Geração Z os *exigirão*. Use a descrição da missão ou os princípios fundamentais da empresa como base para definir os objetivos departamentais e individuais. Da mesma maneira como todas as empresas têm uma missão que inclui a venda de seus produtos e serviços aos consumidores e a outras empresas, os objetivos para o seu departamento e os correspondentes objetivos individuais podem se referir a como ajudar a empresa a alcançar essas metas de vendas. Se a sua organização ainda estiver em vias de constituição, não se preocupe: não é incomum que as empresas novatas careçam de objetivos específicos detalhados, além da venda de seus produtos e serviços. De fato, na Oxygen, só definimos objetivos formais para empresa no quarto ano depois da fundação. Desde o começo, porém, minha equipe sempre teve objetivos individuais que ajudavam a empresa a vender nossos serviços e a gastar com eficácia.

Torne-os SMART

Depois de definir os objetivos do seu departamento, comunique-os ao seu gestor e o RH, para que os comprem. Solicitar esse *input* demonstra suas competências gerenciais superiores e talvez até inspire a alta administração a agir da mesma maneira e a definir objetivos para toda a empresa. Depois de obter as aprovações necessárias, ou, no mínimo, o reconhecimento pelos seus esforços, o passo seguinte é tornar os seus objetivos SMART.

Aplicar o critério SMART, proposto pela primeira vez pelo consultor de gestão George Doran, aos objetivos dos trabalhadores não só possibilita verificar quando o objetivo é realizado com sucesso, mas também permite fornecer *feedback* específico sobre o desempenho do trabalhador, o que é fundamental para a fase de recompensas.[62] As palavras representadas pelo acrônimo SMART têm variado no tempo e de acordo com o usuário, mas a versão predominante hoje é a seguinte:

- Specific (específico): identificável e observável.
- Measurable (mensurável): quantificável objetivamente.
- Achievable (alcançável): moderadamente difícil, mas realista.
- Relevant (relevante): importante para a pessoa, o departamento e a organização.
- Time-bound (delimitado no tempo): a ser executado em prazo certo.

Como gestor, sua contribuição é fundamental para o sucesso ou para o fracasso dos trabalhadores. Para evitar o fracasso, prepare a equipe, desde o início, para alcançar o sucesso, definindo objetivos e metas SMART, alinhadas nitidamente com a trajetória da empresa para o sucesso. E conscientize-se de que todos os trabalhadores podem precisar de ajuda para definir e *SMARTificar* objetivos e metas, uma

---

[62] DORAN, George T. There's a S.M.A.R.T. Way to Write Management's Goals and Objectives. *Management Review*, v. 70, n. 11, p. 35-36, 1981.

vez que esse processo tende a ser novo para os trabalhadores, mesmo para aqueles que já estão na empresa há algum tempo.

Avaliando o desempenho dos trabalhadores

Para reiterar: antes de dar *feedback* eficaz aos trabalhadores, é preciso definir objetivos e metas. Na falta de objetivos e metas bem elaborados, o *feedback* perde o sentido, uma vez que, sem o contexto formado pelos objetivos e metas, é impossível distinguir o comportamento adequado e inadequado, por falta de critério, e indicar a direção certa para melhorar o desempenho. Portanto, o primeiro passo para gerenciar com eficácia trabalhadores de qualquer idade é adotar objetivos SMART. Preenchido esse requisito, você terá condições de melhorar o desempenho dos trabalhadores, por meio de *feedback* e *coaching*. Muita gente usa esses termos como se fossem intercambiáveis, mas, na realidade, as duas práticas são muito diferentes. O *feedback* foca no comportamento passado e é instrucional, ou seja, você diz ao trabalhador como a tarefa deveria ter sido executada ou de que maneira o desempenho deve melhorar. *Coaching*, por outro lado, foca no comportamento futuro, é conselho específico, e tem o intuito de ajudar o trabalhador a descobrir – e a destravar – seu potencial de desempenho.

Antes de analisar cada conceito em detalhes, é importante rever as expectativas de cada geração, em termos de *coaching* e *feedback*:

- *Baby Boomers*: Essa geração foi criada em ambiente de trabalho no qual se fornecia pouco ou nenhum *feedback* (e em *coaching*, nem se pensava). Na perspectiva do gestor, isso talvez seja bom, uma vez que os *Baby Boomers*, como trabalhadores, não têm grandes expectativas. Você talvez se surpreenda, porém, ao constatar que essa geração floresce sob *coaching* eficaz. No entanto, os gestores precisam ser cuidadosos com esse grupo: como os *Baby Boomers* geralmente preferem cuidar das coisas à maneira deles, é importante não microgerenciá-los.

- *Geração X*: Crescendo em meio a *downsizing* de empresas e recessões econômicas, esse grupo de trabalhadores é muito descrente e desconfiado em relação aos gestores e à gestão. Ajude a minorar esses sentimentos de angústia fornecendo *feedback* e *coaching* a esse grupo, com regularidade. Ao mesmo tempo em que se beneficiam ao adotar objetivos de curto prazo como parte de um projeto mais amplo, os Geração X também lucram com *feedback* e *coaching* regular e mais frequente, que, quando integrados, podem ajudá-lo a conquistar a lealdade deles.

- *Millennials e Geração Z*: Os trabalhadores dessas duas gerações exigem atualizações e *feedback* mais frequentes, diários ou pelo menos semanais, do que os das gerações anteriores, e esperam o suporte e o envolvimento dos gestores para ajudá-los a alcançar seus objetivos. Os membros dessas gerações não permitirão que os gestores se mantenham distantes e não hesitarão em pedir orientação, se você não a oferecer espontaneamente. Um indício de que os *Millennials* estão desengajados é não pedir *feedback* – sinal de que ele ou ela está a ponto de partir em busca de novas oportunidades. Os trabalhadores *Millennials* e Geração Z precisam de objetivos de curto prazo, e esperam recompensas quando atendem às expectativas. As recompensas podem ser pequenas (tão simples quanto "Bom trabalho!"); só essa pitada, porém, será suficiente para deixá-los seguros na decisão de continuar com você como gerente.

Meu estilo gerencial é muito direto. Em vez de adivinhar quanto *feedback* e *coaching* os trabalhadores querem, *pergunto-lhes* o que e como querem de *feedback e coaching*, tanto no caso de objetivos de projetos quanto em relação a objetivos pessoais. Fornecer *feedback* e *coaching* não é tarefa a ser executada sozinho. Para que esses processos sejam eficazes, você precisa contar com o apoio dos trabalhadores. Ao engajar os trabalhadores no fornecimento de *feedback* e *coaching*, você garante que eles exercem tanto ou mais controle do que você sobre o sucesso profissional deles e sobre o desenvolvimento da carreira deles.

Feedback eficaz

Uma enquete de 2009 da Leadership IQ confirmou que os trabalhadores de todas as idades anseiam por *feedback*, agora mais do que nunca – se ainda não estiverem recebendo: dois terços dos respondentes têm "muito pouca interação com o(s) chefe(s)", e mais da metade disse que não recebe deles "*feedback* positivo" ou "crítica construtiva". Os trabalhadores insatisfeitos a esse respeito são "43% menos propensos a recomendar a própria empresa aos outros" como "ótimos" locais de trabalho.[63] Nitidamente, as empresas que querem reter os trabalhadores precisam se empenhar em deixá-los felizes. E fazê-los felizes significa dar-lhes o *feedback* de que precisam.

Dar *feedback* eficaz implica assumir responsabilidade por todo o ciclo de comunicação – definir com *clareza* as expectativas em relação aos trabalhadores e garantir que eles *compreendem* o que você está pedindo. Qualquer que seja a idade, todos os trabalhadores se beneficiam com o *feedback*. Portanto, embora só os *Millennials* e os Geração Z o *exijam*, não abandone os trabalhadores mais experientes, que, mesmo não o reivindicando, sem dúvida o usarão em proveito próprio e da empresa. É um processo de mão dupla, uma vez que as duas partes estão trabalhando juntas em busca de um denominador comum em relação a expectativas e desempenho. O bom *feedback* pode significar a diferença entre o trabalhador motivado e responsável e o trabalhador que dá as caras e bate o ponto, mas não está nem aí para trabalho e talvez até esteja procurando outras oportunidades.

O *feedback* é extremamente poderoso para reduzir a incerteza, resolver problemas e melhorar a qualidade do trabalho. Quando adequado e oportuno, fortalece o relacionamento entre o gestor e sua equipe direta, ao propiciar um ambiente de confiança recíproca. Nesse contexto, fracassos e erros são encarados como oportunidades para aprendizado e desenvolvimento – não como pretextos para desancar as pessoas. Mais importante, pode e deve ser dado não só quando os trabalhadores precisam melhorar, mas também quando já apresentam desempenho ótimo. Lembre-se, o propósito do *feedback* é corrigir problemas de desempenho no passado para melhorar a qualidade do trabalho no futuro. Portanto, ao dar *feedback* quando a pessoa está trabalhando bem, você está estimulando um desempenho ainda mais positivo no futuro.

É importante compreender a diferença entre *feedback* ineficaz e *feedback* eficaz. O *feedback não* é eficaz se:

- Julga indivíduos, não atitudes. (Há uma grande diferença em dizer: "Você está atrasado" e dizer: "Você sem dúvida não se importa com o trabalho porque chega atrasado todos os dias".)

---

[63] LEADERSHIP IQ Study: Managers Making Recession Worse by Ignoring Employees. *Cision PRWeb*, 2 dez. 2009. <http://www.prweb.com/releas-es/2009/12/prweb3285464.htm>.

- Fala pelos outros. (O *feedback* deve se basear em suas próprias observações, não em informações alheias.)
- Alterna entre mensagens negativas e positivas. (Muitos gestores de primeira viagem não se sentem à vontade ao transmitirem uma mensagem negativa, e rapidamente a equilibram com um comentário positivo. Essa abordagem, no entanto, pode comprometer o valor do *feedback*. A razão do *feedback* negativo é salientar o desempenho almejado. Portanto, examine com clareza as suas expectativas de comportamento futuro – *depois* exponha o que o trabalhador está fazendo bem.)
- Estende-se demais. (Dê o recado e vá adiante).
- Contém uma ameaça implícita. (Se o trabalhador corre o risco de ser afastado, diga-o diretamente – não insinue.)
- Recorre a tiradas inadequadas. (Os gestores inexperientes às vezes tentam melhorar o clima com alguma piada imprópria ou com a atenuante de que o comportamento do trabalhador "não foi tão ruim quanto o de fulano ou beltrano". Dar *feedback* negativo é assunto sério – e a maneira de conduzi-lo deve refletir essa realidade.)
- É uma pergunta, não uma afirmação. (Não questione: "Você acha que fez um bom trabalho?". Em vez disso, deixe claro o que deve ser melhorado. Afinal, os trabalhadores raramente acham que não trabalharam bem.)
- É genérico e vago. (O *feedback* deve ser tão específico quanto os objetivos SMART. O *feedback* genérico sugere uma resposta genérica, mas o *feedback* específico realmente pode melhorar o desempenho.)

Para ser eficaz, o *feedback* aos trabalhadores deve suscitar expectativas e resultados claros, sendo ao mesmo tempo factível e objetivo. Para tanto, deve:

- Ser específico. (Baseia-se em experiências e observações diretas e objetivas do desempenho na função).
- Identificar a ação ou comportamento. (Descreve de maneira construtiva, clara e específica a ação ou atitude que justifica o *feedback*.)

- Descrever o que funcionou ou não funcionou. (Cita exemplos específicos de como a pessoa foi ou não foi completamente eficaz em certa situação.)
- Sugerir o que deve ser feito de maneira diferente. (Propõe uma maneira alternativa de atuar ou de se comportar, que resultaria em melhoria do desempenho.)
- Fornecer um benefício aceitável. (Identifica uma área em que você e o paciente acreditam que a melhoria será benéfica para ele ou ela, para o departamento ou para a empresa.)
- Ser executado e acompanhado. (O progresso para a melhoria deve ser rastreado. Afinal, *feedback* sem finalização é desperdício de tempo para ambas as partes, uma vez que envia um sinal claro de que você, na verdade, pouco se importa com a melhoria.)

Ao se empenhar em incluir essas características no seu *feedback*, lembre-se que o *feedback* eficaz não se limita a falar enquanto o trabalhador ouve. Trata-se, na verdade, de uma comunicação de duas vias. Você deve escutar ativamente os trabalhadores, e atentar no conteúdo (o *o quê*) e na intenção (o *por quê*) das mensagens. Depois de escutar a descrição pelos trabalhadores das razões por trás dos comportamentos deles, confirme que compreendeu o que foi dito, resumindo a intervalos regulares o que ouviu. Faça perguntas exploratórias que o ajudem a chegar ao âmago de quaisquer desafios que os trabalhadores estejam enfrentando na execução da tarefa e o capacitem a auxiliá-los a tomar a decisão certa na próxima vez. Também preste atenção às comunicações não verbais, que são parte de como a mensagem é transmitida. Ao escutar, seja empático e imparcial. Faça o possível para deixar claro que "Estamos nisso juntos", em vez de "Eu sou o gerente sabe-tudo, e você está fazendo um trabalho horrível".

Na hora de falar, seja honesto, mas não ameaçador. Lembre-se que o *feedback* eficaz não consiste em baixar a lenha; na verdade, ele propõe soluções para ajudar os trabalhadores a executar as tarefas. Vez por outra, o desempenho de um trabalhador talvez exija uma análise crítica, que dispara o processo de demissão; quase sempre, porém, o *feedback* é mais usado para gerar opções capazes de desenvolver e fomentar o senso de controle e de responsabilidade por parte do trabalhador, que, no fim das contas, melhora o desempenho dele.

Coaching eficaz

O *coaching* pode ser um dos aspectos mais gratificantes de ser gestor. Quando praticado da maneira certa, pode exercer influência profundamente transformadora sobre os trabalhadores, ajudando-os a realizar mais do que jamais teriam imaginado! O *coaching* eficaz também pode ser tremendamente impactante para o gestor. As pessoas cujas vidas modifiquei em meus esforços de *coaching* compõem as recordações mais intensas que guardei do período de mais de duas décadas que passei em empresas americanas.

O que é *coaching* e como se distingue de *feedback*? Enquanto o *feedback* foca no comportamento passado, para identificar áreas suscetíveis de aprimoramento e, portanto, afetar o desempenho futuro, o *coaching* desenvolve o conhecimento e as competências do trabalhador, ampliando as perspectivas dele sobre os próprios recursos e capacidades.

Formal ou informal, o *coaching* é um diálogo contínuo com os trabalhadores, sobre o desenvolvimento estratégico deles e acerca do manejo de projetos que hoje estão além das atuais competências deles. Embora qualquer momento possa ser uma oportunidade para ajudar o trabalhador a melhorar as próprias competências, o *coaching* funciona melhor como componente normal de uma conversa rotineira, diária ou semanal, com cada um dos membros da sua equipe direta. Também pareceu-me proveitoso manter reuniões bimensais conjuntas com todo o meu quadro de pessoal, destinadas exclusivamente a *coaching* e desenvolvimento. Como no caso do *feedback*, todos os trabalhadores têm objetivos – e todos eles podem beneficiar-se com o *coaching*. Só porque os *Millennials* e os Geração Z esperam que as sessões de *coaching* os ajudem a alcançar seus objetivos não decorre que você deva focar apenas nesses trabalhadores. Não deixe de cuidar também dos Geração X e dos *Baby Boomers*, para que continuem crescendo e expandindo seus conhecimentos e competências.

Os projetos em curso fornecem um ótimo referencial para iniciar uma conversa de *coaching*. Em vez da típica atualização sobre a situação, a conversa de *coaching* aborda o projeto no contexto do crescimento futuro. Eis algumas questões a serem abordadas na conversa de *coaching*:

- Que experiências e conhecimentos resultantes de seu projeto anterior o ajudarão em seu próximo projeto?
- Em seu progresso, que obstáculos exigirão mais cuidado?

- Que competências você desenvolveu em seu último projeto?
- O que foi difícil nesse projeto? O que foi fácil?
- O que você aprendeu nesse projeto? Que ensinamentos deveriam ser transmitidos a todo o departamento?
- Que escolhas você considerou ao lidar com problemas e obstáculos nesse projeto? Agora que o projeto foi concluído, você tomaria as mesmas decisões? Por que sim e por que não?
- Até que ponto a realização desse objetivo da empresa o deixa mais perto da realização de seus objetivos pessoais?
- Pensando em sua carreira, que aspectos do seu último projeto você gostaria de repetir no seu trabalho do dia a dia?
- Como o seu trabalho contribuiu para a consecução dos objetivos da empresa?

Se estou tendo uma conversa de *coaching* sobre obstáculos em determinado projeto, sem envolver especificamente o desenvolvimento da carreira do trabalhador, foco em questões que levem o trabalhador a pensar fora do quadrado em busca de soluções (em vez de esperar por mim para delinear os próximos passos). Se estou dando *coaching* a um trabalhador sobre dificuldades que ele ou ela está enfrentando no relacionamento com um colega, concentro minhas perguntas em como essa pessoa poderia contribuir para a solução do problema – e como ele ou ela poderia mudar para melhorar a situação. Ao fazer perguntas, meu objetivo é ajudar os trabalhadores a expandir seu pensamento estratégico e sua capacidade de solução de problemas.

O *coaching* é eficaz se:

- Estimular e questionar a mentalidade corrente do trabalhador. A conversa basicamente deve fornecer apoio, mas também deve empurrar as pessoas para fora da zona de conforto.
- Envolver escuta ativa. Não se limite aos fatos explícitos. Como gestor, você deve escavar o *porquê* por trás das atitudes e ideias do trabalhador.
- Faça perguntas instigantes. Esse questionamento é fundamental para chegar à raiz dos problemas, de modo que as pessoas sejam capazes de definir os próximos passos, sem que você lhes diga o que fazer.

- Fornecer lentes diferentes. Compartilhar perspectivas enfatiza diferenças que podem ser instrutivas e conduzir a uma variedade mais ampla de opções.

- Promover o senso de controle e de responsabilidade. Ambos os aspectos devem ser enfatizados no *coaching*.

Muitas são as maneiras de conduzir uma sessão de *coaching*. Por exemplo, algumas pessoas preferem formas de orientação muito estruturadas, enquanto outras adotam abordagens mais informais. Qualquer que seja o seu estilo individual, o *coaching* deve ser concebido e aplicado para ajudar os trabalhadores a crescer, e com esse objetivo em mente considero particularmente útil o bem conhecido modelo GROW para a solução de problemas e definição de objetivos.[64] Use esse modelo para estabelecer os passos do seu processo de *coaching*:

- **Goal** (meta): Define as metas de curto prazo de cada sessão de *coaching* e como elas promoverão os objetivos de longo prazo.

  – O que queremos alcançar com esta sessão?

  – Qual é o objetivo de longo prazo e como esta sessão o ajuda a aproximar-se de sua realização?

- **Reality** (realidade): Compreenda onde o trabalhador se situa em termos de capacidade de executar as tarefas relevantes para este projeto.

  – Qual é a atual situação do projeto?

  – O que você fez até agora?

  – Quem ou o que está envolvido?

- **Options** (opções): Capacite os trabalhadores para que proponham novas opções ou novas possibilidades que eles talvez não tenham imaginado. Talvez você tenha de intervir e oferecer ajuda, mas o seu objetivo é ajudar os trabalhadores a propor suas próprias soluções, de modo que se empenhem ativamente

---

[64] Diferentemente do referencial dos objetivos SMART, o modelo GROW não resultou de uma única publicação ou discurso original. Este modelo circula por aí há cerca de três décadas e se espalhou com tanta rapidez e amplitude nos círculos gerenciais que sua fonte inicial se perdeu no tempo e no espaço. Encontrei

em conceber – e aprender – novas abordagens à solução do problema.

- O que fazer?

- Quais são as opções disponíveis?

- Como propor novas opções?

- **Will** (vontade): Oriente o trabalhador a identificar os próximos passos, com base nas novas opções que você o ajudou a descobrir.

- O que você fará?

- Quando você fará?

- De que ajuda você precisa?

O mais interessante é que você não precisará fazer muitos ajustes nessa versão de *coaching*, no estilo GROW, ao aplicá-lo a trabalhadores com diferentes níveis de experiência. As perguntas são igualmente adequadas tanto para os menos experientes quanto para os mais experientes, e essa técnica pode ser aplicada reiteradamente em qualquer projeto. À medida que os trabalhadores continuam a expandir seu conjunto de competências, eles também aumentam sua capacidade de propor opções para a solução de problemas.

Quando eu pratico o *coaching* no estilo GROW para desenvolver competências mais abstratas, como acuidade em liderança para trabalhadores seniores, eu geralmente o amplio com a inclusão de oportunidades de aprendizado incrementais, como a recomendação de livros, outras modalidades de treinamento, e até entrevistas com outros líderes seniores da empresa. Ao procurar expandir o raciocínio dos trabalhadores, esforce-se para não limitar o seu próprio raciocínio! Ajuste as perguntas na medida das necessidades, para desenvolver competências cada vez mais complexas e para aprimorar a formulação de estratégias no futuro, de modo a reforçar os recursos de pensamento crítico e de solução de problemas. Ao expandir suas próprias ferramentas de gestão, lembre-se que a prática leva à perfeição: quanto mais você pratica o *coaching* eficaz, mais você melhora no exercício dessa atividade.

---

diferentes versões em apresentações PowerPoint, postagens em blogs, palestras ou conferências e em muitos outros contextos relacionados com a gestão.

Você consegue o que você recompensa

Depois de definir os padrões básicos a serem alcançados, os gestores estarão prontos para reconhecer e recompensar o desempenho superior, quando ocorrer. Por que será que os líderes seniores deveriam se interessar pelos programas de reconhecimento e recompensa da empresa? Por que o velho adágio "Você consegue o que você recompensa" ainda soa mais verdadeiro do que nunca no mundo dos negócios.

Quase não precisa dizer que todos gostam de ser reconhecidos e de receber recompensa. Infelizmente, porém, os gestores geralmente subestimam a sabedoria desse aforismo. Uma enquete de 2012, de Bersin & Associates, agora Bersin by Deloitte, destacou como é importante para as empresas oferecer programas de reconhecimento e recompensa. Por exemplo, as empresas que desenvolvem iniciativas desse tipo constatam não só melhorias significativas no desempenho dos trabalhadores, mas também reduções expressivas no *turnover* voluntário do quadro de pessoal. Talvez ainda mais impressionante, três em cada quatro empresas têm esses programas, mas só 58% dos trabalhadores acreditam que a empresa em que trabalham inclui-se nessa maioria. Essa desconexão indica que, apesar do dinheiro investido em programas de reconhecimento – 1% da folha de pagamento –, muitos trabalhadores nem mesmo sabem da existência deles nas respectivas organizações.

Assim sendo, como podemos recompensar nossos trabalhadores de maneira que efetivamente os motive e os engaje? E será que as expectativas e as definições de recompensa mudam à medida que as pessoas, tanto trabalhadores quanto gestores, ganham mais experiência no trabalho?

Antes de desenvolver estratégias específicas de recompensa, considere os seguintes fatores essenciais à motivação:

- *A motivação é pessoal.* Cada trabalhador tem as próprias percepções quanto ao que constitui recompensa. Portanto, uma abordagem tamanho único nos programas de reconhecimento e recompensa não é a solução adequada.

- *A motivação não é constante.* O que motiva os trabalhadores muda com o tempo. Portanto, esteja você lançando um novo plano formal hoje ou reformulando os programas convencionais, é preciso rever a solução adotada anualmente, para ter a certeza de que ela ainda corresponde às expectativas dos trabalhadores e não ficou ultrapassada em face das tendências mais recentes. As organizações e as pessoas mudam o tempo todo; portanto, considere a motivação dos trabalhadores como um processo de ajuste contínuo, não como uma tarefa pronta e acabada.

- *A motivação é intrínseca.* Apesar de todo o palavrório sobre motivação, quando chega a hora da verdade, só os trabalhadores são capazes de motivar-se a si próprios. Não há como fazê-lo no lugar deles. Compete a você, porém, dar o exemplo e construir um ambiente de motivação – ou seja, uma atmosfera conducente ao sucesso.

- *Motivar os trabalhadores começa com motivar a si mesmo.* Curiosamente, quando você odeia o seu trabalho, parece que todos os membros da sua equipe também odeiam o trabalho deles. Quando as pessoas veem que você está estressado, as chances são de que também elas se sintam estressadas. Da mesma maneira com a negatividade, também o entusiasmo é contagioso. Quando você está empolgado e motivado com o trabalho, é muito mais fácil para as pessoas ao seu redor terem o mesmo sentimento em relação ao próprio trabalho.

É importante observar que o reconhecimento não depende de gastar mais, seja tempo ou dinheiro, mas gastar de maneira mais inteligente. O reconhecimento que efetivamente importa para os trabalhadores será mais motivador e eficaz, sobretudo no longo prazo. Como vimos no capítulo anterior, ter uma conversa anual com cada trabalhador sobre os seus objetivos de longo prazo e sobre como esses objetivos podem ter mudado pode ajudá-lo a identificar as recompensas que se conectam com as motivações intrínsecas e que são muito mais eficazes e duradouras do que as recompensas baseadas em fatores externos, como dinheiro.

Reconhecimento pela liderança sênior *versus* reconhecimento pelos pares

O trabalho dos gestores é definir a missão da empresa e elaborar o plano estratégico. Os gestores, no entanto, não podem emitir decretos e esperar que os trabalhadores se superem na execução. Os líderes precisam descobrir maneiras de reforçar o que é valorizado e até exigido pelos trabalhadores, e o reconhecimento é um desses casos. Ao ligar os objetivos dos trabalhadores aos objetivos do departamento, os quais, por seu turno, são associados aos objetivos da empresa, reconhecer e recompensar o desempenho individual ajuda a empresa, em última instância, a alcançar o sucesso. Em departamentos de todos os tamanhos, não importa o quanto estejam distantes da suíte do CEO, o trabalho do gestor é definir a missão e os objetivos do seu departamento, e depois recompensar os trabalhadores que realizam com sucesso esses objetivos.

As iniciativas de reconhecimento e recompensa também podem aumentar a motivação dos trabalhadores para ajudar a empresa a alcançar seus objetivos. A exemplo da responsabilidade pessoal, a motivação dos trabalhadores no ambiente de trabalho manifesta-se como entusiasmo dos trabalhadores em relação ao trabalho e como impulso interior de cada trabalhador para alcançar os objetivos da empresa. Portanto, quanto mais motivado estiver o trabalhador, maior será a probabilidade de que contribua com o melhor de si para ajudar a empresa.

Os gestores de RH de há muito operam sob a suposição equivocada de que o reconhecimento pelos líderes da empresa tem o maior peso entre os trabalhadores. Os trabalhadores, porém, na verdade, tendem a atribuir muito mais valor ao reconhecimento pelos pares. Por quê? Para começar, os pares sabem o que cada um está fazendo no dia a dia; portanto, um "Obrigado!" ou um "Bom trabalho!" dos colegas pode ser muito mais importante que o agradecimento formal de alguém que faz um trabalho totalmente diferente, num contexto completamente diferente. Os pares, em geral, compreendem com muito mais profundidade e abrangência a natureza e a dificuldade do trabalho dos colegas, tornando o reconhecimento por alguém do mesmo contexto, ou seja, um colega respeitado, muito mais relevante. Além disso, o reconhecimento de cima para baixo geralmente é visto como parte da política de escritório ou da rede social no local de trabalho, e como, no caso, o doador e o recebedor estão separados por certa distância, em termos de atribuições, autoridade e até espaço físico, essa forma de reconhecimento raramente impacta os trabalhadores de alto desempenho, geralmente discretos, mas inestimáveis.

Para compensar alguns dos aspectos negativos do reconhecimento de cima para baixo, algumas empresas adotaram programas de reconhecimento pelos pares, em que qualquer pessoa na empresa pode reconhecer em público, espontaneamente, as realizações de algum colega. Embora essas iniciativas de cunho social sejam bastante inovadoras, ainda que estejam se espalhando com muita rapidez, essas manifestações de reconhecimento não são, na verdade, muito diferentes dos certificados ou troféus com que as empresas, há anos, premiam os trabalhadores. Em vez de o expor sobre a mesa ou nas paredes do cubículo, porém, os premiados agora veem o reconhecimento público ostentado em lugar de destaque no site da empresa, por exemplo.

O reconhecimento pelos pares assume várias formas. A gigante Zappos, empresa de varejo on-line, contribuiu com muitas inovações nessa área. Por exemplo, um de seus programas permite que as pessoas recompensem os colegas com dólares Zappos, ou *zólares*, para comprar itens da marca Zappos, trocar por ingressos para cinemas, ou os converter em doações a entidades filantrópicas. Os trabalhadores também têm a opção de recompensar uns aos outros com dólares *de verdade*: através do Programa de Bônus para Colegas, os trabalhadores podem dar US$ 50 a outro colega que supera os limites de suas atribuições. (Vale destacar que os gestores não podem receber, nem dar dinheiro a membros da equipe direta.) Esses programas de reconhecimento têm sido enorme sucesso na Zappos (quando visitei a sede da empresa, todos os trabalhadores com quem conversei os elogiaram), mas isso não significa que todas as empresas devem imitar essas iniciativas. Não importa como a empresa reconheça os méritos de seus trabalhadores – onde ocorrem esses eventos, com que periodicidade, com que público – um bom programa de reconhecimento pelos pares pode ajudar qualquer organização a melhorar a motivação dos trabalhadores.

Fundamentos do reconhecimento

As formas básicas de reconhecimento são as que incluem os elementos de *fisiologia*, de *sobrevivência* e de *segurança* que compõem a hierarquia das necessidades de Maslow. Nessa categoria, os principais vetores para os trabalhadores de todas as idades são os seguintes:

- *Remuneração compatível com a função.* O papel do dinheiro na motivação é muito controverso – muitos gestores, porém, acham equivocadamente que o dinheiro é a única coisa que os trabalhadores querem. Tudo bem se um trabalhador não estiver recebendo o suficiente – ou estiver recebendo apenas o bastante – para prover as suas necessidades básicas (aluguel, comida, etc.), a remuneração desempenhará um papel muito importante na motivação dele. Para comprovar essa afirmação, basta considerar o alto *turnover* de pessoal nas funções de baixa remuneração: esses trabalhadores são mais propensos a buscar outras oportunidades porque pequenos aumentos na remuneração, como 25 centavos por hora, fazem grande diferença para quem tem dificuldade em atender às necessidades básicas. Depois dessa ressalva, uma vez satisfeitas as necessidades básicas, o dinheiro passa a exercer menos influência como ferramenta de motivação (como, por exemplo, entre pessoal sênior que acumulou riqueza considerável, entre os trabalhadores *Millennials* ou Geração Z que podem contar com a ajuda dos pais, ou entre os trabalhadores da Geração X que vivem em famílias com duas fontes de renda). Lembre-se também que os trabalhadores de alto desempenho, de todas as idades, são alvos prováveis de investidas das empresas concorrentes – e se essas empresas aliciadoras oferecerem melhores programas de reconhecimento do que os da sua empresa, é provável que os seus trabalhadores cedam à tentação. Sim, você pode e deve oferecer aumentos de remuneração, mas é difícil sustentar a motivação dos trabalhadores no longo prazo se o local de trabalho carecer de indutores de motivação além do salário.

- *Segurança no emprego*. O medo de ficar desocupado pode desmotivar os trabalhadores de qualquer idade. Mesmo aqueles que têm segurança financeira suficiente, a ponto de o contracheque em si não ser a mais alta prioridade para trabalhar (como seniores que optam por continuar trabalhando para manter as redes sociais e o estímulo mental), podem ficar muito estressados se tiverem a percepção contínua de que o seu trabalho está em risco. Ao prestar consultoria a numerosas empresas em meio a grandes mudanças organizacionais, constatei em primeira mão como é comum que os trabalhadores se desengajem quando estão receosos quanto ao seu futuro financeiro. E a instabilidade no emprego pode não só comprometer o engajamento, mas também levar os trabalhadores a procurar outras oportunidades que ofereçam maior segurança no emprego.

- *Tolerância nas crises pessoais*. Em qualquer local de trabalho e com qualquer trabalhador, os acidentes da vida acontecem. Quando as empresas compreendem que há problemas fora do local de trabalho e se dispõem a ajudar os trabalhadores em tempos de crise, o efeito pode ser surpreendente em termos de estabelecer vínculos de confiança e gratidão, fundamentais para preservar a lealdade e para reduzir a evasão dos trabalhadores. Por exemplo, um dos membros da minha equipe direta na Oxygen mal se aguentava em pé nos poucos meses subsequentes ao nascimento de seus filhos gêmeos. Como seria de esperar, o desempenho dele no trabalho se ressentiu do estresse contínuo e da privação de sono. Até então, o desempenho dele era notável, e eu sabia que ele estava atravessando um período difícil. Nessas condições, em vez de censurá-lo, passei a exigir menos e a fazer algumas concessões. E, assim, ele conseguiu conciliar as demandas do trabalho e da vida pessoal, e, quatro meses depois, retornou ao nível de desempenho anterior. Como eu o ajudei num período difícil, passada a tempestade, ele se tornou ainda mais engajado comigo e com a empresa.

Motivadores intrínsecos

Como já mencionamos, a motivação que vem de dentro da pessoa produz efeito mais duradouro do que as recompensas externas, como dinheiro, títulos e salas espaçosas, etc., cujos efeitos positivos são efêmeros. Eis algumas estratégias para ajudar os trabalhadores a desenvolver a motivação intrínseca:

- *Mantenha os trabalhadores informados.* Ninguém gosta de se sentir como dente de engrenagem. Os trabalhadores se engajam mais no trabalho e na empresa se tiverem a visão do panorama geral, não apenas a de seu pequeno cubículo e de uma fração diminuta da empresa. Portanto, ofereça-lhes *insights* de como a empresa opera e de como têm sido os resultados financeiros. Com esse conhecimento, os trabalhadores tornam-se mais propensos a sentir que a organização é a empresa *deles*, não apenas um lugar onde trabalham em contabilidade, RH ou marketing.

- *Atribua tarefas interessantes e envolventes.* Frederick Herzberg, teórico da administração, um dia disse: "Se você quiser que alguém faça um bom trabalho, dê-lhe um bom trabalho para fazer". Seguindo o conselho, dê aos trabalhadores bons trabalhos, empenhando-se para que a descrição da função inclua alguma coisa interessante para eles. Mesmo em posições intrinsecamente maçantes, ter pelo menos um ou dois projetos instigantes pode motivar os trabalhadores a executar com esmero as tarefas rotineiras.

- *Promova o senso de envolvimento e de responsabilidade e controle nas decisões.* A maioria das empresas não prioriza o envolvimento dos trabalhadores nas decisões que lhes dizem respeito. Talvez seja a hora de reconsiderar essa prática. Manter os trabalhadores informados é não só respeitoso e os faz sentirem-se parte da empresa, como também é prático e eficaz: as pessoas que estão mais conscientes da situação geralmente têm os melhores *insights* sobre como melhorá-la. Os trabalhadores na linha de frente de um projeto geralmente sabem o que é eficaz e podem oferecer ideias valiosas sobre como resolver um problema com rapidez e eficácia. Além disso, os trabalhadores que contribuem para as soluções tendem a assumir o controle da situação e se sentir responsáveis pelos resultados e, portanto, empenham-se mais em trabalhar para o sucesso da implementação.

- *Aumente a visibilidade e a oportunidade.* Não faça suposições, sobretudo com base na idade dos trabalhadores, acerca do grau de visibilidade e de oportunidade almejado por eles. Respaldado na experiência de gerenciamento de milhares de trabalhadores, constatei que todos, quaisquer que sejam a idade e a posição, gostam de se sentir reconhecidos e observados por mais pessoas do que apenas o supervisor quando fazem um bom trabalho. Não importa que estejam buscando promoções ou procurando projetos mais desafiadores, duas demandas mais comuns entre os trabalhadores Geração X, *Millennials* e Geração Z do que entre os *Baby Boomers*, todos os trabalhadores se entusiasmam quando recebem reconhecimento e oportunidades mais visíveis e mais significativas. Na Oxygen, por exemplo, designei um trabalhador *Baby Boomer* para uma força-tarefa que não se enquadrava no escopo das tarefas rotineiras dela, mas que se encaixava em seu conjunto de competências. Essa pessoa atribuía grande valor às experiências por que passou em outras empresas antes de se juntar à Oxygen, e desabrochou na nova função. Receber essa atribuição confirmou para ela que os *inputs* que tinha a oferecer ainda eram importantes — crença que a motivou em todos os projetos subsequentes!

- *Dar autonomia.* Os trabalhadores valorizam a liberdade de executar o trabalho como lhes parecer mais adequado. Portanto, se os seus trabalhadores forem capazes de cumprir suas atribuições por conta própria, com eficácia e pontualidade, *deixe-os sozinhos!* Ao conceder mais autonomia aos trabalhadores de alto desempenho, você aumenta a probabilidade de que essas pessoas continuem a operar acima dos padrões. Mesmo no caso de novos recrutas que ainda não comprovaram a própria capacidade, você pode dar-lhes autonomia no trabalho, explicando-lhes o que precisa ser feito, sem impor-lhes exatamente como fazer.

- *Seja leal.* Esta recomendação pode ser desafiadora para as empresas, mas, como chefe, você deve demonstrar lealdade para com os trabalhadores. Nessa exigência inclui-se ser transparente, quando possível; fornecer *feedback* exato, com o propósito de melhorar o desempenho do trabalhador; e dar crédito aos trabalhadores pelo trabalho, em vez de reivindicar os méritos para si próprio.

- *Demonstre agradecimento.* É espantosa a quantidade de gestores que não agradecem aos trabalhadores por terem concluído a tarefa. Sim, compete a eles fazer o trabalho, mas por que não perder alguns segundos e dizer simplesmente "Obrigado!" Os trabalhadores de todas as idades gostam de ser apreciados, e os *Millennials*, em especial, se sentirão completamente desconectados – provavelmente em busca de outro empregador – se não forem valorizados, e não importa que a demonstração de apreço assuma a forma de pequenos gestos ou de discursos pomposos, sua importância é inestimável para motivar e reter os trabalhadores.

- *Cultive um ambiente divertido.* É senso comum que, quando as pessoas gostam do local de trabalho, é mais provável que fiquem na empresa por mais tempo e dispensem mais energia no trabalho. (Os *Millennials* valorizam ainda mais o local de trabalho divertido.) Mesmo que sua empresa seja um ambiente mais formal, ainda é possível torná-la mais divertida, mesmo que seja apenas no nível de departamento.

Reconhecimento via carreira e desenvolvimento

Ao considerar como motivar a equipe, lembre-se que as oportunidades de crescimento são ótima opção, que, em muitos casos, não envolvem gastos adicionais. De fato, essas oportunidades podem até melhorar o resultado financeiro, uma vez que os trabalhadores que se julgam estar ampliando continuamente seu conjunto de competências são mais propensos a continuar na empresa por mais tempo. O momento em que cessa o aprendizado é o momento em que o trabalhador começar a buscar novas oportunidades. Portanto, siga oferecendo aos trabalhadores mais projetos desafiadores, mesmo que nem sempre impliquem mudança de cargo. As oportunidades de crescimento podem ser de diversos tipos, como liderar uma equipe, supervisionar um projeto, ou interagir mais com líderes seniores. Converse com os trabalhadores sobre seus objetivos pessoais e profissionais de longo prazo, de modo a associar as oportunidades de reconhecimento via carreira aos interesses pessoais dos trabalhadores. As pessoas sentem-se muito mais motivadas para perseguir objetivos quando têm em jogo algum interesse pessoal, e não estão trabalhando apenas em benefício da empresa.

No que se refere reconhecimentos e recompensas, o tamanho único definitivamente *não* serve para todos. Ao gerenciar trabalhadores de qualquer idade, é importante compreender o que os motiva e o que valorizam como recompensa. Enquanto os trabalhadores mais jovens talvez estejam correndo atrás daquela grande promoção o mais rápido possível, os trabalhadores mais velhos, mais do que os de outros grupos etários, talvez priorizem um ambiente de trabalho em que sejam valorizados e respeitados pelo conhecimento e experiência. Os trabalhadores mais velhos também tendem a valorizar um ambiente de trabalho mais flexível, que exija menos horas e inclua mais tempo vago, além de manter seus benefícios. Os trabalhadores em faixa etária mais avançada, porém, não são os únicos que se importam com a flexibilidade. Um relatório de 2015, da Ernst & Young (EY), por exemplo, deixou claro que os *Millennials,* tanto quanto os da Geração X, valorizam funções que lhes confiram mais flexibilidade e os ajudem a alcançar maior equilíbrio trabalho-vida.[65] Portanto, para saber que tipos

---

[65] GLOBAL Generations: A Global Study on Work-Life Challenges across Generations. *EY*, 2015. <https://www.ey.com/Publication/vwLUAssets/EY-glob-

de reconhecimento e recompensas os seus trabalhadores valorizam, a solução é perguntar-lhes!

Dito isso, algumas estratégias de recompensas exercem apelo muito intenso em todo o espectro de funções, setores de atividade e grupos demográficos, abrangendo diferentes gerações. Com alguns ajustes finos, é possível que algumas delas atendam às condições específicas dos seus trabalhadores. E recompensar e motivar os trabalhadores não significa necessariamente quebrar o caixa da empresa: todas as opções a seguir são de baixo custo ou sem custo.

- Peça aos trabalhadores para fazer apresentações de suas experiências e projetos à alta administração. Essa estratégia é de alta eficácia para os trabalhadores que estão atrás de promoções, pois lhes dá a chance de vender seu peixe aos chefões.

- Promova um almoço do trabalhador com um alto executivo de livre escolha dele ou dela. (Na Oxygen, os trabalhadores mais notáveis almoçavam com o CEO ou o COO, e a conversa era uma oportunidade para mentorização ou *coaching* do trabalhador, recompensa simples, mas poderosa, que era muito popular.

- Inclua o trabalhador em suas reuniões com os líderes seniores, para que eles compreendam as suas atribuições, depois discuta a reunião com ele ou ela, para verificar o que foi aprendido com a experiência.

- Crie condições para que o trabalhador amplie seus conhecimentos e percepções a respeito da empresa, atuando como sombra de outro executivo. Não limite essa oportunidade a trabalhadores jovens ou em início de carreira. Descobri que essa alternativa é altamente valorizada por trabalhadores de todas as idades. Até *Baby Boomers* na iminência de se aposentar, que não estão em busca de promoções, gostam de ter *insights* sobre o funcionamento da organização no nível mais elevado.

- Envie uma mensagem para a casa do trabalhador, elogiando suas realizações. Essa tática se aplica sob medida aos trabalhadores *Millennials* e Geração Z, que, muitas vezes, ainda moram com

---

al-generations-a-global-study-on-work-life-challenges-across-generations/\$-FILE/EY-global-generations-a-global-study-on-work-life-challenges-across-generations.pdf>.

os pais, sempre interessados pela vida profissional dos filhos. Mas os trabalhadores Geração X e *Baby Boomers* também reagem com o mesmo entusiasmo quando os chefes os enaltecem para o cônjuge ou parceiro romântico. Quem não gosta que a cara-metade saiba o quanto valemos?

- Encoraje o trabalhador a aceitar uma tarefa em outro departamento. Não se trata de uma transferência, mas de um arranjo temporário, combinado com o líder do outro departamento, no intuito de identificar projetos quantificáveis que um estranho no ninho seja capaz de levar avante. Por exemplo, uma assistente demonstrou interesse por relações públicas, e eu consegui que ela passasse cerca de cinco horas por semana ajudando o nosso departamento de RP a preparar um grande evento para a empresa. Ela fez um trabalho fantástico para eles, sem relegar suas atribuições rotineiras. Outro trabalhador que queria ampliar sua acuidade em finanças ajudou o executivo responsável pelo orçamento do meu departamento a elaborar as nossas demonstrações financeiras mensais. A experiência se revelou excelente treinamento para que ele compreendesse melhor o departamento – tanto que estendi o programa a todos os membros da equipe!

- Consiga que o trabalhador participe da mesa patrocinada pela empresa em campanha de angariação de fundos ou em outro evento comunitário. Quem não atua em vendas ou marketing e, portanto, não está familiarizado com esse tipo de atividade tende de fato a apreciar e a aproveitar a oportunidade de ter uma perspectiva diferente das atividades da empresa.

- Ajude o trabalhador a perseguir oportunidades de liderança. Recomende-o para a nova força-tarefa do CEO, por exemplo, ou deixe-o liderar a próxima reunião da equipe. Descubra as aspirações de carreira do trabalhador e, então, identifique tarefas esporádicas que ampliarão seu conjunto de competências na direção almejada.

Os trabalhadores *Millennials* e Geração Z esperam que os gestores lhes ofereçam esses tipos de oportunidades. Os trabalhadores mais maduros, porém, também receberão de bom grado quaisquer chances para cultivar suas competências. Os ganhos de produtividade oriundos dessas oportunidades para desenvolver projetos interessantes, além das tarefas do dia a dia, ao evitar que as funções se tornem rotineiras e ao ajudar as pessoas a se sentirem mais motivadas e engajadas, mais do que compensarão o tempo que os trabalhadores deixarão de lado as suas atividades regulares.

Observe que recompensar os trabalhadores não acarreta, necessariamente, aumento de custos. A chave é criar formas de reconhecimento e recompensa que sejam importantes e valiosas para determinado trabalhador. Mas você não pode tirar essas ideias do nada: antes de mais nada, é preciso conversar com cada trabalhador sobre seus objetivos pessoais. Um dos maiores erros que os gestores podem cometer é supor que sabem tudo sobre as preferências dos trabalhadores, sem efetivamente *trocar ideias* com as partes interessadas. Cada pessoa tem os próprios critérios pessoais sobre o que é uma boa recompensa; portanto, não deixe de discutir a questão com cada trabalhador, pelo menos uma vez por ano.

Evidentemente, nem todas as recompensas precisam envolver a carreira. Por exemplo, já ofereci aos trabalhadores ingressos para cinema e tempo livre em pleno expediente para ver um filme no horário de trabalho, agrado ultrapassado, mas ainda muito apreciado! Oferecer ao trabalhador algumas de suas guloseimas e refrigerantes preferidos, depois de descobrir suas preferências pessoais, não por adivinhação, mas em conversas informais, é outra maneira simples e eficaz de dizer "Obrigado!", sem quebrar o caixa. Se você passar algum tempo pensando em cada um dos seus trabalhadores, você identificará muitas alternativas de reconhecimento – e o toque pessoal reforçará em muito a lealdade deles em relação a você.

Capítulo 5

ATUANDO COMO
GESTOR INCLUSIVO

Construir e gerenciar um quadro de pessoal
diversificado é um processo, não um destino.
R. Roosevelt Thomas Jr., *Beyond Race and Gender*[66]

NO CAPÍTULO 4, analisei a importância de encarar a diversidade como um imperativo de negócios, em vez de apenas uma iniciativa "desejável", à parte dos objetivos estratégicos. Quando a diversidade é prioridade organizacional, ela efetivamente receberá a atenção dos gestores seniores e não será relegada a segundo plano na falta de recursos. Embora o comprometimento da alta administração seja importante, na hora de avaliar a diversidade etária e outros esforços de diversificação, não se pode ignorar a importância de alistar cada gestor na promoção de um ambiente inclusivo. É fácil para os líderes seniores fazer o discurso certo, mas se os gestores de nível médio, que, na verdade, dirigem a organização, realmente não embarcarem na iniciativa, será difícil alcançar o sucesso em projetos de qualquer espécie. Afinal, os gestores de nível médio são os operadores cujas ações conduzem à consecução dos objetivos da empresa. Esse grupo, normalmente, tem interações muito mais constantes e intensas, com maior quantidade de trabalhadores, do que a média dos CEOs, que, na maior parte das situações, está voltado para o ambiente externo. E, como sabemos, "os trabalhadores se juntam às empresas, mas se afastam dos gerentes".

---

[66] ROOSEVELT, Thomas R. Jr. *Beyond Race and Gender:* Unleashing the Power of Your Total Work Force by Managing Diversity. Nova York: Amacom, 1991.

Os benefícios da inclusão

Como parte de minhas atividades de treinamento, conduzo um workshop intitulado Inspirando um Ambiente de Trabalho de Colaboração e Respeito. Durante o evento, divido os participantes em grupos para que respondam à seguinte pergunta:

> Quais são os benefícios de um ambiente de trabalho em que a diversidade é valorizada, as diferenças são respeitadas, e os membros da equipe adotam comportamentos inclusivos?

Em geral, ouvi muitas respostas parecidas, de diferentes grupos e de diversos clientes, a maioria do tipo: maior criatividade, melhor solução de problemas, percepções mais exatas das bases de clientes, melhor representação da população em geral e reforço do moral. Outras respostas foram: melhoria dos índices de retenção, aumento da produtividade na medida em que os membros das equipes liberam todo o seu potencial, melhor relacionamento com os clientes e redução dos ressentimentos e reclamações dos trabalhadores. O aumento da diversidade também pode melhorar a sua compreensão das pessoas para quem você trabalha, com quem você trabalha e que trabalham ao seu redor, e ainda pode aumentar a lucratividade da empresa. Todas essas respostas são razões muito convincentes para promover a diversidade e a inclusão, mas, como digo aos participantes dos meus workshops, é provável que cada um deles esteja sendo julgado o tempo todo. Por exemplo, assim que alguém entra numa sala, as pessoas que lá se encontram fazem suposições sobre o novo personagem, com base em seus atributos físicos. Para salientar esse ponto, eu me refiro a mim mesma e reproduzo, com um sorriso irônico, o que comentam a meu respeito:

- "As roupas são muito escuras e conservadoras para a nossa empresa."
- "O que há com o cabelo dela? Está meio despenteado, e ela está parecendo louca."
- "Para que tanta maquiagem? (Ou "Ela está toda borrocada!")
- "Ela tem voz grossa... Será que é homem?"
- "Ela tem um sotaque engraçado..."

Explico, então, que sei o que falam a meu respeito com base nas respostas anônimas em questionários de avaliação que distribuo no fim do evento. Quando pergunto aos participantes como se sentiriam se tomassem conhecimento de comentários desse tipo a respeito deles, as reações são sempre de indignação sincera.

O objetivo desse exercício é chamar a atenção para o fato de que, a toda hora, alguém está nos julgando de maneira que não tem nada a ver com a nossa capacidade para a função que estamos exercendo no momento. No ambiente de trabalho, todos estamos sujeitos a ser alvos de preconceitos referentes à idade. Somos "muito jovens" ou "muito velhos". Ou talvez nos digam que não estamos "atualizados". Ou que a organização queria "alguém com mais energia". Ou talvez somos rejeitados porque o gerente não quer "segurar a mão de ninguém" e prefere "alguém com mais experiência".

Como há quem diga sobre a nossa vida profissional, todos somos rotulados, sem levar em conta nossos conhecimentos e competências, só porque alguém expressou um julgamento instantâneo com base em nossos atributos físicos, sem nem sequer tentar nos conhecer. O propósito desse exercício no workshop é salientar que todos fazemos esses tipos de julgamentos – e precisamos parar de agir assim.

Quebrando os maus hábitos

Em seu best-seller de 2005, *Blink: The Power of Thinking Without Thinking* (*Blink: a decisão num piscar de olhos*, trad. Nivaldo Montingelli Junior, Sextante, 2016), Malcolm Gladwell escreveu: "Nossas atitudes em relação a raça, gênero e outros traços de diversidade operam em dois níveis". O primeiro é o consciente, ou "nossas escolhas de em que acreditar", e o segundo é o inconsciente, ou "nossas associações imediatas e automáticas, que se manifestam antes de termos tempo para pensar".[67] Essas associações são hábitos, alguma coisa que fazemos reiteradamente, que começaram quando éramos crianças (afinal, nossas atitudes para com diferentes culturas e pessoas se baseiam em nossas experiências enquanto crescíamos). A boa notícia acerca dos hábitos é que, com diligência, podemos virá-los de cabeça para baixo. Como escreveu o grande historiador Will Durant, em sua análise de *Ética a Nicômano*, de Aristóteles, "Somos o que repetimos. A excelência, então, não é um ato, mas um hábito".[68] Para mudar a sua voz interior,

---

[67] GLADWELL, Malcolm. *Blink:* The Power of Thinking Without Thinking. Nova York: Little, Brown and Co., 2005.

[68] DURANT, Will. *The Story of Philosophy.* Nova York: Simon & Schuster, 1926. p. 76.

comece tomando consciência de seus pensamentos ao conhecer uma pessoa. Qual é a primeira associação que lhe passa pela mente? Se ela for negativa, pense em uma associação mais adequada e mais realista. Repita esse mantra interno sempre que conhecer alguém que apresente traços físicos semelhantes. Para dar partida no processo, poste-se numa esquina movimentada e observe as pessoas que passam, e exercite o processo mental da nova associação positiva. Verbalizar essas associações também pode ajudar a consolidá-las em sua mente, embora, em algumas cidades, se você ficar falando sozinho numa esquina, você pode ser interpelado por um policial.

A chave para quebrar um mau hábito é conscientizar-se do momento em que um pensamento negativo passa por sua cabeça ao conhecer alguém e, então, imediatamente, substituí-lo por algo positivo. Quanto mais você praticar a conscientização de seus pensamentos, mais controle você exercerá sobre eles, até que o velho hábito seja substituído por pensamentos muito mais produtivos. Se controlar o que brota em sua mente parecer impossível, reflita sobre as palavras de Joyce Meyer, em seu livro *Making Good Habits, Breaking Bad Habits*, 2013 (ed. bras. *Crie bons hábitos, livre-se dos maus hábitos*, 2014): "Se você não aprender a controlar seus pensamentos, você nunca aprenderá a controlar seus comportamentos".[69]

O raciocínio falso dos novos gestores

Os novos gestores geralmente acreditam que a promoção para uma posição de autoridade significa que, agora, eles devem ter todas as respostas. Como seria bom se fosse verdade! Os gestores experientes sabem que não é bem assim – e reconhecem que ainda são muitas as suas lacunas de conhecimento e que ainda têm muito a aprender todos os dias.

Se você ainda é novo na gestão e não sabe ao certo o que fazer, comece estimando o valor que você traz para o grupo. Por que será que a administração o promoveu para essa função? Pergunte a seu chefe, se ele ou ela ainda não esclareceu essa questão. Basicamente, o trabalho de um gestor é definir prioridades e objetivos e, depois, motivar os trabalhadores de todas as idades para alcançar esses objetivos. Isso não significa que você precisa definir todos os objetivos do departamento –

---

[69] MEYERS, Joyce. *Making Good Habits, Breaking Bad Habits:* 14 New Behaviors That Will Energize Your Life. Nova York: Faith Words, 2013.

longe disso, na verdade. Explore a base de conhecimento da equipe e arregimente a ajuda de todos para determinar o que deve ser feito para ajudar a empresa a atingir seus objetivos financeiros. Empurre a equipe e a si mesmo a pensar fora do quadrado e a levar novas ideias para a linha de frente. Como disse Steve Jobs, "muitas vezes, as pessoas não sabem o que querem até que você lhes mostre".[70] A mesma verdade aplica-se à liderança de uma equipe: não se acomode com a rotina dos negócios e, em vez disso, lute para resolver problemas que talvez ainda não tenham sido identificados, mas que acabarão pegando você. Para isso, porém, o gestor deve ser capaz de se basear na experiência dos trabalhadores mais velhos e nas novas perspectivas dos trabalhadores mais jovens, para, finalmente, aglutiná-las em um próximo passo eficaz, a ser seguido por todos.

Lidere pelo exemplo

Frequentemente, supõe-se que os trabalhadores mais velhos querem ser apreciados pelo conhecimento adquirido a duras penas, mas, na realidade, *todos* os trabalhadores anseiam pelo mesmo respeito. Afinal, os trabalhadores mais jovens também têm conhecimento, só que é diferente do conhecimento de quem está na população ativa há mais tempo. Como gestor, parte de suas atribuições é garantir que todos valorizam as diferenças que cada pessoa traz para o local de trabalho. Isso implica garantir o respeito de todos os trabalhadores por todos os trabalhadores. Você pode liderar pelo exemplo simplesmente demonstrando sua própria crença em que todas as gerações devem ser tratadas com equidade. Se a atmosfera do escritório permitir que você experimente táticas mais persuasivas, pense em sacudir a hierarquia e em contrariar as expectativas de todos: designe um *Baby Boomer* para um projeto de mídia social, por exemplo, ou peça a um *Millennial* para liderar uma reunião. Suas iniciativas dispararão mensagens fortes; portanto, faça questão de não se referir às pessoas pelas respectivas gerações. Em vez de rotular o anseio de um trabalhador por ser promovido como senso de prerrogativa dos *Millennials*, por exemplo, reconheça que todos querem progredir na carreira, e lembre-se de que também você já queria galgar com rapidez os degraus da hierarquia.

---

[70] SHEFF, David. Interview with Steve Jobs. *Playboy*, fev. 1985. <http://reprints.longform.org/playboy-interview-steve-jobs>.

Lembre-se sempre, tanto você quanto sua equipe, de focar mais nas semelhanças geracionais – que são muitas – em vez de nas diferenças. "Não há evidências de que os gestores de 35 anos hoje sejam diferentes dos gestores de 35 anos de uma geração atrás", disse o especialista em gestão Peter Cappelli, professor de Gestão na Wharton School e coautor de *Managing the Older Worker*.[71] No fundo, todos querem as mesmas coisas: um ambiente de trabalho agradável, remuneração adequada e reconhecimento pelo trabalho bem feito. Conscientizar-se dessas semelhanças entre os diversos membros da equipe o ajudará a percebê-los mais como um grupo coeso do que como um uma mistura dispersa de gerações.

Não imite os maus gestores

Sem respeito no ambiente de trabalho, os gestores raramente conseguem o melhor de seus trabalhadores, porque cada um estará mais interessado em promover-se a si próprio do que em trabalhar como equipe integrada em busca de resolver problemas e alcançar objetivos. E se os líderes seniores adotarem os mesmos comportamentos, poucas são as chances de que a empresa realize seu potencial, uma vez que os departamentos se introverterão nos próprios interesses, em vez de se extroverterem na busca do sucesso da empresa. Nesses casos, não se surpreenda se a empresa enfrentar *turnover* muito mais alto e não alcançar os objetivos financeiros.

Infelizmente, você tem pouco a fazer como gestor de nível médio se os líderes seniores forem péssimos em demonstrar respeito e em valorizar os jovens e os velhos. Assim sendo, é importante compreender que, embora você não possa controlar as atitudes alheias, você *pode* controlar seus próprios pensamentos e ações. Se você liderar pelo exemplo, trabalhadores tenderão a segui-lo como líder – e o mau comportamento não passará por você.

Promova o respeito

Como gestor, uma das suas prioridades, se não a sua *principal* atribuição, será integrar e motivar os trabalhadores na busca de objetivos

---

[71] KNIGHT, Rebecca. Managing People from 5 Generations. *Harvard Business Review*, 25 set. 2014. <https://hbr.org/2014/09/managing-people-from-5-generations>.

comuns. Com a realização desse propósito prioritário e central, a aglutinação da experiência acumulada com a ousadia das ideias criativas pode ser uma prescrição poderosa para fazer acontecer e para o sucesso da inovação. Para promover o respeito entre os membros da equipe é preciso:

- *Pense antes de falar.* Como gestor, suas palavras têm o poder de insuflar ou sufocar o entusiasmo das pessoas. Ouça e considere as ideias dos trabalhadores, mesmo que a resposta seja não.

- *Estimule a diversidade de opiniões.* Nada é pior do que todos concordarem com um plano de ação numa reunião e mais tarde ouvir alguém dizer que, na verdade, ele ou ela não gostou do plano. Crie um ambiente em que as opiniões diferentes são bem-vindas.

- *Gerencie o conflito de maneira produtiva.* Os conflitos acontecem nos melhores departamentos e organizações sempre que duas pessoas têm ideias diferentes sobre como executar uma tarefa. Não se renda à exasperação, nem perca o controle num acesso de raiva. Em vez disso, veja o conflito como oportunidade de ouvir diferentes ideias sobre como resolver um problema.

- *Não despreze cargos que você considera "aquém de suas capacidades" na hierarquia organizacional.* Num workshop recente que conduzi sobre inclusão, uma mulher estava a ponto de expor algumas ideias sobre respeitar os outros, quando um jovem se aproximou com um microfone (estávamos numa grande sala de espetáculos). Ela o dispensou sumariamente, com um aceno de mão e um olhar de menosprezo, dizendo: "Não preciso disso". Precisei de todo o meu autocontrole para não repreendê-la por ter desrespeitado uma pessoa que estava tentando fazer o seu trabalho. Lembre-se, todos os trabalhos são importantes, mesmo que não lhe pareçam importantes.

- *Não participe de fofocas, nem de conversas negativas sobre a sua organização.* Ao se tornar gestor, você passa a representar a sua empresa, dentro e fora de suas dependências. A fofoca raramente é positiva e só serve para demonstrar desrespeito por outros trabalhadores e pela empresa. Se você realmente não gosta da empresa onde trabalha, é hora de procurar outra.

- *Baseie-se em fatos, não em suposições.* É fácil supor o que as pessoas querem dizer quando afirmam alguma coisa, principalmente se for via texto, quando não há entonações de voz, nem linguagem corporal. Antes de reagir ao que você *supõe* seja a intenção da pessoa que envia a mensagem, pergunte-lhe o que ele ou ela realmente pretende dizer.

- *Os problemas aparecem e desaparecem todos os dias.* As soluções devem atender às principais necessidades da organização, não do seu departamento. O trabalho do gestor é resolver os problemas de hoje, ao mesmo tempo em que também considera o panorama geral. Não se esqueça disso, mesmo no calor do momento.

- *Pergunte aos trabalhadores como querem ser tratados.* Mais uma vez, não faça suposições. Não se retraia diante das diferenças, principalmente se você e os trabalhadores forem de gerações diferentes. Em vez disso, discuta com delicadeza como vocês podem chegar a um acordo para fazer o que precisa ser feito.

- *Não caia em estereótipos, nem em outras generalizações negativas.* Como analisamos amplamente no Capítulo 3, cada geração incorre em muitos preconceitos sobre as outras. Em lugar de permitir que esses equívocos gerem um distanciamento entre as várias idades, aborde as diferenças de maneira construtiva e as maneje como oportunidades de aprendizado para todas as partes envolvidas.

- *Seja um comunicador cativante.* Compreender as diferenças de qualquer espécie não é suficiente para superá-las. Como a linguista Deborah Tannen escreveu em *You Just Don't Understand*, "as pessoas que compreendem como as diferenças provocam rupturas na comunicação podem tomar a iniciativa de fazer com que a comunicação seja eficaz".[72] Use suas palavras e influências para transpor o fosso de comunicação entre as pessoas na organização.

- *Seja um modelo.* Para *receber* respeito você precisa *dar* respeito. Portanto, atue como modelo de respeito em toda a organização e aspire ser um dos gestores com quem os trabalhadores querem trabalhar anos a fio, acompanhando-o hierarquia acima.

---

[72] TANNEN, Deborah. *You Just Don't Understand:* Men and Women in Conversation. Nova York: Morrow, 1990.

Inovação nas duas pontas do espectro

Hoje, muitas das startups e empresas novatas que estão recrutando em ritmo acelerado nem mesmo olham os currículos de candidatos mais velhos, receando que não se encaixem na cultura empresarial ou que sejam rígidos demais na maneira como propõem novas ideias. Além de preconceituosas, essas empresas estão se autoflagelando ao impedir que seus ambientes de trabalho sejam mais diversos e sazonados. O medo à mudança e o medo a ideias e a pessoas diferentes no local de trabalho são autodestrutivos. O simples fato de ser novato e de adotar novas tecnologias não significa que não possa aproveitar a sabedoria dos veteranos.

E o que não falta são mentes empreendedoras mais maduras por aí. Um artigo da *Business Insider*, de 2014, relatou que uma em cada três empresas dos Estados Unidos foram fundadas por alguém com mais de 50 anos.[73] E não se trata de nova tendência; muitas das marcas testadas e comprovadas de hoje foram criadas por empreendedores mais velhos:

- *Coca-Cola*: Depois que uma lesão sofrida durante a Guerra Civil dos Estados Unidos o viciou em morfina, John Pemberton tentou desenvolver um substituto da droga, usando folhas de coca, fonte da cocaína. Novas leis o obrigaram a mudar a fórmula, até que em 1886, aos 54 anos, Pemberton lançou a Coca-Cola.
- *KFC*: Harland Sanders aperfeiçoou a famosa "Receita Secreta" dessa cadeia de fast-food, então conhecida como Kentucky Fried Chicken, quando tinha 52 anos.
- *McDonald's*: Ray Kroc tinha 52 anos quando descobriu o potencial da florescente cadeia de restaurantes fast-food dos irmãos McDonald, entrou no negócio como sócio, e os ajudou a desenvolver a franquia do empreendimento, que transformou a empresa no sucesso mundial gigantesco que é hoje.[74]

E não é só na indústria de alimentos que os talentos tardios fizeram sucesso. As designers Vera Wang e Carolina Herrera estavam

---

[73] SCHMALBRUCH, Sarah. Some of the Most Successful Businesses in the U.S. Were Started by Entrepreneurs over Age 50. *Business Insider*, 12 nov. 2014. <http://www.businessinsider.com/entrepreneurs-over-50-2014-11>.

[74] SCHMALBRUCH, 2014.

ambas na casa dos 40 quando irromperam no mundo hipercompetitivo da moda. Quando seu best-seller *Mastering the Art of French Cooking* foi lançado, Julia Child tinha 49 anos. Morgan Freeman só conseguiu seu primeiro grande papel em *Tempo de Glória*, aos 52 anos. E só aos 75 anos a artista conhecida como Grandma Moses pegou em um pincel pela primeira vez. A idade não é relevante para o sucesso.

No entanto, para cada Coronel Sanders há um Mark Zuckerberg, pronto para entrar em ação. Numerosas mentes jovens converteram suas ideias em empresas de grande sucesso. Veja os seguintes exemplos:

- *LightBot*: Danny Yaroslavski tinha 23 anos quando a *Forbes* o descreveu, em 2015, como um dos destaques de "30 Under 30", por causa do sucesso da sua empresa de ensinar programação de computador a crianças com mais de 4 anos, por meio de jogos.[75]
- *Are You Kidding*? Quando tinha 5 anos (não é erro de impressão), Sebastian Martinez começou a desenhar meias e juntou US$ 15.000 no primeiro ano.[76]
- *Chalk.com*. Depois de perceber o volume de trabalho administrativo que absorvia o tempo dos professores da sua escola de ensino médio, William Zhou resolveu criar uma solução. Em 2015, a Chalk.com, fundada quando Zhou tinha 20 anos, prestava serviços a mais de 20.000 escolas.[77]

Esses exemplos mostram que trabalhadores de todas as idades podem ser decisivos para a criatividade e para a "próxima grande ideia" da sua empresa.

A demografia do local de trabalho muda o tempo todo. Portanto, é importante que todos interajam entre si com consideração e sem

---

[75] HOWARD, Caroline. Code and College Readiness Are Reinventing Education on 30 Under 30. *Forbes*, 5 jan. 2015. <https://www.forbes.com/sites/carolinehoward/2015/01/05/code-and-college-readiness-are-reinventing-education-on-30-under-30/#1240f5a322e5>.

[76] WHITTEN, Sarah. 8 Young Entrepreneurs Making Serious $$$. *CNBC*, 27 jul. 2015. <https://www.cnbc.com/2015/07/27/8-young-entrepreneurs-making-serious.html>.

[77] MA, Jason. Twelve of Today's Most Impressive Young Entrepreneurs. *Forbes*, 24 fev. 2015. <http://www.forbes.com/sites/jasonma/2015/02/24/twelve-of-todays-most-impressive-young-entrepreneurs/#3c8b6f18102b>.

preconceitos. Lembre-se que o anseio de todos os trabalhadores é serem respeitados e relevantes no local de trabalho e então supere as predisposições do tipo "jovem demais" ou "velho demais", e foque no que as pessoas realmente são e no que podem fazer.

Gerenciando trabalhadores mais velhos que você

A realidade é que os trabalhadores injetam sangue novo na organização para chacoalhar o estado de coisas. Ao longo de minhas duas décadas na gestão de pessoas, sempre tive em minha equipe alguém mais velho que eu. Aqui estão algumas dicas sobre como aproveitar essa situação em proveito de todos:

- *Peça a contribuição deles.* Como já analisamos, você não precisa saber tudo. Aproveite a experiência dessas pessoas como uma placa de ressonância. Você ainda é responsável pela decisão, mas não há motivo para não aceitar a contribuição de todos. Considerar todos os ângulos só pode ajudá-lo a decidir melhor.

- *Respeite o estilo de trabalho deles.* Os *Millennials* geralmente adotam a abordagem de equipe para a solução de problemas, gracejando e mexendo com os colegas. É provável que esse não seja o estilo preferido dos membros da equipe da Geração X ou *Baby Boomers.* Respeite o direito deles de se afastar e fazer seus *brainstormings* antes de pedir sua aprovação para avançar. Não assuma que o seu estilo é o único ou o melhor.

- *Seja compreensivo.* Reconheça que é difícil trabalhar para alguém mais jovem do que você. Encare a situação na perspectiva dos trabalhadores e lhes dê tempo para se ajustar. Isso não os autoriza a lhe faltar com o respeito, mas aceite que eles deem passos de bebê para se ajustar a você, enquanto você, como gestor, dá passos de gigante para trabalhar com eles. Tudo bem se você passar da metade do caminho. Afinal, você é o chefe.

- *Comunique-se com frequência e com clareza.* A boa liderança em todos os níveis exige que os gestores sejam bons comunicadores. Raramente as pessoas podem ser grandes líderes se não comunicarem sua visão e suas expectativas, e depois derem *coaching* e mentoria aos trabalhadores para alcançar esses objetivos. Você deve ser capaz de motivar os trabalhadores de todas as idades – sem presumir que quem está no escritório há mais tempo do que você será capaz de saber o que você quer. Entre os mais de 10.000 trabalhadores que gerenciei, nunca conheci alguém capaz de ler mentes.

- *Crie situações de mentoria.* Os jovens podem aprender com os velhos, os velhos podem aprender com os jovens. Torne parte das tarefas diárias que os trabalhadores aprendam e ensinem entre si, para que ninguém estranhe o fato de mentorear ou de ser mentoreado por trabalhador de outra geração. O aprendizado é atividade contínua que nunca cessa; portanto, assegure que todos tenham a oportunidade de ensinar o que sabem e de aprender o que não sabem. *Todos* ganham.

- *Tome decisões, e, então, defenda-as.* Se você for alguém que necessita de todas as informações antes de avançar, você realmente precisa dar um passo atrás e refletir a respeito de sua missão ser mesmo liderar. Para exercer a liderança, você deve ser capaz de decidir com base nos fatos disponíveis e de sustentar a decisão enquanto ela for válida, mas mantendo-se pronto para reavaliar a decisão sempre que mudarem as circunstâncias.

- *Trate todos os trabalhadores como indivíduos – mas também trate a todos com igualdade.* Cada um dos trabalhadores aprenderá no próprio ritmo, saberá coisas diferentes e terá as próprias forças e fraquezas. As diferenças são construtivas, e compreendê-las pode ajudá-lo a gerenciar cada empregado para que dê o melhor de si. Nunca, porém, mostre favoritismo por trabalhadores de certa faixa etária, como os da sua geração. Dispense a todos o mesmo respeito, para, em troca, inspirar respeito.

- *Seja o chefe, mas não assuma ares de chefe.* O filósofo chinês da antiguidade, Laozi, escreveu: "O líder é melhor quando mal sabem que ele existe; ao concluir seu trabalho e alcançar seu objetivo, todos dirão: nós é que fizemos".

As consequências de não ser inclusivo

Boas intenções e bons lucros à parte, também há um fator relevante chamado lei que proíbe os gestores de decidir com base em categorias sob proteção federal, como idade, etnia, religião, gênero e invalidez. Se você é novo na gestão de trabalhadores, é fundamental que estude as políticas antiassédio da sua empresa e se familiarize com as exigências legais sobre contratação e promoção, bem como sobre gestão em geral. Como a legislação não se aplica apenas aos membros da sua equipe direta, abrangendo também fornecedores, clientes e empregados de terceiros, é bom considerar que qualquer pessoa com quem você venha a se relacionar não deve ser avaliada com base em vieses contra categorias protegidas. E se você tiver alguma dúvida sobre quais são essas categorias, procure o departamento de RH.

No contexto da gestão de várias gerações, não é só iníquo julgar com base na idade; também pode ser ilegal, sobretudo quando envolve decisões de admitir ou demitir. (Infelizmente, o Age Discrimination in Employment Act [ADEA], de 1967, protege somente os trabalhadores com pelo menos 40 anos de idade, o que deixa as gerações mais jovens sem proteção federal contra a discriminação por idade.)[78] As leis contra a discriminação por idade, porém, não são levadas tão a sério quanto as referentes à discriminação racial, sexual, e outras, e, portanto, tornaram-se extremamente difusas. Em consequência, muita gente com mais de 50 anos de idade tem medo de que, se perderem o emprego, não consigam encontrar outro, porque muitas empresas relutam em admitir empregados mais velhos – embora muitos deles se encontrem no auge da carreira e estejam transbordando de ideias. E mesmo que alguém receie ter sido vítima de discriminação por idade, talvez seja difícil comprovar que a idade tenha sido a verdadeira razão da preferência por outro candidato. Portanto, embora em vigor, as leis podem ser de difícil aplicação.

---

[78] THE AGE Discrimination in Employment Act of 1967. *U.S. Equal Opportunity Employment Commission*, [s.d.]. <http://www.eeoc.gov/laws/statutes/adea.cfm>.

Capítulo 6

PROMOVENDO OPORTUNIDADES DE CRESCIMENTO

O que as pessoas sabem é menos importante do que o que são.
Contratar... não é encontrar as pessoas com a experiência certa.
É encontrar as pessoas com a mentalidade certa.
Peter Carbonara, "Hire for Attitude, Train for Skill"[79]

NAS VÁRIAS funções gerenciais que já exerci, comprovei que, em todos os novos recrutas promissores que já contratei, a disposição para o aprendizado é tão importante quanto os títulos acadêmicos. Às vezes, as atitudes e as aptidões são os fatores *mais* importantes, porque os requisitos técnicos de certas funções podem ser ensinados. Ao se cercar de pessoas inteligentes que se mostram ansiosas por enfrentar novos desafios, você pode preparar o seu departamento não só para resolver os problemas de hoje, mas também para manejar as dificuldades de amanhã, mesmo as que ainda são completamente desconhecidas.

Na Oxygen, pediram-me para assumir o gerenciamento de riscos depois da partida do *controller*. Eu não tinha experiência nessa área, que cuidava dos seguros da empresa, como o dos diretores e executivos, mas vibrei com a oportunidade de aprender mais e de expandir meu conjunto de competências. Nem todo mundo, porém, empolga-se com essas chances, sobretudo quando, à primeira vista, não parecem se alinhar com os atuais interesses e objetivos dos trabalhadores.

---

[79] CARBONARA, Peter. Hire for Attitude, Train for Skill. *Fast Company,* 31 ago. 1996. <http://www.fastcompany.com/26996/hire-attitude-train-skill>. Usado com permissão de FastCompany.com. Copyright 2016. Todos os direitos reservados.

Por exemplo, no exercício dessa função, eu soube que um trabalhador *Millennial*, da área de finanças, tinha recusado um convite para assumir o gerenciamento de riscos, porque achava que a área parecia "chata". Depois de conversar com ele sobre seus objetivos de carreira, ajudei-o a estabelecer uma conexão entre o desejo dele de dirigir sua própria empresa, algum dia, e a importância do seguro nesses empreendimentos. Depois da nossa conversa, ele resolveu se envolver mais com gerenciamento de riscos e gostou tanto das questões atuariais que, por fim, aceitou um emprego numa boutique de seguros!

Essa experiência serviu para lembrar que é impossível saber se alguma coisa é enfadonha ou fascinante sem experimentá-la – e que aproveitar uma oportunidade de ajudar e experimentar um desafio inédito também pode imprimir um tremendo impulso na carreira. É importante que você e os trabalhadores encarem essas novas atribuições como chances para aprender alguma coisa e para expandir o seu conjunto de competências, tornando-o mais valioso para a sua organização, não importa que seja sua atual empresa, ou um futuro empregador, ou até ou novo negócio próprio.

John F. Kennedy escreveu: "Liderança e aprendizado são reciprocamente indispensáveis".[80] Mais de cinco décadas depois, essas palavras ainda soam verdadeiras: o aprendizado nunca sai de moda. Manter-se aberto ao aprendizado e cultivar uma atitude de "eu posso" pode preparar a pessoa – seja um veterano ou um novato – não só para superar-se no trabalho, mas também para escalar a hierarquia organizacional com mais rapidez. Tenha em mente, porém, que é grande a diferença entre projetos que oferecem oportunidades de crescimento e tarefas que só absorvem tempo e dinheiro. Se você se vir às voltas com fainas desse tipo, pense duas vezes antes de levantar a mão, principalmente se você já estiver sobrecarregado demais. A capacidade de dizer "sim" e de aceitar novos desafios pode ser um atributo positivo, mas se redundar em perdas de prazo, em quedas na qualidade e em excesso de trabalho, o que, por seu turno, pode levar a uma síndrome de *burnout* incapacitante ou a uma lista de tarefas

---

[80] KENNEDY, John F. Undelivered Remarks for Dallas Citizens Council, Trade Mart, Dallas, Texas, 22 November 1963. *John F. Kennedy Presidential Library and Museum Archives*, 1963. <http://www.jfklibrary.org/Asset-Viewer/Archives/JFKPOF-048-022.aspx>.

infindável, é possível que, ao contrário, não passe de força de arrasto, que só serve para retardar o crescimento.

Apesar da percepção generalizada de que os *Millennials* precisam de mais motivação externa do que outras gerações, não são só os trabalhadores novatos ou jovens se beneficiam com empurrões para continuar aprendendo. Trabalhadores experientes, e também gestores, devem se lembrar de manter suas competências atualizadas, pedindo mais atribuições, buscando interações com equipes às voltas com oportunidades inéditas e vibrantes dentro da empresa, ou descobrindo maneiras de inovar por conta própria. O objetivo é promover o aprendizado contínuo, ainda que na mesma posição.

O poder da delegação eficaz

As conversas sobre gestão nem sempre mencionam *delegação* e *treinamento* de um só fôlego. Mas qualquer pessoa que tenha tentado aprender uma nova competência sabe muito bem que o aprendizado através de conversas só é possível até certo ponto – realidade confirmada por numerosos estudos recentes e constatada já no século III a.C, quando o filósofo chinês Xun Kuang observou: "Diga-me, e eu esqueço. Ensine-me, e talvez eu me lembre. Envolva-me, e eu aprendo".[81] Em outras palavras, em algum momento, é hora de efetivamente *fazer o trabalho*. E deixar que os trabalhadores façam o trabalho exige aprender a delegar de verdade.

A delegação adequada de atribuições aos trabalhadores pode produzir efeitos surpreendentes em suas atitudes. Estar "no controle" pode hiperativar a motivação e deflagrar tremenda criatividade! E, como ninguém gosta de fracassar, alguém responsável por um projeto tende a desdobrar-se com mais afinco para alcançar o sucesso. Quando os gestores não delegam com eficácia, eles não empoderam os trabalhadores – o que, por seu turno, exerce forte influência sobre o grau de motivação para realizar seus objetivos.

Como saber se você está delegando com eficácia? A evasão repentina e apressada de *Millennials* do seu quadro de pessoal pode indicar com certeza que está faltando alguma coisa. E se os seus trabalhadores da Geração X ou os *Baby Boomers* não estiverem decidindo

---

[81] KNOBLOCK, John. *Xunzi:* A Translation and Study of the Complete Works, Books 7–16. Palo Alto, CA: Stanford University Press, 1990.

e, em vez disso, eles lhe passarem a bola para que você chute a gol, essa hesitação talvez signifique que é hora de reconsiderar como você está delegando no trabalho.

A delegação eficaz pode ser uma das tarefas mais difíceis a ser aprendida pelos gestores. Na trajetória de carreira típica, um colaborador individual faz um trabalho tão bom que ele ou ela recebe a recompensa de uma promoção para um cargo que inclui uma equipe direta. No entanto, essas pessoas que são promovidas para funções gerenciais não desenvolvem, repentinamente, todos os conhecimentos e competências indispensáveis para delegar bem, embora haja quem tenha mais aptidões para isso. Boa parte do trabalho de delegação deve ser aprendida no exercício da função. Muitos gestores acham que estão delegando quando, de fato, só estão instruindo os trabalhadores sobre os passos exatos a serem seguidos para completar o projeto. Isso não é delegar – é atribuir tarefas. A efetiva delegação de um projeto a outra pessoa a empodera nas seguintes três áreas essenciais:

- *Responsabilidade*. Os gestores devem deixar que os trabalhadores definam sozinhos como executar o projeto. Isso não significa dizer aos trabalhadores o que fazer; significa, isso sim, transferir para os trabalhadores a responsabilidade de decidir como realizar o objetivo. Assim sendo, será que você deve abster-se de oferecer contribuições e sugestões? Claro que não. Se, porém, você continuar ditando os métodos e as regras, os trabalhadores não serão plenamente responsáveis pelo projeto – e você não o terá delegado na íntegra.

- *Autoridade*. No processo de delegação, os gestores tendem a relutar em ceder autoridade. À medida que avança a execução do projeto, é importante permitir que os trabalhadores tomem decisões – e, se eles não puderem decidir, você certamente atribuiu tarefas, mas não delegou o projeto. Ao orientar novos gestores, peça-lhes para se lembrar do objetivo final do projeto e para considerar como alcançá-lo. Se diferentes rotas levarem ao mesmo resultado, permita que os trabalhadores escolham o próprio caminho, porque o processo decisório é crucial para o aprendizado.

- *Accountability*. Ao atribuir projetos e até tarefas a membros da sua equipe direta, você deve responsabilizá-los pela execução pontual, dentro do orçamento e conforme os padrões de qualidade estabelecidos. Se surgirem problemas, você não deve pular a bordo e tomar a iniciativa de resolvê-los. Em vez disso, é preferível oferecer *feedback* e orientação para ajudar o trabalhador a voltar aos trilhos. Às vezes, quando o projeto simplesmente não está indo bem, talvez seja necessário retirá-lo do trabalhador (eu mesma já tive de agir assim algumas vezes), porque, como gestor, você, em última instância, é o responsável. Caso seja realmente necessário recorrer a esse tipo de solução, avalie em toda a extensão e profundidade como você preparou o trabalhador para assumir a atribuição. O que você poderia ter feito melhor? Como deveria ter sido o *coaching* para que fossem maiores as chances de sucesso, sem que você tivesse de se envolver demais? Se um trabalhador, repetidamente, não corresponder às expectativas, é provável que ele ou ela seja grande parte do problema. Antes de concluir, porém, verifique se você de alguma maneira contribuiu para essa incapacidade de executar o trabalho.

Empoderar os trabalhadores nessas três áreas pode ser difícil para o gestor ainda inexperiente em delegação – e, especialmente, para qualquer um que seja novo no quadro de pessoal. Assumir essa responsabilidade pela primeira vez pode ser assustador; portanto, espere mais perguntas de trabalhadores mais jovens, ainda novos na função. Entretanto, os trabalhadores mais velhos também podem hesitar na hora das decisões. Em razão de algumas experiências negativas no passado, é possível que estejam receosos de serem fustigados, ou de sofrerem consequências ainda piores se cometerem erros. Se você for novo como chefe e se todos ainda estiverem experimentando o seu estilo de gestão, talvez a equipe se mostre relutante ou incapaz de assumir plenamente as atribuições, a autoridade e a responsabilidade pelos projetos que você lhes delegar. Sempre que delegar, um dos seus objetivos deve ser empurrar os empregados para fora da zona de conforto e encorajá-los a desenvolver os próprios métodos e soluções.

Ao ensinar os empregados de todas as idades a aceitar a delegação, não se limite a dizer-lhes o que fazer em seguida; em vez disso, induza-os a buscar soluções juntos, em exercícios de *brainstorming*. Encher uma lousa com possíveis soluções acelera os fluxos criativos, inspirando-os a propor soluções inovadoras incríveis. Fazer *brainstorming* com os trabalhadores algumas vezes os ajuda a executar esses exercícios sozinhos, de modo que precisem da sua ajuda apenas para afunilar as melhores soluções. Nesse caso, depois de terem feito o trabalho pesado de levantar hipóteses e de reduzir alternativas, talvez você possa participar de uma sessão de *brainstorming* com eles, para definir os prós e os contras das três melhores opções. Ao ajudar os trabalhadores a praticar e a aprimorar o exercício das atribuições, da autoridade e da responsabilidade de que precisam para concluir com sucesso os projetos que lhes foram delegados, esse processo os prepara para tomar decisões e para continuar avançando sozinhos. Por fim, à medida que os trabalhadores desenvolvem essas competências, você perceberá que eles fazem cada vez menos perguntas e demonstram cada vez mais segurança, velocidade e independência na execução de suas atribuições.

A esta altura, é importante esclarecer que delegação *não* equivale a descartar projetos em cima dos trabalhadores e não acompanhar a execução. A delegação não o isenta da responsabilidade inicial e final pelo projeto. Como o desempenho dos trabalhadores sempre reflete a sua capacidade de escolhê-los, engajá-los e motivá-los, você será sempre o responsável em última instância pelo desempenho deles. Portanto, você precisa se manter envolvido em todos os projetos que você delega, o bastante para demonstrar seu interesse contínuo, mas não em excesso a ponto de parecer microgerenciamento.

Se você estiver dizendo de si para consigo: "A delegação parece ser muito trabalhosa", você está certo. Muitas são, porém, as boas razões para delegar, inclusive esta, que parece estar no topo da lista: a delegação de algumas atribuições o libera para pensar na estratégia e focar nas questões mais importantes do departamento.

Com que facilidade você se perde nos detalhes do dia a dia? Se você estiver sobrecarregado de projetos ou tarefas por não estar delegando com eficácia à equipe, talvez seja muito difícil dar um passo atrás e ver o panorama geral. Ao se concentrar demais nas atividades táticas do departamento, mas não o suficiente na função estratégica de ajudar a empresa a alcançar os objetivos financeiros, você pode acabar prejudicando não só a empresa e o departamento, mas também sua própria carreira. Portanto, assegure-se de que a delegação eficaz está no alto da sua lista de prioridades.

Desenvolver os trabalhadores por meio da delegação eficaz possibilita que eles assumam mais atribuições e, assim, se tornem mais valiosos para a empresa. A delegação engaja e motiva os trabalhadores, ao lhes abrir oportunidades para aprender novas competências e para crescer como pessoa. Também ajuda a elaborar o plano de sucessão: ao avançar para outras funções, os trabalhadores também avançam no seu rastro – e a produção do departamento prossegue sem interrupções.

A delegação eficaz exige que os gestores aprendam a abrir mão – a recuar e a deixar que os trabalhadores façam suas tarefas, sem muita intervenção. Repasse a lista de perguntas abaixo, para se certificar de que está delegando de maneira adequada e oferecendo aos trabalhadores as informações e as ferramentas necessárias para executar com eficácia as suas atribuições.

- *Que projeto ou tarefa você poderia delegar na próxima semana?* Não pode ser nada banal; escolha alguma coisa importante.

- *A quem da sua equipe você delegará o projeto? O que você quer que aprendam com essa experiência?* Discutir com os trabalhadores o que eles ganharão ao se incumbirem desse projeto será útil para engajá-los e incentivá-los, sobretudo se enfrentarem problemas ao trabalhar no projeto.

- *Que resultados você almeja, e quando o projeto deve ser concluído?* Seja específico e claro ao definir os parâmetros e ao transmitir as informações, para que os trabalhadores compreendam exatamente o que você espera.

- *Que informações os trabalhadores precisam conhecer para dar a partida no projeto?* Não diga aos trabalhadores como executar o projeto; em vez disso, deixe que sugiram como pretendem manejá-lo.

- *Que decisões os trabalhadores podem tomar sem consultá-lo antes?* Esforce-se para não microgerenciar o projeto. Dê aos trabalhadores a atribuição e a autoridade para executar o projeto por conta própria.

- *Quando e de que maneira você quer ser atualizado sobre o projeto?* Se a atualização mencionar problemas, peça aos trabalhadores para propor soluções. Oriente-os para apresentar possíveis opções, em vez de apenas perguntar-lhe como agir.

- *O que acontecerá se o projeto empacar?* Não reassuma automaticamente o projeto para colocá-lo de volta nos trilhos. Em vez disso, empenhe-se em orientar os trabalhadores, para que *eles* retomem o ritmo, e passe a fazer verificações mais frequentes sobre o avanço do projeto.

Empodere os trabalhadores

O empoderamento dos trabalhadores é decerto um tema que suscita discussões frequentes, mas o que isso significa exatamente? Empoderar é "outorgar autoridade oficial ou poder legal para" fazer alguma coisa.[82] Essa definição é muito parecida com a de delegação eficaz – e, até certo ponto, os dois processos são mesmo muito semelhantes. Para os gestores, contudo, empoderar e delegar têm pequenas diferenças de significado: empoderamento é uma ferramenta para a motivação dos trabalhadores, enquanto delegação é um processo de atribuir projetos e tarefas aos trabalhadores. Em suma, para delegar com eficácia, o gestor deve antes empoderar os trabalhadores. Infelizmente, os gestores geralmente cometem o erro de delegar sem empoderar. Nessas condições, cessa o processo de aprendizado do trabalhador, e o gestor acabará dirigindo o projeto, porque ele ou ela tem necessidade de decidir. Os gestores devem permitir que os trabalhadores tomem decisões e precisam compreender que empoderar os trabalhadores é indispensável para que o departamento alcance o sucesso, de maneira que também a empresa seja bem-sucedida. Stephen Covey observa que "uma organização empoderada é aquela em que as pessoas têm conhecimento, competências, desejos e oportunidades para alcançar o sucesso pessoal de maneira que leve ao sucesso organizacional coletivo".[83] E porque a organização é tão forte quanto seu elo mais fraco, certifique-se de que o seu departamento está empurrando o grupo – em vez de retardá-lo.

Se você quiser empoderar os trabalhadores com eficácia, parta para as seguintes ações:

- Encoraje os trabalhadores a alcançar resultados notáveis e impulsione-os além da zona de conforto. Como induzi-los a olhar além do atual conjunto de competências e a descobrir seus próprios potenciais inexplorados? Como incentivá-los a explorar os próprios potenciais além das ideias convencionais?

- Motive os trabalhadores a enfrentar novos desafios com entusiasmo e a pensar fora do quadrado, em vez de apenas persistir na mentalidade dos negócios de sempre? Que novas ideias

---

[82] EMPOWER. In: Merriam-Webster's Collegiate Dictionary, 11th ed, 2002.

[83] COVEY, Stephen R. *Principle-Centered Leadership*. Nova York: Simon & Schuster, 1992.

eles poderiam trazer para a mesa? Como eles conseguiriam melhorar os processos?

- Semeie o entusiasmo entre os trabalhadores para que persigam os seus objetivos. Como usar o reconhecimento e as recompensas para estimular os empregados a continuar crescendo e aprendendo? Como entusiasmá-los a tentar alguma coisa nova, mesmo que pareça entediante à primeira vista?

E se você *não* quiser empoderar os trabalhadores, considere as seguintes alternativas:

- Dê ordens e exija ação.
- Forneça instruções muito claras e inequívocas, que digam aos empregados *exatamente* o que fazer.
- Transmita a impressão de que os trabalhadores não são bastante inteligentes para conceber soluções sem a sua ajuda ("Eu sei fazer isso, mas você não sabe").
- Resolva problemas para os trabalhadores, em vez de orientá-los sobre como resolvê-los, eles mesmos.

Em poucas palavras, a melhor maneira de empoderar os trabalhadores é deixar claro para eles seus objetivos e expectativas – e, então, sair da frente e deixá-los solucionar o problema. E evite tomar decisões com base em critérios de idade, como empoderar mais os trabalhadores mais velhos, presumindo que a idade deles significa que tenham mais experiência, ou não oferecer as mesmas oportunidades aos trabalhadores mais jovens, assumindo que ainda não estão prontos para executar tais atribuições. À medida que você avalia e refina as suas competências de empoderamento, empenhe-se em tratar *todos* os empregados de maneira equânime, em toda a extensão do espectro.

Conciliando diferentes estilos de aprendizado

Cada geração tem os próprios estilos de aprendizado, geralmente moldados em grande parte pelas inovações tecnológicas durante os seus anos formativos. Os *Baby Boomers,* por exemplo, foram muito influenciados pelo desenvolvimento dos computadores pessoais, enquanto os membros da Geração X amadureceram em plena ascensão da internet, e os *Millennials* cresceram cercados por mídias sociais e aplicativos para praticamente tudo. Ao delegar novas atribuições a um trabalhador, é fundamental compreender os estilos de aprendizado da respectiva geração, se você quer que a pessoa seja bem-sucedida. Em especial, preste atenção às opções de aprendizado disponíveis quando a pessoa recebeu treinamento em negócios durante os primeiros anos da carreira.

Muitos *Baby Boomers* receberam pouco ou nenhum treinamento formal em negócios: para essa geração, a filosofia predominante era "nade ou afunde". Quando passou a ser oferecido, o treinamento, em geral, ocorria em sala de aula, onde os professores faziam preleções, falando 90% do tempo, ensejando anotações manuscritas, a lápis ou à caneta, em papel. Os *Baby Boomers* talvez estejam acostumados a interações mínimas com os instrutores, que se postam diante da turma e expõem o conteúdo. Não assuma, porém, que os *Boomers* gostem mesmo desse estilo de treinamento: quando estavam crescendo, essa era basicamente a única escolha disponível. Com os sindicatos no auge, em termos de poder e popularidade, a aprendizagem, sobretudo em ofícios qualificados, era uma opção de treinamento muito usada. Esses programas, com estruturas rígidas, reconheciam hierarquia e senioridade com base no tempo de serviço, não necessariamente em função da rapidez com que desenvolviam suas competências. Por conseguinte, mesmo que um trabalhador tivesse conhecimentos e competências para progredir, ele (os sindicatos eram redutos machistas quase exclusivos, principalmente nos primeiros dias) era obrigado a esperar, até completar certo tempo de serviço, antes de ter acesso a novas oportunidades, promoções, ou outras manifestações de reconhecimento.

Os membros da Geração X, por outro lado, foram muito mais estridentes durante o treinamento. Tinham pouca tolerância por professores que se estendiam em monólogos; em vez de ouvirem as preleções em silêncio, interrompiam os mestres com questionamentos, e depois desabafavam sua insatisfação com o pessoal RH sobre a insipidez das aulas. A Geração X amadureceu com as primeiras experiências de treinamento on-line, que, em termos de eficácia, era um saco de gatos. Essa geração também foi a primeira a usar as simulações de negócios Capstone, que foram desenvolvidas em meados da década de 1980 e logo dispararam em popularidade, sobretudo em escolas de negócios.

Por fim, mas não menos importante, os *Millennials* chegaram à idade adulta numa era de inovação tecnológica extremamente rápida. Muito além de seus pais e avós, eles exerceram forte influência sobre como aprendiam, na medida em que os métodos didáticos mudavam para acomodar uma abordagem mais interativa. Os *Millennials* mal conheceram o mundo sem internet, e foram a primeira geração a ter Wi-Fi em sala de aula e a fazer anotações principalmente em computadores notebook ou em dispositivos móveis, como iPads, não em papel.

Tudo isso significaria que a melhor maneira de se comunicar com os trabalhadores *Baby Boomers* seria lhes dar uma aula de uma hora? E que a única maneira de ensinar aos *Millennials* alguma coisa é fazê-los trabalhar em equipes? Definitivamente não. Significa, porém, isso sim, que os gestores precisam adotar uma mistura de opções de treinamento, de modo a se comunicar com trabalhadores de todas as gerações. Por exemplo, quando o treinamento é conduzido via apresentações em pessoa, ou preleções, o professor deve disponibilizar o conteúdo também em meio eletrônico, postando os *slides* de apresentação talvez na intranet da empresa. Quando o treinamento é feito on-line, ele deve ser complementado por uma sessão de perguntas e respostas para que os trabalhadores possam rever o material com o instrutor. E todo o treinamento, ao vivo ou on-line, deve ser acompanhado por uma sessão de revisão, poucas semanas depois, para ver se os trabalhadores têm dúvidas ou sugestões, depois de terem aprendido o material. A combinação de diferentes mídias, tecnologias e abordagens ajuda a garantir que todos os tipos de aprendizes compreendem o treinamento.

Embora os estilos de aprendizado possam variar de geração para geração, é fundamental para os gestores lembrar-se que os estilos de aprendizado também podem variar por motivos que não necessariamente se relacionam com a idade. Por exemplo, alguém que seja aprendiz mais visual, menos propenso a ouvir, talvez prefira acessar resumos por escrito do conteúdo do instrutor; outra pessoa talvez não exija ou não queira tanta informação por escrito. Muitos engenheiros, como eu, ficam muito à vontade com agendas e manuais, enquanto outras pessoas com tendências mais criativas são capazes de acumular conhecimentos com mais rapidez por meio de discussões, de exercícios de conceituação e de design

Muitas são as opções para transferir informações em treinamento de negócios – e as novas tecnologias e abordagens em educação continuam aumentando as possibilidades. Eis algumas estratégias eficazes para esclarecer e incutir conceitos essenciais:

- Apresente vídeos ou promova apresentações ou *role-plays* ao vivo.
- Desenvolva exercícios destinados a consolidar conceitos desafiadores, enfatizando e demonstrando sua importância, mas não se limitando a afirmar: "Isso é importante!".
- Faça muitas perguntas em sala de aula e forneça folhas de respostas detalhadas a serem mantidas pelos participantes como material de referência.
- Distribua cópias do material de treinamento, em que participantes possam fazer anotações durante as discussões.
- Passe dever de casa, com leituras de livros e artigos.
- Ensine via jogos on-line e plataformas de treinamento.
- Combine exposições com sessões de perguntas e respostas ao vivo.
- Ofereça sessões individuais de perguntas e respostas, destinadas a pessoas tímidas demais ou, de resto, relutantes em fazer perguntas em público.
- Conduza sessões de *follow-up* com os trabalhadores, em seus postos de trabalho, onde, nos seus próprios ambientes, talvez se sintam mais relaxados e mais capazes de fazer perguntas.

Às vezes pode ser difícil definir que técnicas usar com diferentes tipos de pessoas. Se, porém, você estiver treinando membros da sua equipe direta, basta perguntar-lhes como eles aprendem melhor novos conceitos. Se não souberem, continue perguntando a si próprio: "Que métodos de treinamento os ajudam a compreender e a usar os novos conhecimentos com mais rapidez?", e tente diferentes estratégias, até encontrar as que parecem mais eficazes com os seus trabalhadores.

Treinamento experiencial

Como eu já disse antes, na hora de aprender uma nova competência, *fazer* é melhor do que *escutar*. Depois de mais de duas décadas de gestão do tipo "fazer", sem dúvida sou muito melhor nisso hoje do que no início. Sabendo como o treinamento "mão na massa" pode ser eficaz, tentei oferecê-lo aos membros da minha equipe direta, ao longo dos anos, tanto quanto possível.

Por exemplo, na Oxygen, dei um jeito de ser observada em *job shadowing* (observar um profissional trabalhando), durante uma semana, por trabalhadores novatos, que não eram membros da minha equipe direta, para lhes dar perspectiva dos conhecimentos e atitudes dos chefes e das competências de que eles mesmos precisariam para continuar progredindo na carreira. Também arranjei para que os membros da minha equipe praticassem durante uma semana *job shadowing* com outros executivos seniores de toda a empresa, para que que vissem em primeira mão as dificuldades com que se defrontavam os trabalhadores de toda a empresa e trouxessem essas novas experiências para o próprio departamento. Além dessas oportunidades de *job shadowing*, também promovi almoços mensais, em que líderes seniores de diferentes departamentos falavam sobre seus cargos. Além das questões específicas com que estavam mais familiarizados, e com as quais, sem sombra de dúvida, vibravam mais, também falaram sobre as situações de que gostavam menos e de como se esforçavam para fazer o trabalho. Essas sessões foram grandes oportunidades de treinamento para todos: os calouros no quadro de pessoal aprenderam que todo cargo tem seu lado monótono, e os trabalhadores mais experientes receberam a mensagem de que deveriam parar de enrolar e começar a trabalhar.

Essas atividades podem funcionar, com as adaptações necessárias, em quase todos os departamentos, e fornecer oportunidades valiosas de aprendizado prático, do tipo "mão na massa" e com observação direta. Eis algumas outras práticas de aprendizado experiencial que podem ser eficazes:

- Expor os trabalhadores a experiências com organizações que mantenham relações de negócios com a empresa, como fornecedores, clientes e outras.

- Permitir que os trabalhadores façam rodízio temporário em áreas nas quais precisem melhorar suas competências ou adquirir experiência como condição de crescimento contínuo.

- Convidar os trabalhadores para lançar projetos em áreas onde precisem de aprimoramento.

- Pedir aos trabalhadores para ler casos e livros sobre questões relevantes para a organização e então expor ideias e promover debates com os executivos. Pense em pedir recomendações de livros ao CEO!

- Encoraje os trabalhadores a desenvolver competências de liderança e gestão, voluntariando-se para a prestação de serviços em organizações locais, em entidades sem fins lucrativos e em escolas e em programas comunitários.

Ao ponderar sobre oportunidades de treinamento para os trabalhadores, lembre-se de um objetivo crítico: *todos* os trabalhadores precisam compreender como a empresa gera receita e lucro, como o orçamento de cada departamento se conecta com os produtos e serviços da empresa, e como todas essas informações têm a ver com a saúde financeira da empresa.

Infelizmente, a maioria dos trabalhadores, inclusive os de alguns líderes seniores, revela ignorância lastimável em relação a essas questões. Não deixe que os seus trabalhadores se incluam nesse grupo: consiga que os departamentos de RH e finanças formem equipes para ensinar aos trabalhadores noções de orçamento e suas ligações com o bem-estar financeiro da empresa. E, então, atribua itens do orçamento aos membros da sua equipe direta, a serem acompanhados e comentados em reuniões mensais. Mesmo quando esses itens envolvem pequenas quantias, estudá-los mostra aos trabalhadores o que se espera durante a revisão mensal com o *controller* ou com o diretor financeiro. Esse tipo de experiência e conhecimento é importante para todos os trabalhadores, de qualquer posição ou *status*. Aos poucos, você pode ajudar os trabalhadores a desenvolver a *expertise* e a confiança necessárias para gerenciar quantias cada vez maiores, de modo a se prepararem para o dia em que serão promovidos para uma posição que os obrigue a gerenciar diferentes itens das próprias demonstrações financeiras. E um benefício adicional de ensinar responsabilidade fiscal a toda a sua equipe é a probabilidade de que, em breve, estejam propondo medidas de redução de custos, uma vez que estarão tão ansiosos quanto o CFO para melhorar o resultado financeiro da empresa, nas linhas de receita e de despesa.

Desenvolva um programa de mentoria

As melhores oportunidades de aprendizado prático que a empresa pode oferecer aos trabalhadores são programas de mentoria. Reconhecendo a variedade de benefícios que essas iniciativas oferecem ao mentor e ao mentoreado, a maioria das empresas da Fortune 500, atualmente cerca de 70% delas, oferece esse tipo de treinamento aos seus trabalhadores.[84] Mentorear os trabalhadores, principalmente os recém-admitidos, pode reduzir o *turnover* e melhorar a retenção. Além disso, a mentoria de talentos promissores pode constituir a pedra angular do planejamento de sucessão. Os programas de mentoria tradicionalmente formam pares de trabalhadores juniores com colegas mais experientes, mas não há necessidade de se limitar a esse formato. A mentoria reversa, por exemplo, pode ajudar executivos seniores a manter-se na vanguarda da tecnologia e a atualizar-se sobre as fofocas em curso na empresa, que, geralmente, são captadas com mais exatidão pelo radar dos trabalhadores mais jovens. A mentoria grupal ou situacional também está em ascensão para manejar questões como diversidade ou para fornecer treinamento de alto potencial. Se sua empresa não tem um programa de mentoria formal, desenvolva-o com urgência, na forma que melhor atender às suas necessidades. Ao fazê-lo, constitua relacionamentos de mentoria para os seus trabalhadores, recorrendo a colegas executivos e concordando em mentorear, em troca, os trabalhadores deles.

---

[84] GUTNER, Toddi. Finding Anchors in the Storm: Mentors. *The Wall Street Journal*, 27 jan. 2009. <http://www.wsj.com/articles/SB123301451869117603>.

Capítulo 7

GERENCIANDO DIFERENÇAS NA ÉTICA DE TRABALHO

A primeira e derradeira responsabilidade de alguém que pretenda gerenciar alguma coisa é gerenciar a si próprio, sua integridade, caráter, ética, conhecimento, sabedoria, temperamento, palavras e atos...
Dee Hock[85]

DE TODAS as áreas de conflito entre as gerações, a ética de trabalho é por certo a mais difícil de superar, em parte, para começar, por ser uma questão inconstante. A busca de uma definição na internet, por exemplo, produzirá muitos resultados com diferenças sutis, mas muito significativas:

- "crença no benefício e na importância do trabalho e em sua capacidade intrínseca de fortalecer o caráter".[86]
- "crença no trabalho como bem moral".[87]
- "crença em que o trabalho árduo é intrinsecamente virtuoso ou merecedor de recompensa".[88]

Essas definições salientam uma diferença importante entre as gerações: o grau em que o trabalho e a organização que o contrata são

---

[85] HOCK, Dee. *Birth of the Chaordic Age*. Oakland, Calif.: Berrett-Koehler Publishers, 2000. Reimpresso com permissão dos editores. Todos os direitos reservados.

[86] WORK ETHIC. In: Dictionary.com. Disponível em: <www.dictionary.com>. Acesso em: 27 maio 2018.

[87] WORK ETHIC. In: Merriam-Webster. Disponível em: <https://www.merriam-webster.com>. Acesso em: 27 maio 2018.

[88] WORK ETHIC. In: OxfordDictionaries.com. Disponível em: <https://www.oxforddictionaries.com>. Acesso em: 27 maio 2018.

considerados "bons". Esses ideais se debilitaram nas últimas décadas, e, hoje, muitos *Millennials* rejeitam a ideia de que os trabalhadores devem pôr a ética de trabalho acima de tudo o mais. Curiosamente, embora os *Baby Boomers* e a Geração X tenham crescido em meio a grandes processos de *downsizing* nas empresas, ambas as gerações ainda valorizam a ética de trabalho e acreditam que os trabalhadores têm a obrigação moral de trabalhar com afinco para as empresas. Para ilustrar as ideias diferentes das várias gerações sobre a ética de trabalho no mundo dos negócios de hoje, considere o seguinte cenário hipotético.

Bob trabalha na empresa XYZ e o jogo de futebol da filha dele começa exatamente às 16 horas de uma terça-feira. Será que ele vai sair mais cedo do escritório para ver o jogo?

- Se Bob for um *Baby Boomer*, o mais provável é que ele respeite o horário de trabalho e que ele, talvez, até tenha algumas pitadas de *workaholic*. Para essa geração, o trabalho árduo é dogma de fé, e ele não hesitaria em faltar ao jogo em favor de ficar no escritório. Ele também não se sentiria culpado pela decisão.
- Se Bob for da Geração X, ele provavelmente defende o equilíbrio trabalho-vida e, portanto, remanejaria o trabalho para comparecer ao jogo. Durante o jogo, ele checaria os e-mails para se manter atualizado em relação aos acontecimentos. Se ele não conseguisse reprogramar uma reunião importante, é provável que não fosse ao jogo em favor de suas prioridades no escritório, e talvez se sentisse culpado por causa disso.
- Se Bob for da geração *Millennials*, ele provavelmente não associa presença no trabalho com execução do trabalho e, por isso, nunca lhe ocorreria perder o jogo para ficar no escritório. Os membros dessa geração cresceram com a tecnologia e são hábeis em usá-la para executar boa parte do trabalho fora do local de trabalho.

A esse respeito, os Geração X ficam com um pé em cada lado da linha entre os *Baby Boomers* e os *Millennials*. Ainda que se esforcem para alcançar o equilíbrio trabalho-vida, os Geração X ainda tendem a ficar no escritório, se essa for a condição para executar o trabalho – mentalidade que absorveram dos pais, mentores e chefes *Baby Boomers*.

Outra ideia relacionada com a ética de trabalho, em que são grandes as diferenças entre as gerações, é a de presença física (*face time*), a prática de ficar no escritório fazendo o trabalho durante o horário normal, geralmente das 9 às 17 horas. Os *Millennials*, que priorizam a flexibilidade no trabalho, não se preocupam muito com a presença física no local de trabalho. Os *Baby Boomers* e os Geração X, por outro lado, foram criados sob forte influência dessa mentalidade. Se você quiser mudar a imposição de presença física na sua empresa e você for um gestor mais jovem lidando com trabalhadores mais velhos, lembre-se que você está mexendo com anos ou talvez décadas de comportamentos arraigados. Portanto, não espere que a mudança ocorra da noite para o dia. Do mesmo modo, se você for um gestor mais velho lidando com trabalhadores mais jovens, adote como prioridade a prática de se manter atualizado em relação aos usos e costumes no local de trabalho e aprenda a gerenciar os trabalhadores que não estão sentados ao seu lado no escritório. Você e os trabalhadores precisam cultivar a capacidade de adaptação contínua – basta ter jogo de cintura e ajustar as práticas de gestão, definindo o que é mais eficaz para você, para a sua equipe direta e para a organização.

Antes de entrar numa discussão mais profunda sobre ética de trabalho, quero deixar claro um aspecto muito importante: embora muitos membros das gerações anteriores se queixem do contrário, os *Millennials* realmente trabalham muito. Diferentemente dos trabalhadores mais velhos, que, geralmente, não questionam as tarefas de que são incumbidos, os *Millennials* indagam com frequência por que alguma coisa deve ser feita, tendência que pode irritar alguns gestores da velha escola. Os *Millennials* precisam se empolgar com o que fazem antes de se empenhar no trabalho; porém, depois de se engajarem, eles se dedicam com entusiasmo ao trabalho. Seus níveis de escolaridade e seus resultados acadêmicos superam os de qualquer outra geração e enfatizam o poder do *por quê?* como fator de motivação para essa geração. Além disso, eles reconhecem os benefícios financeiros de longo prazo da educação superior, em termos de renda futura, e demonstram seu empenho em concluir as tarefas que consideram significativas.

Definindo ética de trabalho

Na condição de gestor, você precisa discutir as suas expectativas com os trabalhadores, como vimos no Capítulo 4. Suas expectativas são moldadas por sua compreensão e definição da ética de trabalho. Portanto, esclareça também esse aspecto à sua equipe direta, como fator que influenciará o trabalho de seus membros. Com essa consideração em mente, ao definir a ética de trabalho para o seu pessoal, identifique, entre os atributos pessoais seguintes, os que mais refletem o seu estilo gerencial:

- *Honesto.* Seja verdadeiro em seus relacionamentos com os trabalhadores, fornecedores, clientes, e com qualquer outra pessoa com quem você interaja em nome da empresa. Não trapaceie, nem prejudique a empresa em seus negócios com terceiros. A honestidade é a pedra angular de qualquer definição de ética de trabalho.

- *Íntegro.* Mantenha altos padrões de qualidade, apesar das pressões do tempo. Siga seus próprios padrões e supere-os quando necessário. Demonstre e preserve valores e princípios que contribuam para o clima de confiança.

- *Cumpridor das leis.* Respeite as leis vigentes e siga as normas e os regulamentos da empresa. Não procure desvios ou atalhos, nem tente vencer o sistema.

- *Confiável.* Fale a verdade, mesmo quando todos mentem. Seja franco e objetivo. Reconheça o valor das realizações alheias. Cumpra seus compromissos e reconheça seus erros. Não traia a confiança dos outros, a não ser que isso envolva a prática de atos antiéticos. Cumpra as promessas. Seja pontual e esteja preparado para os compromissos.

- *Justo.* Seja justo e equânime nas interações com os trabalhadores. Valorize e promova a diversidade e a inclusão. Quando estiver errado, reconheça e mude de posição.

- *Respeitoso com o próximo.* Seja elegante sob pressão e não se descontrole com os trabalhadores, mesmo quando os prazos estão apertados e os ânimos estão exaltados. Demonstre respeito por todos os colegas, qualquer que seja a posição hierárquica, pedindo contribuições ao tentar resolver problemas.

- *Dedicado.* Entregue resultados notáveis, não apenas "suficientes", em todas as suas tarefas. Não desista até concluir o trabalho com pontualidade e eficácia.

- *Determinado.* Persista sem esmorecimento na solução de problemas, mesmo em face de adversidades. Busque maneiras mais eficazes e mais criativas de fazer as coisas. Não aceite a rotina de sempre.

- *Accountable.* Assuma responsabilidade pessoal por suas ações e resultados. Quando as coisas não ocorrerem conforme os planos, admita seus erros e evite desculpas. Não culpe os outros por suas falhas.

- *Consideração com os outros.* Demonstre gratidão aos membros da equipe direta e aos colegas que trabalham com afinco. Diga "Obrigado" quando os trabalhadores completarem tarefas e projetos.

- *Incentivador.* Ajude os seus trabalhadores a alcançar os próprios objetivos profissionais, mesmo que isso os afaste de seu departamento. Importe-se com o sucesso deles.

Omiti deliberadamente lealdade nesta análise da ética de trabalho, porque o significado de lealdade mudou muito ao longo das últimas décadas. Como mencionei no Capítulo 2, os *Millennials* observaram os próprios pais vivenciarem o declínio da lealdade do trabalhador em relação às empresas e os viram pular de uma para outra empresa, à medida que deparavam com melhores oportunidades. Na esteira dessas experiências e no contexto do mercado de trabalho de hoje, os *Millennials* levaram ainda mais longe a efemeridade do emprego: a lealdade deles em relação às empresas tende a durar somente de dois a três anos, quando muito. Antes de ser muito rigoroso ao julgar os *Millennials* por essa atitude, lembre-se que as empresas e especialmente os gestores precisam *conquistar* a lealdade – e, em muitos casos, eles nem tentam. Associado a essa falta de lealdade, encontra-se o declínio do respeito automático a alguém com um título. Depois de ouvir os pais da Geração X discutir abertamente a falta de confiança deles nos líderes empresariais, os *Millennials* dificilmente demonstrarão confiança e respeito por qualquer gestor que não tenha angariado deles, pelos próprios méritos, essas manifestações de consideração. Os Geração Z devem manter essa propensão.

A importância da missão para os *Millennials*

Embora os *Boomers* e os Geração X tenham geralmente começado a trabalhar quando ainda estavam na escola (eu, por exemplo, enfardei feno e cortei grama quando era aluna do ensino médio), os *Millennials* raramente têm experiência de trabalho antes de entrar no mercado depois da graduação no ensino superior. Eles tendem a passar muito tempo em atividades extracurriculares, encorajados pelos pais, para aumentar suas chances de admissão na universidade. E, como os pais tinham renda disponível superior à daqueles de gerações anteriores, os *Millennials* nem sempre precisavam trabalhar para gastar dinheiro. E os trabalhadores da Geração Z, que estão prontos para ingressar na população ativa, também carecem de experiência de trabalho por essas mesmas razões.[89]

O que isso significa para a sua empresa? Como a ética de trabalho é aprendida principalmente no trabalho, os novos recrutas que efetivamente nunca trabalharam talvez ainda não tenham compreendido em profundidade o significado desse conceito, além dos fragmentos que aprenderam com os pais. Eles desenvolverão o próprio senso de ética de trabalho ao ingressarem na população ativa. Eles também serão influenciados pelo que aprenderem com outros chefes, com os mentores e com os colegas – e pelos próprios valores pessoais. Além do forte anseio pelo equilíbrio trabalho-vida, para muitos *Millennials* valores e ética de trabalho geralmente se alinharão com missão e propósito.

De acordo com uma pesquisa realizada pela Net Impact, entidade sem fins lucrativos, 59% dos *Millennials* na população ativa "almejam um trabalho em que sejam capazes de fazer diferença".[90] Outros estudos lançam luz sobre outros interesses que podem ser relevantes na contratação e retenção de *Millennials*:

- Cerca de 80% dos *Millennials* querem trabalhar para empresas que se importam com seu impacto na sociedade e no mundo.[91]

- Em razão de estarem muito preocupados com o meio ambiente, conforme comprovado por pesquisa recente do Pew,[92]

---

[89] 15 ECONOMIC Facts About Millennials. *The White House*, out. 2014. <https://obamawhitehouse.archives.gov/sites/default/files/docs/millennials_report.pdf>.

[90] ZUKIN, Cliff; SZELTNER, Mark. Talent Report: What Workers Want in 2012. *Net Impact*, 2012. <http://netimpact.org/sites/default/files/documents/what-workers-want-2012.pdf>.

[91] YUEN, Justin; ROSEN, Richard. Why Be a B Corp? Ask a Millennial. *Sustainable Brands*, 25 jul. 2013. <http://www.sustainablebrands.com/news_and_views/communications/why-be-b-corp-ask-millennial>.

[92] THE GENERATION Gap and the 2012 Election. *Pew Research Center*, 3 nov. 2011. <http://www.people-press.org/files/legacy-pdf/11-3-11%20Generations%20Release.pdf>.

muitos *Millennials* estão preferindo usar bicicleta ou transporte público, em vez de automóvel, e estão protelando a obtenção da carteira nacional de habilitação para dirigir veículos automotores.[93]

Os líderes seniores devem prestar atenção a essas tendências e considerar que os conceitos de sustentabilidade e responsabilidade empresarial influenciam cada vez mais as ideias dos *Millennials* sobre a própria ética de trabalho e suas expectativas em relação às atitudes das empresas. De acordo com estudo on-line da Nielsen global, os *Millennials* demonstraram disposição para pagar mais por "ofertas sustentáveis" que ajudem o planeta. E a Geração Z está exibindo tendências semelhantes: o aumento da proporção de participantes com idade entre 15 e 20 anos que manifestaram a disposição de pagar mais por produtos e serviços fornecidos por empresas comprometidas em causar impacto social e ambiental positivo subiu de 55%, em 2014, para 72%, em 2015.[94] De acordo com Grace Farraj, vice-presidente sênior de desenvolvimento e sustentabilidade da Nielsen, "As marcas que forjaram a reputação de cuidado ambiental entre os consumidores mais jovens de hoje têm a oportunidade não só de aumentar sua participação no mercado, mas também de reforçar a lealdade dos *Millennials mais* frugais e racionais de amanhã".[95]

Segundo estudo da Hewitt and Associates, os trabalhadores de empresas que priorizam a sustentabilidade e a responsabilidade social tendem a ser mais engajados e comprometidos.[96] De acordo com a Society for Human Resources Management, os trabalhadores de empresas com programas de sustentabilidade vigorosos apresentam muito mais atributos positivos do que os trabalhadores de empresas com programas de sustentabilidade menos pujantes: o moral era 55% melhor, os processos de negócios eram 43% mais eficazes, a imagem

---

[93] MILLENNIALS Choosing Buses and Bikes over Buicks. *NPR*, 17 maio 2013. <http://www.npr.org/templates/story/story.php?storyId=184775458>.

[94] THE SUSTAINABILITY Imperative: New Insights on Consumer Expectations. *Nielsen*, out. 2015. <http://www.nielsen.com/content/dam/corporate/us/en/reports-downloads/2015-reports/global-sustainability-report-oct-2015.pdf>.

[95] *Nielsen*, out. 2015.

[96] EMPLOYEES Identify "The Green 30" Organizations Based on Eco-Friendly Programs and Practices. *Hewitt Associates*, 22 abr. 2010. <https://www.newswire.ca/news-releases/employees-identify-aon-hewitts-green-30-organizations-based-on-eco-friendly-programs-and-practices-508097601.html>.

pública era 43% mais marcante, e a lealdade dos trabalhadores era 38% mais forte.[97] Agora é a hora de a sua empresa tornar a sustentabilidade e a responsabilidade empresarial mais prioritárias para atrair e reter os trabalhadores.

Conectando a missão da empresa com os objetivos sociais

Enlaçar os objetivos sociais com a missão da empresa é outra maneira de demonstrar e de recompensar o comportamento ideal dos trabalhadores. Por exemplo, pense no Starbucks, cujo site[98] se refere ao comprometimento de exercer impacto positivo sobre as comunidades a que a empresa serve,

- Abastecendo-se de maneira ética e sustentável;
- Criando oportunidades, por meio da educação, do treinamento e do emprego;
- Liderando o varejo verde, ao minimizar sua pegada ambiental;
- Encorajando o engajamento via prestação de serviços e atividades cívicas.

Do mesmo modo, a descrição de missão da cadeia de mercearias Whole Foods inclui oito valores centrais que associam a ética da empresa (apoio a comunidades locais e globais, por exemplo, e a prática e a promoção da gestão ambiental) ao propósito de "criar riqueza por meio do lucro e do crescimento".[99] As empresas inteligentes associam a declaração de missão a valores sociais que atrairão e engajarão os trabalhadores. Os gestores inteligentes, então, empenham-se para que cada um e todos os trabalhadores compreendam os elementos éticos da missão da empresa, ajudando, assim, a promover maior envolvimento – e, talvez, mais lealdade – por parte dos trabalhadores.

Mesmo que a descrição de missão da empresa não se entrelace diretamente com a responsabilidade empresarial, ela ainda serve aos nossos propósitos. Como analisei no Capítulo 4, ligar os objetivos individuais

---

[97] ADVANCING Sustainability: HR's Role. *Society for Human Resources Management*, 2011. <https://www.shrm.org/Research/SurveyFindings/Articles/Documents/11-0066_AdvSustainHR_FNL_FULL.pdf>.

[98] WHAT IS the Role and Responsibility of a For-Profit, Public Company? *Starbucks*, [s.d.]. <http://www.starbucks.com/responsibility>.

[99] OUR CORE Values. *Whole Foods*, [s.d.]. <http://www.wholefoodsmarket.com/mission-values/core-values>.

aos objetivos da empresa é fator de motivação para os trabalhadores de todas as idades, ao despertar nos trabalhadores o sentimento de que eles são parte do panorama geral da organização, não apenas meros dentes na engrenagem da empresa. Os gestores argutos não poupam tempo ao explicar aos trabalhadores a missão, a visão e os objetivos da empresa, e enfatizam a conexão entre as tarefas e os projetos de cada trabalhador e a realização dos objetivos da empresa. No caso dos *Millennials,* essa iniciativa dos gestores é ainda mais importante, porque, para que a ética de trabalho deles incorpore a execução do trabalho de acordo com os padrões de pontualidade e qualidade que você definiu, é preciso que eles compreendam a relevância das próprias contribuições individuais – o que torna a sua atividade catequética fundamental para o panorama geral do empreendimento. Se eles ou você não conseguirem estabelecer essa conexão, não se surpreenda se os seus trabalhadores *Millennials* questionarem a necessidade das respectivas tarefas e projetos, entregarem resultados abaixo do padrão, e até deixarem a empresa.

Lembre-se, se você for um *Baby Boomer* ou um Geração X que gerencia *Millennials*, a missão é importante – em especial na hora de alinhar a sua ética de trabalho com a dos trabalhadores. Se você for um *Millennial* supervisionando *Baby Boomers*, as chances são de que eles precisem de menos laços com a missão da empresa, por serem mais propensos a "partir para a ação", em vez de ficar questionando as razões da tarefa ou projeto. Já os Geração X ficam em algum ponto intermediário: eles, às vezes, fazem perguntas, mas, geralmente, não opõem tanta resistência quanto os *Millennials*. Não importa a idade dos seus trabalhadores; é sempre boa ideia discutir com todos eles como o trabalho de cada um se conecta com a missão maior da empresa.

Uma observação final sobre os *Millennials*: se você não conseguir associar os objetivos individuais deles às operações mais amplas da empresa ou se as atribuições deles forem de encontro ao senso de propósito deles, você terá muita dificuldade em motivá-los.[100] Ao contrário das gerações anteriores, muitos *Millennials* têm a opção de voltar para a casa da mamãe e do papai se não gostarem do trabalho ou não acreditarem na missão (ou se ainda não souberem qual é a missão da empresa, porque ninguém se deu ao trabalho de estabelecer essa conexão para eles). Sem

---

[100]EMPLOYEE Tenure Summary. *Bureau of Labor Statistics*, 18 set. 2014. <http://www.bls.gov/news.release/tenure.nr0.htm>.

as pressões de pagar aluguel, eles não precisam aguentar uma empresa ou um trabalho que não os engaja, nem os inspira.

O que os gestores podem fazer

Os *Baby Boomers* acreditam que precisam cumprir suas obrigações e trabalhar com afinco antes de serem promovidos. Os Geração X funcionam na base de "o que ganho com isso?", e pulam de empresa para empresa em busca de melhores oportunidades. E os *Millennials* priorizam seu próprio individualismo. Com as várias gerações imbuídas de ideias tão diferentes sobre ética de trabalho e sobre o que define o comportamento profissional, não admira que a ética de trabalho seja um território tão inóspito a ser percorrido pelos gestores. Lidar com as diferenças na ética de trabalho é fator essencial para gerenciar com eficácia os trabalhadores num local de trabalho multigeracional.

Como gestor, é importante saber o que fazer para reter trabalhadores de todas as idades. Primeiro, compreenda as motivações de cada geração para estar no local de trabalho.

- Os *Baby Boomers* são a mais leal das gerações – eles querem confiar nos empregadores e, em troca dessa confiança, não querem pular de empresa em empresa, a exemplo dos Geração X ou dos *Millennials*. Eles valorizam serem respeitados por seu conhecimento e experiência e gostam de ensinar os outros. Eles se sentem à vontade trabalhando sozinhos e não exigem muito *feedback*.

- Os Geração X preferem trabalhar sozinhos, e atribuem alto valor à liberdade individual, inclusive a de estabelecer os próprios horários e de considerar também as opções de trabalho em casa. Eles prosperam ao deparar com vários desafios, ao serem incumbidos de novas atribuições e ao receberem *inputs* criativos. Caso não tenham essas oportunidades, eles logo partem para outra.

- Os *Millennials* precisam de mais informações detalhadas sobre o que se espera deles, inclusive por que o trabalho deles é importante e como se encaixa nos planos gerais da empresa. Não microgerencie – deixe-os descobrir como fazer o trabalho. Na condição de gestor, se você os engajar desde o primeiro dia, eles trabalharão com afinco e demonstrarão lealdade. Se você os deixar de fora, eles irão embora, mesmo que não tenham outro trabalho.

Essas são algumas observações amplas, como ponto de partida. No entanto, como duas pessoas não têm interesses ou motivações semelhantes, mesmo que sejam da mesma geração, é *fundamental* conversar com cada um dos trabalhadores para compreender como preferem ser gerenciados. Algumas das questões a abordar nessas conversas são:

- Quanto *feedback* você precisa ou deseja em cada projeto? A partir de que ponto o *feedback* é excessivo?
- Como você quer receber o *feedback* (por e-mail, mensagem de texto, pessoalmente)?
- Com que frequência (semanal, quinzenal, mensal) você espera discutir seu desempenho, inclusive questões relacionadas com desenvolvimento de carreira?
- Quais são as suas expectativas quanto à minha disponibilidade, para quando você tiver dúvidas?
- Qual é a melhor maneira de eu me comunicar com você, em bases diárias ou semanais?
- Como você pretende me manter atualizado sobre os seus projetos?
- E se ocorrer uma emergência e eu precisar de informações com rapidez – qual é a melhor maneira de me comunicar com você nas suas ausências?
- Como seu gerente, como posso ajudá-lo a se sentir parte do departamento e da organização?
- O que poderá acabar com o seu entusiasmo pelo departamento e pela empresa?
- O que posso fazer para que você se sinta à vontade em vir falar comigo caso você perceba que está começando a se desinteressar pela empresa?

Depois de analisar essas questões com os membros da sua equipe direta, pense no tesouro de informações que você reuniu para ajudá-lo a gerenciar esses trabalhadores com eficácia! Ao longo de toda a minha carreira como gestora, faço essas perguntas aos novatos quando começam a trabalhar na empresa e, novamente, no fim do terceiro mês. Também volto a conversar com todos os trabalhadores aproximadamente a cada seis meses, sobre os mesmos pontos, não importa há quanto tempo estejam trabalhando comigo. As expectativas dos trabalhadores a meu respeito mudaram – e a demanda por minhas contribuições e orientações diminuiu – à medida que se tornavam mais confiantes e se sentiam mais à vontade na organização.

A propósito, as suas contribuições a esse respeito também são importantes! Por exemplo, se você é um *Millennial* gerenciando uma equipe de *Boomers* e de Geração X, você provavelmente quer fazer verificações mais frequentes, enquanto o projeto está em andamento. A equipe talvez interprete essas ingerências como falta de confiança na capacidade deles de fazer o trabalho e perceba as suas intervenções como microgestão. Portanto, faça questão de explicar de que informações você precisa e de como e por que elas se destinam a mantê-lo atualizado e a toda velocidade, não para criticá-los depois. Chegue a um acordo sobre quando e com que frequência você receberá atualizações e em que decisões você deve interferir. Qualquer que seja a sua idade e a dos trabalhadores, tenha a certeza de que o seu comportamento não descamba para a microgestão, porque, nesse caso, os trabalhadores basicamente pararão de trabalhar e ficarão à espera de instruções explícitas, situação que anula as suas táticas de negociação e que envolve duplicidade de trabalho!

Durante a primeira semana de trabalho dos novatos, e, depois, sempre que necessário, eu também tenho conversas pessoais com cada trabalhador sobre as suas expectativas de equilíbrio trabalho-vida. Em minha carreira como gestora, sempre espero que os novos trabalhadores priorizem o trabalho tanto quanto possível no começo, porque quero que sempre estejam disponíveis para verificações e *feedbacks* pessoais. Logo que o empregado entra no ritmo, porém, deixo claro que sou flexível quanto às necessidades de cada um fora do escritório, inclusive quanto a trabalhar em casa, desde que cheguemos a um acordo sobre como me manter atualizado com relação ao andamento do projeto.

Ter essas conversas no começo e sempre que necessárias diminui a pressão, uma vez que você tem condições de se antecipar às necessidades dos trabalhadores, sem precisar adivinhar. Calibrar as expectativas de ambas as partes ajuda o trabalhador a apresentar o seu melhor desempenho – e ajuda você a ser ótimo gestor.

O que as empresas podem fazer

No mínimo, as empresas precisam definir o que elas entendem por ética de trabalho em termos de conduta profissional no escritório. Estipular com a mais absoluta clareza o que constitui comportamento ético e comunicar essas diretrizes a todos os trabalhadores é *fundamental*. Afinal, se os trabalhadores não sabem como a empresa define ética de trabalho, como eles poderão ser responsabilizados pela observância dos padrões da empresa? Portanto, forneça uma definição de ética de trabalho e dê exemplos pertinentes que a esclareçam. Ao mesmo tempo, faça questão de reconhecer as ideias das diferentes gerações sobre ética de trabalho, em especial as referentes a lealdade, equilíbrio trabalho-vida, e presença física no escritório. Enfatizar algumas dessas diferenças – e, então, analisá-las em conjunto – pode ajudar todas as partes a encontrar uma base comum. Eis alguns exemplos dessas diferenças:

- Lealdade para um *Boomer* é no mínimo dez anos de engajamento, enquanto um *Millennial* acha que três anos já demonstram lealdade.
- Os *Boomers* trabalham intensamente enquanto estão no escritório, mas saem às 5 da tarde e deixam tudo para trás.
- As gerações mais velhas valorizam a presença física e as interações pessoais no escritório, o chamado *face time*, enquanto as gerações mais jovens pensam em termos de *como* o trabalho é executado, sem se importar com *onde* ele é feito.

Depois de tantas dessas conversas pessoais com os membros da minha equipe direta, cada vez mais me convenço de que elas são esclarecedoras para os trabalhadores de todas as idades e nível de experiência, inclusive para mim.

Capítulo 8

GERENCIANDO DIFERENTES EXPECTATIVAS DE EQUILÍBRIO TRABALHO-VIDA

Arrisquei a vida pelo trabalho, e nisso quase perdi a razão.
Vincent van Gogh[101]

CADA GERAÇÃO introduz um novo conjunto de valores no ambiente de trabalho e, embora o equilíbrio trabalho-vida já estivesse no radar de gerações anteriores, essa preocupação é por certo mais importante para os *Millennials*, com 48% deles optando pela flexibilidade no local de trabalho, em detrimento da remuneração.[102] Essa preocupação não é em nada surpreendente, depois que os *Millennials* testemunharam de imediato tanto as longas jornadas praticadas pelos pais para progredir na empresa quanto a impiedade da onda de *downsizing* das empresas em busca de ganhos financeiros, geralmente sob o mantra do valor para os acionistas. Muitos *Millennials* "não estão de modo algum convencidos de que suas renúncias na vida pessoal serão compensadas pelos ganhos materiais propiciados pelas longas jornadas".[103] Além disso, com os avan-

---

[101] GOGH, Vincent van. Letter to Theo van Gogh. *Van Gogh Letters,* 23 jul. 1980. <http://www.vangoghletters.org/vg/letters/RM25/letter.html>.

[102] SCHAWBEL, Dan. Millennial Branding and Beyond.com Survey Reveals the Rising Cost of Hiring Workers from the Millennial Generation. *Millennial Branding,* 6 ago. 2013. <http://www.millennialbranding.com/2013/cost-millennial-retention-study>.

[103] PWC'S NextGen: A Global Generational Study. *PwC,* 2013. <https://www.pwc.com/gx/en/hr-management-services/pdf/pwc-nextgen-study-2013.pdf>.

ços da tecnologia que capacitam os trabalhadores a executar suas tarefas em qualquer lugar, passar nove ou dez horas no escritório parece cada vez menos atraente para os *Millennials*, e menos ainda para os Geração Z, depois deles. Daí não se deve concluir que os *Millennials* não estejam interessados em progredir. Ao contrário, muitos estão empenhados em ser promovidos o mais rápido possível, mas significa, isso sim, que eles têm prioridades diferentes das dos seus antecessores.

Embora a ênfase dos *Millennials* no equilíbrio trabalho-vida tenha exercido impacto positivo sobre *todas* as gerações (tanto os *Baby Boomers* quanto os Geração X também estão demandando – e recebendo – mais flexibilidade), essa reivindicação ainda é fonte de conflito entre os gestores mais velhos e seus trabalhadores mais jovens, uma vez que as expectativas dos *Millennials* vão bem além da zona de conforto das gerações anteriores. Os gestores da Geração X estão em situação sobremodo precária – a ética de trabalho deles foi muito influenciada pela dos *Boomers* e dos Tradicionalistas anteriores, mas eles também precisam navegar nas novas regras dos *Millennials*.

A origem do equilíbrio trabalho-vida

Numerosas são as definições de *equilíbrio trabalho-vida*, embora muitas sejam mais ou menos no mesmo estilo desta: "O tempo que você passa trabalhando em comparação com o tempo que você passa com a família, fazendo coisas de que gosta".[104] Esse termo apareceu pela primeira vez em textos impressos em meados da década de 1980, mas só se tornou realmente popular no começo da década de 2000, quando despontou mais de 400 vezes em textos impressos. Em 2005, ocorreu 10.000 vezes, e, desde então, sua participação em análises referentes ao trabalho só tem feito aumentar.[105] O que está por trás dessa tendência?

Apesar de os gestores mais jovens geralmente menosprezarem os *Baby Boomers* como "antiquados", vale a pena notar que os *Boomers* desenvolveram muitas das tecnologias que capacitaram as gerações mais novas a trabalhar fora do escritório: computadores pessoais, internet, World Wide Web, telefones móveis, e PDAs (Personal Digital

---

[104] WORK-LIFE BALANCE. In: Cambridge Dictionaries Online. Disponível em: <https://dictionary.cambridge.org/pt/>. Acesso em: 27 maio 2018.

[105] DEVANEY, Erik. Should You Strive for Work/Life Balance? The History of the Personal and Professional Divide. *Hubspot*, 8 jul. 2015. <http://blog.hubspot.com/marketing/work-life-balance>.

Assistants), para citar algumas. A Geração X iniciou a tendência para um ambiente de trabalho mais descontraído, introduzindo no mundo empresarial as *casual Fridays* (sextas casuais) que acabaram levando ao *casual all the time* (sempre casual), e adotou os recursos de e-mail, teleconferência, videoconferência, telepresença e outras ferramentas que dão aos trabalhadores mais flexibilidade em onde e como executar o trabalho. Embora os *pagers* e os telefones celulares os tenham ajudado a sair do escritório, os trabalhadores ainda estavam atrelados aos computadores desktops e laptops para troca de e-mails, até o surgimento dos dispositivos BlackBerry, que chegaram ao mercado em 1999. A mobilidade da troca de e-mails mudou as regras do jogo empresarial, ao criar condições para que os trabalhadores se mantivessem conectados o tempo todo, inclusive em trânsito.

Com o mantra "Fora do escritório, mas ainda conectado", os Geração X lideraram a investida para trabalhar em casa (muito para a tristeza dos gestores *Boomers*). Infelizmente, esse mantra adquiriu vida própria quando a tecnologia passou a permitir que os trabalhadores labutassem 24 horas por dia, 7 dias por semana. Outro fenômeno também ocorreu: com os trabalhadores sendo capazes de acessar e-mails o tempo todo, os gestores passaram a esperar respostas imediatas o tempo todo. Nos primórdios da Oxygen Media, por volta de 2000- 2001, eu disse à minha equipe que, embora eu lhes enviasse e-mails a toda hora, porque a minha insônia já de longa data me mantinha acordada noite afora, eu não esperava que me enviassem respostas antes de chegarem ao escritório no dia seguinte. No caso de uma real emergência, eu efetivamente procuraria a pessoa certa pelo telefone, em vez de lhe enviar um e-mail. Não precisa dizer que a equipe ficou muito aliviada com essa ressalva!

Como geralmente acontece, a geração seguinte pegou o bastão do que a geração anterior havia começado, e o levou avante como algo próprio. Os *Millennials* passaram a exigir ainda mais flexibilidade em "como" e "onde" faziam o trabalho. À medida que são promovidos para cargos gerenciais, os *Millennials* tendem a reformular ainda mais as regras, e quem sabe que mudanças a Geração Z promoverá!

Mistura *versus* equilíbrio trabalho-vida

A dificuldade imposta pelo termo "equilíbrio" é o fato de implicar distribuição equânime – algo que pode ser difícil, se não impossível de atingir em áreas tão envolventes e complexas como vida profissional e vida pessoal. A fronteira entre as duas já não é tão intransponível quanto no passado – realidade que as empresas e os trabalhadores de hoje estão reconhecendo cada vez mais. Os *Millennials*, por exemplo, "não se importam de acessar a vida profissional enquanto vivem a vida pessoal, mas também querem acessar a vida pessoal enquanto vivem a vida profissional" – fato que as empresas estão começando a admitir, à medida que deixam de lado as políticas que limitavam o acesso às mídias sociais e a outros sites de internet durante o horário de trabalho. De acordo com Chip Espinoza, os "Millennials não estão dispostos a desligar a vida pessoal durante oito horas por dia".[106]

As grandes empresas globais, em especial, estão sujeitas ao risco de alto *turnover* se não atenderem às necessidades de flexibilidade dos trabalhadores. De acordo com um estudo de âmbito mundial entre seus mais de 180.000 trabalhadores, dos quais dois em cada três estão na casa dos 20 e 30 anos de idade, a empresa de consultoria PwC constatou que "64% dos *Millennials* gostariam de vez por outra trabalhar em casa e que 66% deles prefeririam mudar seu horário de trabalho". Talvez ainda mais interessante seja que, ao longo das gerações, "15% dos homens e 21% das mulheres dispensariam parte do salário e desacelerariam o ritmo das promoções em troca de menos horas de trabalho".[107] Essas atitudes impõem desafios aos gestores, no sentido de que o trabalhador que encontrar uma empresa disposta a oferecer-lhe opções de trabalho em casa ou de jornada flexível, mesmo pagando salário mais baixo, fica muito tentado a deixar a atual empresa.

Os *Millennials*, porém, não são os únicos a reivindicar flexibilidade. Quando os *Boomers* ingressaram na população ativa, o conceito de equilíbrio trabalho-vida realmente ainda não estava em voga, mas, ao começarem a pensar na aposentadoria, suas atitudes estão mudando. Por muitas razões, como vimos no Capítulo 1, os *Boomers* estão prolongando a vida de trabalho. À medida que envelhecem, estão ficando mais interessados em esquemas de trabalho flexível que lhes deem mais tempo de lazer, mas que também lhes permita manter alguma

---

[106] EVANS, Lisa. This Is How Millennials Will Change Management. *Fast Company*, 29 out. 2015. <http://www.fastcompany.com/3052617/the-future-of-work/this-how-Millennials-will-change-management>.

[107] PWC'S NextGen: A Global Generational Study. *PwC*, 2013. <https://www.pwc.com/gx/en/hr-management-services/pdf/pwc-nextgen-study-2013.pdf>.

conexão com o escritório, preservando os benefícios do trabalho. Se sua empresa tiver uma quantidade significativa de *Boomers* se aproximando da idade de aposentadoria, uma maneira de evitar a evasão de cérebros imediata e a lacuna de competências é conversar com esses trabalhadores sobre continuar na empresa, mas com maior flexibilidade na duração do trabalho e nos dias de trabalho. Muitos trabalhadores mais velhos não perderiam a oportunidade de adotar esses esquemas, que também beneficiam as empresas, ao lhes permitir controlar e escalonar os desligamentos, de modo a torná-los mais manejáveis.

Desempenho *versus* presença física

Como trabalhador, você precisa compreender o ponto de vista do chefe: ele ou ela tem uma lista de projetos a serem executados, e, se não forem, o desempenho dele ou dela ficará prejudicado, acarretando consequências negativas, em termos de adiamento de aumentos salariais, suspensão de promoções funcionais, e outras. Portanto, seu chefe tem interesse constituído na execução do trabalho, e para os gestores da Geração X e *Boomers* "fazer o trabalho" equivale a ver os trabalhadores em seus postos de trabalho, todos os dias, durante toda jornada, no escritório. Felizmente, os tempos estão mudando, e os gestores mais maduros estão aprendendo a arejar essa questão. O mundo empresarial, no entanto, ainda está superando anos de cultura organizacional arraigada, e a mudança pode ser lenta – principalmente entre os gestores mais velhos, que, quando ingressaram na população ativa, muito tempo atrás, aprenderam com seus chefes que chegar cedo ao trabalho todo santo dia e ficar no posto de trabalho durante todo o dia, até tarde, era ingrediente da receita para progredir na empresa. Apesar de tudo, porém, os gerentes argutos estão tentando descobrir que mudanças podem promover para melhorar o desempenho da equipe. Essas estratégias incluem parcerias com os trabalhadores na definição de métricas que efetivamente avaliem o desempenho de cada um e de todo o grupo, não se limitando a verificar a assiduidade, a pontualidade e a duração da jornada.

Para determinar até que ponto os trabalhadores são produtivos, os gestores estão recorrendo cada vez mais aos chamados indicadores-chave de desempenho (*key performance indicators* – KPI). Os KPIs são, em geral, uma medida de atividade, geralmente denominada *métrica*, que indica o nível de desempenho de uma equipe, de um departamento ou de uma empresa, em termos de até que ponto contribui para a consecução dos seus objetivos. Se uma atividade do trabalhador não influencia diretamente a realização de um objetivo, não se trata, nesse caso, de um KPI, mas de algum outro tipo de métrica. Como os KPIs associam-se somente aos objetivos empresariais mais importantes, nem todas as métricas são KPIs. Para definir os KPIs, siga este processo de quatro passos:

1 Estabeleça, tanto para o curto prazo (6 a 12 meses) quanto para o longo prazo (um ano ou mais), objetivos claros que sejam *críticos* para a sua empresa, para a missão do seu departamento, ou para você pessoalmente.

   Exemplo: aumentar em 20% as vendas do produto XYZ até o fim do ano, mantendo em 20% a margem de lucro.

2 Defina um número limitado de fatores críticos de sucesso necessários para alcançar cada objetivo. Em que se concentrar para alcançar o objetivo?

   Exemplo: aumentar a fatia do mercado, melhorar a qualidade do produto, diminuir o retrabalho, melhorar os índices de satisfação do cliente.

3 Seja específico: adicione aos fatores críticos de sucesso indicadores que delineiem os parâmetros de sucesso. Objetivos nebulosos dificultam a avaliação dos resultados.

   Exemplo: aumentar a fatia de mercado de US$ 25.000/ano para US$ 40.000/ano; capturar 7,5% de um novo mercado; alcançar certificação de qualidade ISO; reduzir o retrabalho em 20%; atingir o mais alto nível de satisfação dos clientes da *Consumer Reports*.

4 Meça o progresso: como você avaliará o progresso em cada fator crítico de sucesso?

   Exemplo: numa planilha de Excel, rotule a primeira coluna como "Partida" e inclua os valores correntes de sua participação no mercado, número de mercados, porcentagem para concluir a certificação ISO, nível atual de retrabalho e índice de satisfação dos clientes. Na segunda coluna, liste seus objetivos. Use a terceira coluna para um período de comparação (por exemplo, intervalos de três meses, seis meses, um ano atrás).

Depois de definir seus KPIs, apresente-os ao pessoal do seu departamento, para que toda a equipe trabalhe com os mesmos KPIs. Relate o progresso, e identifique e rastreie as ações que o ajudam a chegar mais perto dos seus objetivos. Se você está tendo dificuldade em definir os KPIs em que se concentrar, considere-os na perspectiva dos clientes: o que é importante para os clientes? Lembre-se, os clientes podem ser externos, como para o pessoal de vendas, ou internos, como para os departamentos de serviços, como RH e instalações.

Como gestor, contar com um sistema de medição rigoroso o ajudará a se interessar menos pelo local onde o pessoal está trabalhando e mais pelos *resultados* que estão sendo alcançados, o que, em última instância, melhorará a sua imagem e o ajudará a engajar e a manter engajados os trabalhadores *Millennials*. Nos mais de 20 anos de minha experiência gerenciando gestores, descobri que aqueles com objetivos, metas e KPIs bem definidos para os trabalhadores focam menos em coisas irrelevantes e, em vez disso, concentram-se mais em empoderar e colaborar com os membros da equipe para alcançar seus objetivos. Seja você um gestor novato ou veterano, a definição de KPIs deve ser o fundamento da sua abordagem gerencial.

Gerenciando a flexibilidade

Depois de estabelecer os objetivos e os KPIs para os trabalhadores, é hora de afrouxar as rédeas e lhes dar flexibilidade para definir como e onde alcançar esses objetivos. Essa tarefa pode ser assustadora, sobretudo se você ainda não tiver desenvolvido esquemas de trabalho flexível. Quando comecei a oferecer programas de trabalho flexível na Oxygen, eu sempre permitia que os trabalhadores operassem fora do escritório, um dia a cada duas semanas. De início, fiquei nervosa com a implementação dessa política, porque todos os departamentos sob minha supervisão eram de prestação de serviços (instalações, abastecimento, segurança, para mencionar uns poucos), e grande parte da demanda exigia assistência personalizada. Essas atividades, porém, também envolviam muito trabalho de escritório, na forma de processamento dos documentos e elaboração de relatórios, e os responsáveis por essas atividades sempre ficavam para trás, porque, no ambiente de escritório, tinham dificuldade em se concentrar no trabalho. Permitir que os gestores trabalhassem em casa lhes proporcionou tranquilidade e quietude para cuidar da burocracia – assim como para focar em questões mais amplas e cultivar o pensamento estratégico. Por fim, expandi a política, de modo a permitir que o pessoal trabalhasse em casa, a seu critério, desde que dessem conta de suas atribuições.

E quanto aos trabalhadores que não elaboram relatórios, nem gerenciam iniciativas estratégicas? Será que também essas pessoas precisam de flexibilidade? Claro que precisam – porque a vida pessoal teima em interferir nos melhores planos de trabalho. Por exemplo, os trabalhadores que também são pais às vezes precisam de tempo livre para participar das atividades escolares dos filhos, e será que alguém se sente bem ao privá-los dessa alegria? No entanto, é muito importante tratar os trabalhadores sem filhos com a mesma flexibilidade. Se eles precisarem de tempo livre para cuidar de assuntos pessoais, seja tolerante e maleável, desde que essas ausências não comprometam a execução do trabalho, da mesma maneira como em relação aos trabalhadores com filhos. Apenas não deixe de adotar políticas que lhe permitam *medir o desempenho e as realizações, não o tempo de permanência no escritório.*

Se tudo isso é novidade na sua vida profissional, mas você sente que precisa fazer alguma coisa antes de implementar políticas de *home office*, ou de trabalho em casa, converse com os trabalhadores sobre as expectativas deles em relação ao trabalho fora do escritório. No começo, você talvez seja hipersensível a quaisquer atrasos nas respostas deles aos seus e-mails ou mensagens de texto. ("Será que eles estão matando o trabalho?"). Lembre-se, no entanto, de que talvez eles não possam interromper o que estão fazendo ou, como faço com muita frequência, desativaram o som do smartphone para se concentrarem no trabalho. Defina com a equipe como contatá-los para tratar de assuntos urgentes com rapidez. A adoção de um processo de atendimento de emergências atenua grande parte da ansiedade associada à premência de falar com um membro da equipe fora do escritório, sobretudo quando se trata de departamentos de serviços. Depois que você se acostumar com o trabalho em casa de parte da equipe, a prática se tornará espontânea e descontraída, com mais vantagens do que desvantagens.

Deixar que as pessoas trabalhem em casa não é o único arranjo possível. Há muitas outras maneiras de praticar o trabalho flexível:

- *Conceda certa quantidade de dias de trabalho em casa por ano.* À parte dos dias para cuidar de assuntos pessoais, trata-se aqui de um banco de dias à disposição dos trabalhadores, que podem usá-lo quando concluírem que precisam trabalhar em casa. Comece pequeno – por exemplo, quatro dias por semestre – e veja como o esquema funciona com os seus trabalhadores. À medida que você passa a confiar na capacidade deles de executar o trabalho nessas circunstâncias, é possível ampliar a concessão, chegando, finalmente, a pelo menos um dia por mês. Lembre-se, o objetivo aqui é flexibilidade. Um dia por mês não deve ser muito problemático para ninguém – nem para os gestores, nem para os trabalhadores.

- *Escalone o início e o fim da jornada.* Por exemplo, deixe que os trabalhadores cheguem ao escritório entre 7 horas e 9 horas e saiam entre 15 horas e 17 horas, desde que a jornada de trabalho seja de 8 horas. Os madrugadores podem sair a tempo de pegar as crianças na escola e quem prefere dormir um pouco mais e sair um pouco mais tarde também tem essa opção. Talvez seja necessário coordenar os programas individuais se a equipe precisar atender a telefonemas ou oferecer cobertura pessoal específica, mas, em geral, os próprios trabalhadores se entendem entre si a esse respeito.

- *Divida a jornada em turnos.* Nesse esquema, a jornada é dividida em dois turnos, nos horários de maior demanda, com um intervalo prolongado. Num *call center*, por exemplo, se a maioria das chamadas se concentra no horário de almoço e depois do fim do expediente, ofereça ao pessoal a opção de trabalhar de 11 às 15 horas, fazer uma pausa de duas horas, e voltar ao escritório para um segundo turno.

- *Admita locais de trabalho diferentes na mesma jornada.* As pessoas trabalham parte da jornada em casa e o restante da jornada no escritório, desde que mantenham você atualizado, todos os dias, em relação aos seus horários e locais de trabalho, para que você sempre saiba onde encontrá-los.

- *Permita o compartilhamento do trabalho.* Essa opção funciona bem quando dois trabalhadores na mesma posição preferem jornadas em tempo parcial e trabalham em horários complementares. Por exemplo, uma pessoa trabalha de manhã e, ao fim da jornada, transfere suas tarefas para outra pessoa, que a substitui à tarde, prosseguindo na execução das tarefas no ponto em que a outra as deixou, com base num registro de atividades.

- *Adote semanas de trabalho condensadas.* Se você gerencia KPIs e não está interessado em presença física, ou *face time*, não importa que o trabalhador fique no escritório cinco dias de oito horas ou quatro dias de dez horas.

- *Use a tecnologia sempre que possível.* Um obstáculo para o trabalho em casa é a possibilidade de acessar arquivos à distância. Portanto, peça ao departamento de TI que configure uma rede privada virtual de modo a possibilitar o acesso de toda a equipe aos mesmos arquivos, de qualquer local, como se estivessem no escritório. Recursos de teleconferências e videoconferências também são importantes para ajudar os trabalhadores a "continuar no escritório", mesmo que trabalhem em casa. Além disso, com a ampla disponibilidade de serviços gratuitos, a função de TI nesse caso talvez seja mais de treinamento e coordenação do que de aquisição e/ou desenvolvimento de hardware e software.

- *Adote uma política de trabalho em qualquer lugar.* No caso de funções que realmente não exigem presença física, ou *face time*, por que não permitir que as pessoas trabalhem em qualquer lugar, desde que entreguem o trabalho com pontualidade e conforme os padrões? Assim sendo, o seu desenvolvedor de software pode trabalhar no Havaí ou na Lua, por exemplo, desde que realize os objetivos e esteja disponível quando necessário. Essa política torna-se cada vez mais comum, com muita eficácia, no mundo da tecnologia. Por que, então, não pensar fora do quadrado e aplicá-la também em sua área de atuação?

Ao desenvolver um local de trabalho mais flexível, saiba que geralmente é mais fácil dar flexibilidade aos trabalhadores que sempre se destacam pelo desempenho acima do padrão. Raramente, os executores notáveis passam a apresentar resultados insatisfatórios porque tiveram permissão para chegar ao escritório mais tarde para deixar o carro na oficina ou para fazer um tratamento dentário, por exemplo. Ao contrário, os trabalhadores com melhor desempenho geralmente já têm a disposição e as competências necessárias para manejar com responsabilidade o trabalho flexível. Ao mesmo tempo, a flexibilidade pode motivar os executores medíocres e até os abaixo do padrão, porque, antes de receberem esse benefício, eles precisam comprovar que são capazes de fazer o trabalho e de mantê-lo informado com frequência quando não estão no escritório. Outro benefício do trabalho flexível é capacitar os executores notáveis a melhorar a concentração quando estão lidando com as prioridades da empresa, uma vez que as tarefas e tribulações rotineiras da vida pessoal não os levará a dispersar o foco no trabalho.

Em um painel que moderei sobre equilíbrio trabalho-vida, de um evento da New York Women in Communications, Jennifer Owens, diretora editorial da Working Mother Media, descreveu uma estratégia vencedora para qualquer trabalhador que queira um esquema de trabalho flexível: "Se você quiser flexibilidade, mostre ao chefe que você pode fazer o trabalho, não importa a sua localização."[108] Os trabalhadores que sempre cumprem as promessas conquistam a confiança dos gestores e, feito isso, outras coisas boas começam a acontecer. É fundamental que os trabalhadores compreendam que, quando são novos na organização, o pedido para trabalhar em casa, nas sextas-feiras, por exemplo, provavelmente não será aprovado. Depois que demonstrarem suas competências, porém, é muito mais provável que os gestores concordem com esses pedidos.

Caso você conceda alguma flexibilidade no trabalho, não atazane os trabalhadores com lembranças constantes da sua liberalidade. Se você levar as pessoas a se sentirem culpadas pela ausência no escritório ou a encararem o trabalho flexível como um grande favor, as chances são de que elas se recusem a trabalhar fora do escritório para não se sujeitarem a tantos embaraços. Nesse caso, você terá destruído seus próprios esforços para ser um gestor focado no desempenho, não na presença física.

Gerenciando equipes virtuais

Além de oferecer flexibilidade aos trabalhadores nos ambientes de trabalho tradicionais, você também precisa aprender a gerenciar as pessoas que trabalham fora do escritório. Essa competência é ainda mais crítica na medida em que a população ativa se desloca para a *gig economy*, "em que as posições temporárias se tornam comuns e as organizações admitem trabalhadores *freelancers* para contratos de curto prazo".[109] Até que ponto o "freela" se difundiu na economia?

---

[108] OWENS, Jennifer. Comments during "Balancing Work and Family". Grupo de discussão patrocinado pela New York Women in Communications. Nova York, 8 mar. 2016.

[109] GIG ECONOMY. In: Whatis.com. Disponível em: <https://whatis.techtarget.com/>. Acesso em: 27 maio 2018.

Nos Estados Unidos, a porcentagem de trabalhadores contratados para formas de trabalho não tradicionais, do tipo freela, ou seja, atividades que não se encaixam no padrão tradicional de 40 horas semanais, saltou de 10,1%, em 2005, para 15,8%, em 2015.[110] De acordo com a Intuit, esses números devem aumentar significativamente, com o número de trabalhadores sob demanda chegando a 7.6 milhões por volta de 2020.[111] Com base nessa previsão, as chances de que você venha a gerenciar trabalhadores temporários são muito altas, sobretudo à medida que os *Millennials* tornam-se cada vez mais numerosos na população ativa. Recente pesquisa nacional descobriu que 38% dos *Millennials* são autônomos – proporção mais alta do que a de qualquer outra geração.[112] Os *Boomers* que continuarão a trabalhar depois da idade normal de aposentadoria também tendem a fazer freelas. Esse grande deslocamento para formas de trabalho não tradicionais significa que gerenciar equipes virtuais é competência tão importante quanto gerenciar a sua equipe direta que trabalha ao lado da sua sala.

Gerenciar equipes virtuais é diferente de gerenciar trabalhadores em tempo integral, num ambiente flexível. No contexto de trabalho tradicional, os trabalhadores geralmente ficam no escritório durante algum tempo, na semana de trabalho típica. À medida que a empresa se desloca para o trabalho temporário ou para outras formas de engajamento não convencionais, no entanto, é possível que os gestores se encontrem apenas uma vez por ano com os membros da equipe que prestam serviços críticos ao seu departamento e à empresa, e até que nunca venham a conhecê-los pessoalmente. Portanto, ao liderar trabalhadores, os gestores precisam ser mais objetivos na definição de expectativas, oferecendo sessões de *coaching* regular e implementando atividades de construção de equipes:

---

[110] KATZ, Lawrence F.; KRUEGER, Alan B. The Rise and Nature of Alternative Work Arrangements in the United States, 1995-2015. *Princeton University*, 29 mar. 2016. <http://krueger.princeton.edu/sites/default/files/akrueger/files/katz_krueger_cws_-_march_29_20165.pdf>.

[111] POFELDT, Elaine. Intuit: On-Demand Workers Will More Than Double by 2020. *Forbes*, 13 ago. 2015. <http://www.forbes.com/sites/elainepofeldt/2015/08/13/intuit-on-demand-workers-will-more-than-double-by-2020>.

[112] 53 MILLION Americans Now Freelance. *Upwork*, 3 set. 2014. <https://www.up-work.com/press/2014/09/03/53-million-americans-now-freelance-new-study-finds-2/>.

- *Estabeleça objetivos e metas por escrito.* Nas sessões e capítulos anteriores, analisamos a importância de definir KPIs, objetivos e metas para cada um dos trabalhadores. No caso de pessoas com quem você talvez nunca se encontre, esse cuidado é ainda mais importante, porque a falta de interações pessoais não lhe permite confirmar, pela linguagem verbal e corporal, a efetiva compreensão do que foi definido e combinado. Para o quadro de pessoal virtual, as instruções por escrito são essenciais.

- *Promova reuniões semanais com a equipe.* Mantenha reuniões regulares com equipe, de preferência por videoconferência ou software (como o Google Hangouts), que permitam aos trabalhadores se verem uns aos outros. Conhecer visualmente os colegas ajuda os trabalhadores a desenvolver ligações mais fortes entre si e a se sentir mais responsáveis uns pelos outros. Os *Millennials*, em especial, valorizam muito o trabalho em equipe; portanto, desenvolver um ambiente de equipe o ajudará a mantê-los engajados e motivados, mesmo que não estejam trabalhando ao lado da sua sala.

- *Envie notas semanais.* Inclua na agenda um lembrete para enviar notas regulares, pelo menos semanais, aos trabalhadores virtuais, para que se sintam importantes para você. As notas não precisam ser longas – mesmo um rápido "oi" pode reforçar a conexão entre os trabalhadores virtuais. Como alguém que há quase dez anos só presta serviços como trabalhadora autônoma e sente falta da interação diária com os colegas num ambiente de escritório, eu sei como essas notas podem ser extremamente importantes!

- *Não deixe de promover as reuniões semanais.* Talvez seja muito fácil cancelar reuniões semanais com os trabalhadores quando você os vê todos os dias e pode passar a qualquer hora pelos cubículos de cada um para um rápido bate-papo. Com os trabalhadores virtuais, porém, você precisa programar e realizar as verificações semanais, mesmo que durem não mais do que 15 minutos. Essa prática é especialmente importante para os trabalhadores *Millennials*, que gostam muito de receber *feedback*, embora todos os trabalhadores se beneficiem com essas interações. Os contatos regulares deixam claro para os trabalhadores que a contribuição deles é muito importante para você e para a empresa, percepção capaz de motivá-los e engajá-los, e também representam para os trabalhadores uma oportunidade para fazer perguntas que serão respondidas imediatamente, sem que precisem esperar a resposta por e-mail.

- *Estimule as conversas informais.* Uma das vantagens de trabalhar no escritório é o bate-papo ao redor do café que sempre ocorre entre os colegas. Os *Baby Boomers* e os Geração X gostam ainda mais dessas conversas, uma vez que, em geral, preferem interações face a face. Portanto, encoraje os membros da equipe virtual a pegar o telefone e ligar uns para os outros, de vez em quando, nem que seja só para fofocar.

- *Não se esqueça dos fusos horários ao programar as chamadas e reuniões.* Como as equipes virtuais podem estar espalhadas pelo mundo, é possível que seus membros estejam em diferentes fusos horários. Não se esqueça de levar em conta essas diferenças ao programar as reuniões, e não obrigue ninguém a estar a postos muito cedo ou muito tarde, só porque a hora é conveniente para você.

- *Seja criativo com as atividades de construção de equipes.* Ao trabalhar com uma equipe na China, por exemplo, organizei uma "happy hour virtual" mensal, às 6 horas ou às 18 horas, dependendo do fuso horário dos participantes, bem como o "dia da camisa havaiana", por videoconferência, que nos permitia admirar os trajes uns dos outros. Também organizei uma refeição comunitária, para a qual cada convidado trazia sua contribuição culinária. Embora, na realidade, não pudéssemos saborear os pratos uns dos outros, a chance de curtir uma refeição "juntos", mesmo que apenas visual, ajudou a reforçar os laços afetivos entre os membros da equipe.

- *Tenha consciência dos padrões e idiossincrasias culturais.* Os trabalhadores altamente motivados precisam aprender algo novo o tempo todo. Se você está gerenciando uma equipe dispersa pelo mundo, crie oportunidades, antes do início do projeto, para que os participantes conheçam os costumes uns dos outros.

Capítulo 9

GERENCIANDO AS DIFERENÇAS EM PLANOS DE DESENVOLVIMENTO DE CARREIRA

As realizações são jornadas, não destinos.
Dwight D. Eisenhower[113]

A MAIORIA das pessoas anseia pelo senso de propósito na vida – inclusive durante o tempo que passam no trabalho. Daí a importância de os gestores associarem os objetivos dos trabalhadores à missão da organização, de modo a reforçar o senso de responsabilidade entre os trabalhadores, ao perceber que não estão apenas executando tarefas, mas contribuindo para o sucesso da empresa no futuro. Os trabalhadores, porém, também querem sentir que a empresa está interessada no sucesso *deles* no futuro. Afinal, se os trabalhadores estiverem apenas batendo o ponto todos os dias, nada os obriga a continuar na empresa se surgir outra oportunidade que lhes ofereça um pouco mais, em termos de salários e benefícios.

Entra em cena o desenvolvimento de carreira: a arma secreta de todo gestor arguto, que cria um vínculo entre a empresa e os membros da sua equipe direta. Os trabalhadores que veem diante deles uma trajetória para aumentar seu conjunto de competências e escalar a hierarquia da organização são mais propensos a se engajar e a continuar na empresa, pois são capazes de se imaginar na mesma

---

[113] EISENHOWER, Dwight D. Remarks at the Opening of the NATO meetings in Paris. *The American Presidency Project*, 16 dez. 1957. <http://www.presidency.ucsb.edu/ws/?pid=10962>.

organização, em melhores condições, no longo prazo. Como gestor, você quer que cada trabalhador perceba que o seu trabalho é mais do que apenas uma função – e que a empresa é uma família, em que todos atuam juntos para realizar propósitos importantes.

As gerações anteriores nem sempre priorizaram o planejamento de carreira. Os *Baby Boomers*, por exemplo, foram criados na crença de que ficariam na mesma empresa durante toda a vida de trabalho, com as promoções sendo concedidas aos poucos, ao longo de anos de serviço. As transformações na economia global, contudo, tornaram esse caminho menos viável para os membros da Geração X, que reagiram assumindo mais controle sobre a própria carreira e partindo para a busca ativa de melhores oportunidades e promoções. Na outra ponta do espectro, os *Millennials* cresceram na suposição de que seriam capazes de realizar qualquer coisa por meio do trabalho árduo, confiando intensamente na orientação dos pais, dos professores e dos mentores, e assumindo papel ativo na construção do próprio futuro. Essa tendência precoce para o trabalho em equipe gerou a expectativa de que, ao entrarem na população ativa, seus gestores também exerceriam o papel de orientador e conselheiro, fomentando o seu desenvolvimento de carreira.

Será que essa diferença entre as gerações significa que os gestores devem focar apenas nos *Millennials*? Não é bem assim. Criar um plano de desenvolvimento de carreira pode ajudar os gestores a reter trabalhadores de alto potencial, de qualquer idade. A boa notícia? Os Geração X e os *Baby Boomers* talvez precisem de menos *coaching* a esse respeito do que os *Millennials*.

Expectativas de desenvolvimento de carreira por geração

As gerações são marcadas por grandes diferenças de expectativas sobre as oportunidades de desenvolvimento de carreira. Nessa área, definitivamente, não há tamanho único. Portanto, antes de desenvolver, implementar ou ajustar o seu plano de desenvolvimento de carreira, tenha a certeza de que ele leva em conta as necessidades e interesses de todos os trabalhadores.

Baby Boomers

A maior falácia sobre os *Boomers* é que o interesse deles no desenvolvimento de carreiras termina na medida em que se aproximam da aposentadoria. É verdade que alguns talvez se preparem para deixar a população ativa ao se aposentarem, mas um número significativo e crescente de *Baby Boomers* de fato quer continuar trabalhando. Por certo eles nem sempre pretendem ficar nas mesmas funções, em horário integral, que mantiveram durante décadas; por exemplo, alguns talvez estejam interessados em opções de aposentadoria gradual ou de desescalada para funções menos estressantes. Entretanto, por mais que mudem suas condições de trabalho, mantê-los no *loop* das novas tecnologias e das grandes transformações contribuirá em muito para motivar essa geração. Como no caso de todos os trabalhadores, é fundamental pedir a contribuição deles sobre o que esperam do trabalho. Como, porém, os *Boomers* são da geração "basta comparecer e fazer o trabalho", não se surpreenda se eles não souberem responder a essa pergunta. Ajude-os, portanto, perguntando-lhes que novas competências querem desenvolver nos próximos dois anos, e, então, concentrando-se naquelas que mais contribuirão para melhorar o seu departamento e a empresa em geral. Se eles não ansiarem por determinada posição ou promoção, ajude-os a crescer na mesma posição, por meio de treinamento intensivo. E não se esqueça de verificar como eles podem compartilhar sua ampla experiência e expertise com outras pessoas, talvez liderando programas de treinamento. Ninguém gosta de se sentir irrelevante, e lembrar aos *Boomers* que eles ainda têm muito a oferecer por certo aumentará seu engajamento e satisfação no trabalho.

Geração X

Deve ser mais fácil descobrir as necessidades de desenvolvimento de carreira dessa geração: se você conversar com um Geração X sobre esse tema, ele ou ela provavelmente esboçará um plano de carreira para os próximos cinco ou dez anos. Os Geração X lançaram a abordagem proativa no desenvolvimento de carreira depois de aguentarem grande parte das demissões em massa e de sentirem a necessidade de exercer mais controle sobre a própria carreira profissional. Induza os Geração X a refletir sobre se estão acompanhando as mudanças em seu setor de atividade e se essas mudanças são compatíveis com os seus planos de carreira de longo prazo. Focar em questões estratégicas com esse grupo é fundamental, porque eles estão no auge da carreira profissional. Garantir que esses trabalhadores se mantenham na vanguarda do seu conjunto de competências será um grande avanço para revigorar o entusiasmo deles e para engajá-los ainda mais na organização. Essa coorte é também excelente fonte de capacidade empreendedora e de espírito independente. Os trabalhadores da Geração X não precisam que lhes segurem a mão: depois de lhes propor uma trajetória de carreira que explicite os benefícios de suas funções, eles partirão na frente e correrão sozinhos. Mas isso não significa que você os deixará por conta própria – você ainda terá que fazer verificações regulares sobre como eles estão avançando em comparação com os planos e lhes oferecer ajuda onde e quando for necessário. Como esse grupo floresce na visibilidade, identifique oportunidades de desenvolvimento de carreira, como apresentações a colegas e a líderes seniores que extraiam o melhor desse impulso.

Millennials

Ao discutir desenvolvimento de carreira com os *Millennials*, lembre-se que, para eles, desenvolvimento de *carreira* também inclui desenvolvimento *pessoal*. Os *Millennials* querem encontrar significado e realização no trabalho cotidiano. Portanto, pergunte-lhes se as funções atuais deles estão atendendo às necessidades pessoais deles; se não estiverem, identifique o que deve ser mudado para que passem a atender – mesmo que a mudança os desvie para outro caminho que os afaste do seu departamento. Na Oxygen, por exemplo, permiti que minha assistente *Millennial* ajudasse o departamento de relações públicas na coordenação das atividades filantrópicas da empresa. Esse trabalho atendeu às suas necessidades pessoais, e ela melhorou ainda mais em suas atividades no meu departamento. (Por fim, ela se transferiu em tempo integral para relações públicas, onde prosperou nos últimos dez anos). Pensar fora do quadrado para expor os *Millennials* a diferentes opções de carreira aumentará a lealdade deles em relação a você e à empresa. Embora essa ampliação dos horizontes possa levar alguns *Millennials* a abrir as asas e a deixar a organização por terem passado por experiências que não haviam imaginado antes, eles dirão a todos os amigos, que, por sua vez, também dirão a todos os amigos que você e sua empresa se importam com a equipe como pessoas integrais, não somente como trabalhadores que executam tarefas predeterminadas. E, com essa reputação, os mais capazes e mais brilhantes farão fila diante da sua porta. Em toda a minha carreira, ajudar os outros a desenvolver a própria carreira nunca fez mal a ninguém.

Geração Z

A Geração Z, o mais novo grupo de trabalhadores a entrar na população ativa, apresenta muitas semelhanças com os *Millennials* e, da mesma maneira, muito se beneficiará com a exposição a novas ideias e oportunidades. Convide-os, por exemplo, para almoços mensais com líderes de outros departamentos e os ajude a se preparar para o encontro, com perguntas e assuntos convenientes, ou estimule-os a se voluntariar para projetos fora da rotina. No intuito de familiarizá-los com a estratégia da organização, chame-os para participar de reuniões ao seu lado. Inscreva-os em eventos da empresa e sugira-lhes questões para reflexão que os ajudarão a aprender com a experiência. Por exemplo, se você estiver participando de um jantar de premiação, "Quem está sendo homenageado e por quê?" instiga os Geração Z a pensar como é preciso trabalhar com afinco para ser bem-sucedido. "O que dizer a alguém que está sentado ao seu lado, mas que você não conhece?" enfatiza a importância das competências em *networking*, e "Como você se apresentará aos outros e o que você vestirá?" fala sobre a consciência da marca pessoal e sobre a importância das primeiras impressões. Os eventos da empresa podem ser ótimas oportunidades de aprendizado, desde que você, depois, os analise com os trabalhadores, para verificar o aprendizado e resumir as conclusões, além de salientar os aspectos de negócios que se desenrolaram em meio às festividades.

Usando o desenvolvimento de carreira para o planejamento de sucessão em todos os níveis

Se você estiver no C-Level (CEO, CFO, COO, etc.), é provável que tenha participado das conversas no intuito de identificar candidatos potenciais para preencher a vaga numa das posições mais importantes da alta administração, no caso da partida inesperada de um desses líderes. Por mais necessárias que sejam essas conversas, porém, é igualmente importante focar no planejamento de sucessão também nos escalões mais baixos, uma vez que a capacidade de liderança nesse nível é a força de empuxo ou de arrasto para alcançar a visão, a missão e os objetivos definidos pelos líderes seniores. A abordagem proativa no desenvolvimento de carreira e na gestão de talentos em todos os níveis é o meio de constituir um *pool* de candidatos qualificados, a ser explorado sempre que surgir a necessidade de contratar novos recursos em liderança. E se você planejar bem, um desses gestores de nível médio talvez um dia esteja na lista de candidatos finalistas para uma vaga no C-Level.

Treinar ou não treinar

Em uma charge de grande sucesso, alguns anos atrás, um executivo diz: "E se nós o treinarmos e ele for embora?", ao que outro retrucou: "E se nós não o treinarmos e ele ficar?".[114] Se você já gerenciou equipes, mesmo por pouco tempo, você já se viu diante desse dilema! Por mais terrível que seja quando trabalhadores bem treinados deixam a empresa, sobretudo se você investiu o próprio tempo e recursos no desenvolvimento deles, muito pior é ter trabalhadores incompetentes executando a visão da empresa. Quando se associa planejamento de sucessão a desenvolvimento de carreira, os trabalhadores percebem as oportunidades de crescimento pessoal e, em consequência, tornam-se mais propensos a continuar na empresa.

Ao planejar o desenvolvimento de carreira para trabalhadores abaixo do nível de executivo sênior, considere a seguinte abordagem de três pontas:

1 Identifique as funções críticas no âmago das suas operações. Que competências, conhecimentos e capacidades são indispensáveis para o exercício dessas funções críticas?
2 Identifique os trabalhadores a serem preservados pela empresa. Faça uma análise das lacunas dos seus trabalhadores de alto potencial, para determinar onde estão agora e onde deveriam estar para preencher as funções críticas já identificadas.

Use a análise de lacunas como base do seu plano de desenvolvimento de carreira, que passa a integrar o seu documento de planejamento de sucessão. Tendo em vista os dois objetivos do treinamento dos trabalhadores – desenvolver novas competências para a desempenho de novas atribuições no futuro e aprimorar as atuais competências para o exercício das atuais atribuições no presente –, identifique o

---

[114] Essa charge circulou amplamente na internet – sem qualquer identificação do autor – durante vários anos. (Uma busca de "corporate dilemma investing in employees cartoon" gera centenas de ocorrências.) A fonte original dessa charge é desconhecida.

que é importante agora e o que será necessário no futuro previsível. Os planos de desenvolvimento mais eficazes geralmente abrangem um horizonte temporal de um a cinco anos, mas são, acima de tudo, documentos vivos que mudam à medida que a proficiência nas competências almejadas continua a crescer.

Associando o planejamento de sucessão ao desenvolvimento de carreira

O desenvolvimento de sucessão eficaz envolve um plano formal individualizado para cada trabalhador – não uma abordagem tamanho único. Os conceitos comuns podem ser ensinados em sessões grupais, mas, quanto ao resto, é preciso oferecer atividades de desenvolvimento mensuráveis, desafiadoras e com prazo certo, ajustadas às necessidades de cada pessoa. Algumas atividades possíveis incluem:

- Rodízio funcional em diferentes departamentos, como nas principais áreas de produção, para aumentar a base de conhecimento do trabalhador, ou em funções onde o trabalhador precisa de desenvolvimento.
- Projetos compatíveis com as atuais competências do trabalhador, mas que também envolvam desafios específicos.
- Treinamento em sala de aula ou análise de estudo de casos, com a apresentação dos resultados à alta administração.
- *Coaching* ou mentoria individual, com especialistas externos ou com executivos qualificados da própria empresa.
- *Coaching* ou mentoria de outros trabalhadores, como parte do processo de crescimento e desenvolvimento.
- Lista de leituras específicas, com relatórios para a liderança sênior, inclusive com análise da aplicação dos conceitos e práticas na própria organização.
- *Role-playing* com o *feedback* de observadores.
- *Job shadowing* de executivos.

O objetivo de associar o desenvolvimento de carreira ao planejamento de sucessão é ter a pessoa certa, no lugar certo, na hora certa – propósito que se aplica tanto aos gestores de nível médio quanto aos líderes seniores. Agora é hora de começar a desenvolver o talento em *todos* os níveis da organização.

Cinco passos fáceis para criar um plano de desenvolvimento de carreira

A criação de um plano de desenvolvimento de carreira mostra aos trabalhadores que você os valoriza não só por suas contribuições agora, mas também pelo que serão capazes de oferecer à organização no futuro, fortalecendo, assim, a ligação empresa-trabalhador. O plano de desenvolvimento de carreira empodera tanto o trabalhador, ao lhe dar uma ideia de como será o futuro, quanto o gestor, ao ajudá-lo a gerenciar oportunidades de treinamento no futuro. Não há desvantagens em criar um plano de desenvolvimento de carreira para os trabalhadores e até para você! Se a elaboração desse documento formal de desenvolvimento de carreira for novidade para você, siga os cinco passos seguintes.

Passo 1: Comece com os objetivos da empresa

Qualquer atividade de definição de objetivos deve começar com a revisão dos objetivos da empresa. Afinal, é preciso garantir que as futuras oportunidades de crescimento para os trabalhadores também sejam compatíveis com o crescimento futuro da empresa; do contrário, todos os seus esforços serão em vão. E não foque apenas no crescimento do seu departamento: pensar em termos totalizantes que abranjam todo o âmbito da empresa tem o potencial de levar a mais oportunidades. (A perspectiva ampla é especialmente importante se você não estiver pensando em passar para outra posição na empresa e, portanto, acabar bloqueando as pessoas sob sua supervisão.) Com base nos objetivos de curto e longo prazo da empresa, identifique as habilidades e os conjuntos de competências indispensáveis para alcançar esses objetivos.

Passo 2: Envolva os seus trabalhadores

Meu melhor conselho, quando se trata de criar planos de desenvolvimento de carreira para os trabalhadores, é *não* presumir que você conhece as aspirações deles. Tenha uma conversa face a face, ou uma videoconferência, se você gerenciar trabalhadores a distância e não puder encontrá-los pessoalmente, com todos os membros da sua equipe direta, para compreender quais são os objetivos de carreira que eles têm para si próprios. Também peça-lhes para explicar por que escolheram esses objetivos, uma vez que, se a empresa não tiver certas posições por eles almejadas, você talvez encontre outras maneiras de atender às necessidades ou aspirações por trás dos objetivos.

Alguns trabalhadores, principalmente os mais novos na população ativa, como os *Millennials* e os Geração Z, talvez ainda não tenham objetivos de carreira específicos e não saibam como escolhê-los. Nesse caso, converse com eles sobre suas preferências e aversões, em suas atuais funções. Faça perguntas que os ajudem a focar em seus objetivos de longo prazo. Do que mais gostam e menos gostam em suas atividades rotineiras? Quais eram as ambições de carreira deles ao entrarem na população ativa? Essa é uma ótima pergunta a fazer a trabalhadores de qualquer idade, não apenas aos mais jovens. Que conjunto de competências eles querem ou precisam desenvolver?

Outra razão para não presumir que você conhece os objetivos de carreira do trabalhador é que ele ou ela não tenha ambições de longo prazo em seu departamento, porque talvez prefira outras áreas da empresa. Na Oxygen Media, trabalhei com o meu diretor de operações sênior para criar um plano de desenvolvimento de carreira que o pusesse em linha para me substituir. Quando ele retornou à universidade para fazer o mestrado numa área completamente diferente, seus objetivos de carreira mudaram – e o nosso plano também foi reformulado. Eu tomei a iniciativa de propor a sua transferência para outro departamento mais compatível com seus novos interesses, de modo a lhe proporcionar uma nova trajetória de carreira, ajudando, assim, a empresa a reter um ótimo trabalhador. Quando ele partiu para outro departamento, eu promovi a segunda pessoa no comando para preencher a vaga, expandindo, assim, as oportunidades *dela* de crescimento na carreira. Felizmente, essa sucessão de mudanças gerou ganhos para todos. Conto essa história aos novos gestores para salientar como pode ser difícil gerenciar pessoas – e como pode ser gratificante ajudá-las a alcançar o sucesso profissional.

Passo 3: Identifique as lacunas de competências

Depois de ter considerado os objetivos de curto e de longo prazo da empresa e depois de ter conversado com os trabalhadores sobre o que estão pensando em fazer em termos de carreira profissional, é hora de verificar como os seus objetivos se alinham com o que estão fazendo em suas atividades cotidianas e onde precisam de melhorias. Em que conjuntos de competências os seus trabalhadores precisam melhorar de modo a atender às necessidades futuras da sua empresa?

Passo 4: Crie um plano de ação

Agora é hora de falar sério e de criar um plano de ação com objetivos SMART específicos (ver Capítulo 4 para mais detalhes), inclusive com prazo para a conclusão e com critérios para a medição das melhorias. Com a adoção desse plano, os trabalhadores poderão monitorar o próprio desempenho para não serem surpreendidos na hora de analisar o progresso. Esse também é o ponto em que você e os trabalhadores definem as atividades (treinamento, *job shadowing*, *coaching*, etc.) que mais ajudarão os trabalhadores a melhorar. Em essência, essa é a parte mais divertida!

Passo 5: Monitore, meça e faça ajustes conforme as necessidades

O plano de desenvolvimento de carreira é um documento vivo e pulsante. Portanto, se você escolheu uma metodologia de treinamento que não está funcionando, sem problema − interrompa-a e procure algo diferente. Fazer ajustes é parte integrante do processo e, tanto quanto possível, deve ocorrer antes de gastar muito tempo e dinheiro no caminho errado. Depois da formulação do plano, sua participação contínua no desenvolvimento de carreira dos trabalhadores é fundamental: no mínimo, reúna-se com eles individualmente uma vez por mês (os *Millennials* talvez queiram reuniões mais frequentes) para avaliar o progresso e, se eles não estiverem avançando, forneça-lhes o *feedback* e o *coaching* necessários para que voltem aos trilhos.

Criando em toda a empresa um programa de desenvolvimento específico para a liderança

Em conversas com os trabalhadores sobre seus objetivos de carreira futuros, a conquista de uma posição de liderança é um tópico que inevitavelmente virá à luz e que talvez até seja o primeiro a ser abordado pelos trabalhadores. As competências de liderança são difíceis de cultivar, e poucos são os líderes ótimos. Mas vale a pena se dar ao trabalho de identificar e de estimular o potencial de liderança dos trabalhadores. Portanto, se sua empresa ainda não tiver um programa formal de desenvolvimento da liderança, pense em criar um que funcione tanto para os trabalhadores quanto para a empresa. Em vez de esperar que os líderes batam em sua porta, *faça seus próprios líderes*. Ao desenvolver o potencial e o impulso dos atuais empregados, você assegurará o sucesso do seu departamento e da sua organização, agora e no futuro.

Determinando o que importa

Antes de procurar candidatos potenciais em sua organização, primeiro defina quais são as competências críticas de um grande líder em sua empresa. O que é necessário para ser um grande líder em sua organização? As competências podem variar entre os níveis hierárquicos (por exemplo, supervisor de primeira linha, gerente de nível médio, executivo sênior) e talvez entre as unidades de negócios. Na maioria das organizações, porém, as competências fundamentais são as mesmas em todo o espectro. Nos níveis mais altos, o grande líder geralmente apresenta os seguintes atributos (ou alguma variação desse grupo):

- Visionário.
- Inspirador.
- Estratégico.
- Tático.
- Persuasivo.
- Decisivo.
- Ético.

Observe que essa lista não inclui necessariamente competências técnicas. Ela enfatiza, isso sim, a capacidade do líder de compreender e processar novas informações, de tomar decisões, geralmente antes de dispor de todos os detalhes, de converter essas decisões ou visões em ações e, então, de convocar as tropas para vir a bordo. A maestria técnica pode ser encontrada no espectro dos atributos da liderança, mas, por certo, não é o único critério para o exercício da liderança na sua empresa (mesmo que ela seja técnica por natureza).

Seu primeiro passo para a elaboração do seu programa de desenvolvimento de liderança é determinar o que é mais importante para sua empresa. Esse conhecimento lhe permitirá comparar as atuais competências dos seus trabalhadores com as competências de que sua empresa precisa.

Identificando os candidatos

Alguns programas de desenvolvimento de liderança estão abertos à inscrição dos trabalhadores interessados, enquanto outros selecionam os participantes entre trabalhadores de alto potencial. Em qualquer dos casos será necessário definir os critérios de seleção. Um fator fácil de identificar é o nível de experiência do candidato em supervisão. Outros critérios importantes incluem atributos como capacidade de aprender, interesse em liderar (não assuma que todos querem ser líderes!), capacidade de se engajar no trabalho em equipe com disposição e eficácia, elevado nível de autoconfiança, e quaisquer competências que se alinhem com o rumo e o crescimento da organização no futuro. Inteligência geral também é importante, mas não é o único traço que garante o sucesso numa função de liderança.

Um sistema de avaliação quantitativo (uma escala de 1 a 5, por exemplo) é útil para agregar e comparar *inputs* de vários líderes executivos. Além de lhe oferecer uma visão geral instantânea de qualquer candidato que se esteja analisando para um programa de desenvolvimento de liderança, ele também permite que as opiniões de líderes menos articulados e eloquentes tenham tanto peso quanto os de avaliadores que fazem campanhas vigorosas em prol de seus candidatos.

Avaliando as atuais competências de liderança

Depois de definir as competências importantes para a sua organização e de selecionar os participantes do programa de desenvolvimento de liderança, é hora de medir o atual conjunto de competências de cada trabalhador, em comparação com os requisitos necessários para ser um grande líder na organização. Avaliações do desempenho e pesquisas de liderança de 360 graus são apenas duas ferramentas de medição poderosas à sua disposição. Outro método para avaliar os atuais níveis de competências consiste em pedir aos participantes para responder a uma série de perguntas sobre como manejariam certos problemas elaborados em torno das competências críticas já identificadas. As respostas deles para cada cenário podem ajudar a identificar lacunas de competências específicas.

Também é possível conceber atividades de simulação que destaquem a capacidade do trabalhador de planejar, organizar, tomar decisões e liderar programas. Envolver a equipe de liderança sênior na criação dessas atividades pode ser em si um ótimo exercício de aprendizado, além de aguçar as competências de liderança dos atuais executivos. Se você tiver dinheiro suficiente, pense em contratar uma empresa externa para conduzir avaliações baseadas em observação dos níveis de competência da sua equipe hoje.

Desenvolvendo as competências dos trabalhadores

Depois de identificar as competências necessárias para a empresa, é hora de desenvolvê-las e de reforçar as capacidades dos trabalhadores para o nível seguinte. Em seu artigo "Creating a Leadership Development Program", Robert Pernick escreveu que o desenvolvimento da liderança geralmente ocorre em três áreas correlatas:

- *Técnica*: melhora as competências necessárias para executar o trabalho ou para supervisionar o trabalho dos outros.
- *Conceitual*: baseada em raciocínio mais abstrato e crítico (associa-se a criatividade, pensamento estratégico e determinação).
- *Interpessoal*: relaciona-se com a capacidade de trabalhar eficazmente com outras pessoas.[115]

Embora os exercícios de raciocínio e de *role-playing* sejam métodos de treinamento úteis, os líderes, sempre que possível, devem receber treinamento em tempo real ao lidar com situações reais relacionadas com o trabalho. A vida real – e as consequências reais – podem motivar os trabalhadores de alto potencial a alcançar o sucesso. Seja como for, é importante compreender que os líderes em treinamento correm o risco de falhar e é admissível que falhem como parte do aprendizado. Em vez de crucificar esses jovens líderes pelos seus erros, induza-os a aprender com o fracasso e a aplicar os conhecimentos e experiências adquiridos a duras penas aos futuros desafios.

É importante definir por escrito todas as partes do plano de desenvolvimento de carreira de cada trabalhador. Se os objetivos, os cronogramas e os critérios de medição não estiverem documentados com clareza, o plano realmente não existe.

Avaliando o progresso

Seus sistemas de avaliação do desempenho devem promover o desenvolvimento do trabalhador nas competências consideradas críticas para a organização. Em suma, os sistemas de avaliação do desempenho devem capacitá-lo a associar o que você está ensinando com o que você está medindo. Seis meses depois de lançar o seu programa de desenvol-

---

[115] PERNICK, Robert. Creating a Leadership Development Program: Nine Essential Tasks. *Public Management*, v. 84, p. 10-17, ago. 2002.

vimento de liderança, em seguida, a intervalos regulares de 6 a 12 meses, reavalie os trabalhadores de acordo com os mesmos critérios adotados de início para medir o conjunto de competências de cada um, antes do programa de desenvolvimento de liderança. Essas avaliações consistentes e abrangentes mostrarão se os trabalhadores estão progredindo.

Criando o seu próprio plano de desenvolvimento de carreira

Embora a maioria dos gestores reconheça a importância de criar programas de desenvolvimento de carreira para os trabalhadores, muitos gestores, mas muitos mesmo, não sabem como fazê-lo, nem se dispõem a fazê-lo *para si próprios*. Não seja um desses gestores! Dê-se ao trabalho de definir o que você almeja em sua carreira e como chegar lá.

A trajetória para assumir atribuições mais importantes só pode ser construída sobre pilares resistentes e duradouros. Portanto, antes de começar o planejamento da escalada, assegure-se de estar desempenhando suas atuais atribuições no mais alto nível de qualidade e eficácia. Ao atingir esse ápice, é possível mirar na posição almejada e focar no seu plano para alcançar esse propósito. Certa vez trabalhei com uma coach de executivos extraordinária, Gloria Henn, que me sugeriu imaginar a liderança como uma torta fatiada, com cada fatia representando determinado conjunto de competências. À medida que as atribuições da pessoa mudam ao longo da carreira, ela precisa dominar as competências necessárias para se erguer à altura dos novos desafios. Os grandes líderes têm mais fatias cortadas e prontas para degustação. Mesmo os melhores líderes, porém, nunca chegam a 100%, pois sempre há alguma coisa nova a aprender. Portanto, inicie a construção do seu plano de desenvolvimento de carreira perguntando-se que competências, ou fatias da torta, são requisitos da posição almejada, e passe a concentrar-se intensamente nas competências a serem adquiridas e aprimoradas.

Além dos atributos já descritos, o bom líder, dependendo da posição específica, também pode precisar de *expertise* nas seguintes áreas:

- Competências técnicas.
- Conhecimento do setor.
- Competências de negociação.
- Capacidade de delegar com eficácia.
- Disposição e capacidade para assumir o controle e a responsabilidade.

Compare os atributos e as competências indispensáveis com as suas atuais competências, e então trabalhe com seu chefe de modo a identificar as mais importantes para a posição almejada. (Pedir orientação ao chefe também pode envolvê-lo mais no seu desenvolvimento de carreira.) Em algum ponto, você talvez acabe pedindo ao chefe que financie o seu treinamento ou que o promova tão logo você domine as competências necessárias. Portanto, é prudente mantê-lo informado à medida que você elabora o seu próprio programa de desenvolvimento de liderança.

Recebendo *feedback* honesto

Depois de identificar as fatias necessárias e de começar a trabalhar para alcançar seus objetivos, é preciso medir o progresso. Mas é muito difícil, se não impossível, ser imparcial em relação a si próprio. Para aumentar a exatidão da sua autoavaliação, portanto, peça *feedback* aos trabalhadores e colegas. Isso, porém, é mais fácil de falar do que de fazer: por inúmeras razões, talvez seja difícil para os membros da equipe e para os pares falar honestamente sobre um supervisor ou um colega. Para atenuar qualquer sensação de desconforto nessa situação, é muito importante ser aberto ao receber o *feedback* e não julgar o que está sendo dito. E é ainda mais importante controlar sua reação defensiva, uma vez que os colegas geralmente não fornecem avaliações úteis quando gastam mais tempo justificando a própria opinião do que efetivamente fornecendo *feedback*. E qualquer pessoa que já tenha vivido essa situação geralmente resolve nunca mais dar *feedback* a um colega, mesmo que ele ou ela lhe implore! Portanto, em vez de partir para justificativas, receba o *feedback* com uma atitude positiva e encorajadora, que propiciará mais *feedback*. Escute com atenção, faça perguntas esclarecedoras, e tome nota para demonstrar interesse e para compreender onde os colegas acham que as suas competências devem ser aprimoradas. Se possível, receba *feedback* de pelo menos cinco pessoas, ou mais. As avaliações mais compartilhadas tendem a ser mais exatas e devem ser levadas a sério. As menos frequentes podem estar erradas, mas, pelo menos, devem ser consideradas com cuidado.

Se a sua empresa oferecer avaliações do desempenho de 360 graus, que fornecem o *feedback* do círculo de trabalho imediato abrangendo colegas, chefes e subordinados, submeta-se ao processo agora! Essa ferramenta valiosa oferece excelente *feedback*, em parte por incluir ampla gama de participantes com diferentes perspectivas, e em parte por preservar o anonimato, favorecendo a objetividade e a honestidade. Não tente atribuir os comentários a pessoas específicas – atitude que compromete o benefício do anonimato! Se sua empresa não oferecer avaliações do desempenho de 360 graus, você pode criar suas próprias versões desse processo, por meio de empresas de enquete on-line. Para uma abordagem mais *low-tech*, embora igualmente eficaz, você pode distribuir um formulário, em Word, e pedir aos participantes para devolver o formulário preenchido, por via eletrônica, a terceiros imparciais, que eliminarão qualquer forma de identificação, como o endereço de e-mail do remetente, antes de encaminhá-lo para você. Uma alternativa é deixar uma via impressa na sua caixa postal do escritório. Para garantir que as perguntas e as palavras não transgridem as políticas da empresa, é melhor envolver um representante de RH ou o seu chefe, antes de distribuir os formulários. A inclusão do chefe no processo também pode destacá-lo como pessoa proativa e realizadora, que tenta aprimorar as próprias competências, mesmo por conta própria, na falta de um sistema formal em toda a empresa.

Identificando oportunidades de treinamento

Depois de identificar o que deve ser aprimorado, converse com seu chefe sobre oportunidades potenciais de treinamento no cargo (*on-the-job training*), como rodízio de atribuições em outro departamento ou escritório, lançamento de um projeto numa área em que você precisa de aprimoramento, ou *job shadowing* do chefe ou de outro executivo. Um relacionamento formal de *coaching* ou mentoria com um executivo que não seja o chefe, dentro ou fora da organização, pode ser uma alternativa eficaz para ampliar a sua educação e as suas opções de carreira.

Numerosas são as opções de treinamento em sala de aula, na área específica de programas de desenvolvimento de liderança, mas, se sua empresa não tiver condições, nem disposição para lhe oferecer uma delas, você pode montar seu próprio plano de estudos. Por exemplo, é possível baixar casos ou livros para ler e discutir com os colegas executivos. Ótima maneira de começar a compilar a sua lista de leitura é perguntar ao chefe e aos executivos C-Level que livros mais os inspiraram ou os ajudaram no autodesenvolvimento. Talvez você possa criar seu próprio clube do livro no escritório e convidar o executivo que recomendou determinado livro para liderar o debate sobre a obra.

O treinamento on-line é outro percurso para acumular experiência em liderança, assim como o voluntariado em grupos sem fins lucrativos, em organizações escolares e em programas comunitários. Além de ampliar seu conjunto de competências, o voluntariado também ajuda a expandir seu *networking*, o que nunca é demais!

Mantenha o rumo

Obviamente, é mais fácil manter o rumo quando você participa de um programa de desenvolvimento de liderança que estrutura e monitora seu progresso. Se, porém, você estiver sozinho, será preciso um trabalho intenso para não se enterrar nas tarefas rotineiras, de modo a manter o foco no desenvolvimento das suas competências de liderança. Depois de definir objetivos específicos e montar um cronograma de realização, estabeleça marcos intermediários na sua linha do tempo, para reconhecer e comemorar os seus avanços no percurso. Lembre-se, também, de que grande parte do que fazemos na vida é habitual; portanto, esforce-se para cultivar bons hábitos que o capacitem a trabalhar para a realização dos seus objetivos com menos ansiedade e mais sucesso. Registre sistematicamente o seu progresso, num diário, no calendário on-line, ou no que lhe parecer mais funcional, de modo a ter acesso fácil e imediato ao que já conseguiu – e ao que ainda deve ser melhorado – e de se manter engajado no projeto total.

Capítulo 10

DAR E RECEBER ENTRE AS GERAÇÕES

Não se respeitava a juventude quando eu era jovem e, agora que sou velho, não se respeita a idade – eu perdi nas idas e vindas.
J. B. Priestley[116]

O MAIOR desafio de um local de trabalho multigeracional é o manejo do conflito entre as gerações. Os trabalhadores de qualquer idade raramente valorizam o que as outras gerações têm a oferecer e, em vez disso, tratam-se reciprocamente com expectativas preconceituosas sobre os padrões de comportamento das várias idades. Os *Baby Boomers* acham que os *Millennials* são sabe-tudo; os *Millennials* supõem que os *Baby Boomers* não têm novas ideias; os membros da Geração X não têm dúvida de que ninguém trabalha com tanto afinco quanto eles e que eles são os melhores líderes de qualquer geração. Os velhos desprezam os jovens por não terem experiência, enquanto os jovens desdenham os velhos por estarem obsoletos. Em vez de tentar transpor o fosso geracional, os trabalhadores tendem a se encolher nos respectivos silos geracionais, o que só serve para aumentar a tensão no escritório entre o pessoal de diferentes faixas etárias. Não admira que daí decorra um conflito de gerações.

Para que o local de trabalho multigeracional seja um ambiente em que as pessoas tenham condições de trabalhar com eficácia e harmonia, os trabalhadores e, em especial, os gestores devem deixar

---

[116] PRIESTLEY, J. B. Fonte desconhecida. Citação feita com a gentil permissão do espólio de J. B. Priestley.

de lado os preconceitos de que estão imbuídos em relação aos colegas de trabalho e apreciar todas as gerações pelas competências que trazem para o escritório. Do contrário, cada interação só servirá para ampliar ainda mais o fosso, derrubando a produtividade. Na primeira vez em que um *Millennial* expõe uma ideia e ouve em resposta: "Não, já fizemos isso antes", o fosso transforma-se em desfiladeiro, porque o trabalhador mais jovem se sente segregado pelo pessoal maduro. Nessa mesma interação, o veterano que já conhecia a ideia de outras ocasiões, talvez de reiteradas vezes, se aborrece ao imaginar que, na opinião do *Millennial*, ninguém foi bastante inteligente e criativo para experimentar a ideia antes. E, quando alguma coisa parece um desaforo pessoal, não admira que trabalhadores mais maduros tendam a reagir negativamente. Esse círculo vicioso repete-se sempre que alguém abre a boca, a não ser que todos façam um esforço consciente para valorizar as contribuições dos outros no ambiente de trabalho: os trabalhadores mais jovens precisam ver os colegas mais maduros como veteranos experientes, com toda uma vida de conhecimento a ser compartilhada, e os trabalhadores mais velhos devem aprender a olhar os colegas mais jovens como indivíduos que precisam de orientação, não de condescendência, uma vez que um dia dirigirão a empresa – e a economia em geral. Essa atitude de respeito mútuo é a única maneira de garantir o futuro da empresa. Lembre-se, todos estão no mesmo barco juntos – e vencerão ou fracassarão juntos.

A comunicação é a chave

Como ocorre com muitos problemas no escritório, a má comunicação é em geral a principal culpada pelo aumento da tensão entre os colegas. O uso mais frequente da comunicação escrita (e-mail, texto, IM, etc.) no local de trabalho não melhorou a situação, porque é mais difícil captar o tom e é mais fácil distorcer o conteúdo. As diferenças de idade podem agravar ainda mais o problema: se a comunicação já é difícil entre participantes da mesma idade, quanto mais entre trabalhadores separados por duas, três ou até mais décadas.

Outros problemas podem surgir quando o fosso de idade é grande não só entre os trabalhadores, mas também entre trabalhadores e supervisores. Os *Millennials* que, em ondas crescentes, assumem posições gerenciais frequentemente deparam com a situação de supervisionar trabalhadores uma ou mais gerações mais velhos e mais tarimbados. E, infelizmente, muitas empresas não oferecem treinamento em gestão, o que agrava ainda mais uma situação em si já delicada, em que novos gestores são décadas mais jovens do que alguns membros da sua equipe direta. Esses gestores recém-ungidos precisam se lembrar que não estão se comunicando com os pais, mesmo que muitas das pessoas sob a supervisão imediata deles sejam da mesma faixa etária de seus pais ou até de seus avós! Os gestores mais jovens precisam ser capazes de fornecer *feedback* oportuno e produtivo a alguém bem mais velho.

Também os gestores mais velhos, mesmo aqueles com ampla experiência como supervisores, precisam estar conscientes das dificuldades de comunicação que podem ocorrer nas interações com trabalhadores mais jovens, e manejá-las com habilidade e argúcia. Mesmo quando todos falam o mesmo idioma, o léxico e a gíria podem dificultar a compreensão entre membros de gerações diferentes. Por exemplo, os *Millennials* frequentemente usam termos inspirados pelas novas tecnologias e popularizados pelas mídias sociais que não raro são incompreensíveis para pessoas com mais de 30 anos. Mesmo não sendo fluentes no dialeto dos *Millennials*, é importante que os gestores mais velhos, ao orientar trabalhadores mais jovens, tenham um mínimo de compreensão e sensibilidade em relação ao que os motiva e os engaja. Também é fundamental que os gestores mais velhos não tratem os trabalhadores mais jovens como se fossem seus filhos.

O como e o quando da comunicação

Uma das maiores transformações a que assisti nas mais de duas décadas que já vivi no ambiente de negócios é a mudança nos meios de comunicação. Quando eu tinha uns 20 anos, se eu quisesse me comunicar com outra pessoa no trabalho, eu telefonava para elas ou as visitava pessoalmente. Quanto usei o meu primeiro *pager*, em 1989, senti que eu era "alguém"; na primeira vez em que saí com o *gadget* para um almoço, a certa altura me levantei com ar preocupado e anunciei aos amigos que precisava dar um telefonema imediatamente, porque alguém precisava falar comigo com urgência. Hoje, em vez do bip de um *pager*, ouço os vários toques e sinais do smartphone. Não mais precisamos correr à procura de telefones a cada aviso do dispositivo, mas, por outro lado, nós nos tornamos escravos dos nossos smartphones, e dos e-mails, das mensagens e das chamadas que recebemos a toda hora. A tecnologia está mudando em ritmo tão acelerado que é impossível prever qual será o principal veículo de comunicação mesmo daqui a poucos anos.

À medida que as gerações mais jovens continuam a adotar novos métodos de comunicação entre si, é importante que os membros de gerações mais velhas, sobretudo aqueles em posições de gestão e liderança, acompanhem essas mudanças. Não muito tempo atrás, os Geração X tiveram de convencer os *Baby Boomers* a adotar o e-mail, em substituição ao telefone e ao fax. Não mais que duas décadas depois, muitos *Millennials* veem o e-mail como velharia, preferindo usar mídias mais recentes, como mensagens de texto e ferramentas de colaboração na nuvem, como meio de comunicação no trabalho.

Quaisquer que sejam os métodos de comunicação preferidos na sua empresa, é preciso certificar-se de que todos os trabalhadores sentem-se à vontade ao usá-los. Ao mesmo tempo, no entanto, lembre-se das necessidades dos trabalhadores mais velhos, em especial os da Geração X e os *Baby Boomers*, que talvez não sejam muito hábeis com as novas tecnologias. Portanto, não abandone as formas de comunicação "mais velhas", como:

- Correios de voz.
- Anúncios por intranet.
- E-mail.
- Apresentações em Power Point.
- Reuniões presenciais.
- Folhetos.
- Vídeos.

Para se comunicar com trabalhadores mais jovens, sobretudo os *Millennials* e os Geração Z, expanda cada vez mais as opções para incluir novas formas de comunicação mais sociais, como:

- Blogs da empresa.
- Mensagens de texto.
- Campanhas em Twitter ou Facebook.
- Nichos sociais em sites de *networking*, aplicáveis ao setor.
- Podcasts.
- Webnários interativos.

- Feeds RSS (*Rich Site Summary*).
- Streams de vídeo ao vivo (como Facebook Live, Periscope ou Meerkat).
- Postagens on-line de vídeo gravados (em sites como YouTube, Vine ou Snapchat).
- Outros softwares de compartilhamento na nuvem (como Slack).

Explorar vários métodos de comunicação oferece a certeza de que a sua mensagem é ouvida, e interpretada da maneira certa, se você for consistente nas diferentes plataformas.

Para ajudar a manter os trabalhadores de todas as idades atualizados em relação às novas tecnologias no local de trabalho, pense na adoção de programas de mentoria reversos, em que os trabalhadores mais jovens ensinam aos colegas mais velhos as tecnologias mais recentes. Como presidente da seção de Nova York da Women in Cable Telecommunications, introduzi um desses programas na série Tech It Out da organização, para oferecer demonstrações e treinamento sobre as novas tendências e inovações tecnológicas, de modo a manter atualizadas as nossas afiliadas. Conduzidas por *Millennials*, nossas sessões abrangiam Periscope, Meerkat, Snapchat, Venmo, Slack, e outras tecnologias semelhantes. Com esses programas, os trabalhadores jovens e velhos têm oportunidades para experimentar as inovações e para expandir seus conjuntos de competências.

A mentoria reversa também mostra aos trabalhadores seniores, em primeira mão, como trabalhar com trabalhadores mais jovens pode ajudá-los a se manter atualizados no exercício das suas funções. Os mais jovens apreciam a oportunidade de mudar de papel e de ensinar aos colegas mais velhos, enquanto os profissionais maduros desenvolvem novas competências que lhes permitem entrosar-se com as demais pessoas no local do trabalho. Como muitos trabalhadores veteranos receiam ficar obsoletos, os conhecimentos e as novas competências tecnológicas desenvolvidos nessas sessões os ajudam a se sentir relevantes – e ainda mais valiosos para a empresa.

É importante avaliar não só *como* ocorre a comunicação no local de trabalho, mas também *quando* ocorre. Os *Millennials* tendem a atribuir alto valor ao equilíbrio trabalho-vida, e por isso são mais propensos que os antecessores a reagir quando o excesso de horas de trabalho, além do padrão de 40 horas semanais, torna-se rotina. Muitos *Baby Boomers* e membros da Geração X, por outro lado, já exerceram funções em que deviam tratar de assuntos de trabalho à noite e nos fins de semana. As várias gerações têm expectativas diferentes sobre a extensão da disponibilidade dos trabalhadores e dos gestores fora do local de trabalho e além das jornadas de trabalho. Portanto, é importante que os líderes e suas equipes se certifiquem de estarem em sintonia quanto a essas questões, de modo que as percepções do que é excessivo ou insuficiente em relação a disponibilidade e acessibilidade não acarrete outros problemas.

Também é importante lembrar que as diferentes gerações têm diferentes expectativas sobre a frequência em que devem ocorrer essas comunicações. Os trabalhadores *Millennials* tendem a esperar mais *feedback* do que os Geração X, e os *Baby Boomers* geralmente preferem o mínimo. Portanto, um gestor *Millennial* talvez ache estranho que os trabalhadores mais velhos sejam capazes de trabalhar com independência, mal pedindo *feedback* e geralmente prestando informações somente quando solicitados. Os *Baby Boomers*, em especial, ficam muito satisfeitos em assumir um projeto, ficar fora do radar da administração durante algumas semanas, e, então, prestar contas dos resultados finais quando terminarem todo o projeto. Os *Millennials*, por outro lado, preferem ser alvos de várias verificações ao longo de todo o processo. Eles também estão acostumados a ter mais participação nas decisões que lhes dizem respeito, em parte porque os pais pediam a opinião deles desde pequenos ("O que você quer para o jantar?" e "Onde vamos passar as férias?", por exemplo.) Por isso é que simplesmente dar ordens aos *Millennials* pode afastá-los – e porque as sessões de *brainstorming* podem deixá-los tão empolgados e tão engajados como se fosse o lançamento de uma nova versão do iPhone.

A comunicação eficaz entre gestores e trabalhadores de qualquer idade só ocorre quando as partes compartilham as expectativas uma da outra. O gestor, porém, dá o tom. Se o gestor deixa claro que verificações mensais são adequadas em um projeto de um ano, por exemplo, os membros da equipe sabem o que precisam fazer – e que qualquer comportamento fora desses parâmetros pode ser fonte de tensão e de outros problemas. As diferenças nos estilos de comunicação geralmente ficam mais nítidas quando os fossos de idade tornam-se obstáculos; orientações objetivas, porém, ajudarão o gestor a evitar esses choques culturais entre gerações.

Apreciando as contribuições da juventude

Durante uma sessão de treinamento que conduzi para um cliente, em Seattle, uma *Millennial* desabafou comigo que os trabalhadores mais velhos a toda hora repetiam: "Não podemos fazer isso". Ela se sentia frustrada com a notória falta de abertura a novas ideias, sobretudo nas situações em que as soluções por ela sugeridas para os problemas existentes eram de início rejeitadas nesses termos, mas acabavam sendo adotadas, depois de discutidas dentro do departamento. Esse é um cenário muito comum em que a rejeição inicial pelos trabalhadores mais velhos não é tanto objeção à ideia em si quanto repúdio à forma como foi apresentada pelo trabalhador mais jovem. Esses conflitos decorrem não só de diferenças na idade, mas também de diferenças no tempo de serviço: um novo recruta pode entrar no local de trabalho pronto para virar o sistema de cabeça para baixo, só para ver as suas ideias bombardeadas pelos trabalhadores antigos, que trabalham na empresa há muitos anos.

Os trabalhadores maduros precisam ser mais abertos às novas ideias e apreciar o entusiasmo que os trabalhadores jovens e os novos recrutas injetam no local de trabalho, em vez de rejeitar de pronto as suas sugestões, mesmo que essas ideias já tenham sido experimentadas. Como são novos no quadro de pessoal, tudo ainda é empolgante para eles. Você se lembra de como se sentia vigoroso e estava ansioso para contribuir ao ser admitido na sua organização? É provável que você também tenha apresentado muitas ideias brilhantes – exatamente como os *Millennials* fazem hoje.

Às vezes, conceber uma solução para um problema existente não requer mais do que nova perspectiva e alguma perseverança. Só porque uma ideia já foi explorada não significa que todas as abordagens possíveis já tenham sido exauridas. Pense no exemplo de Thomas Edison, que teria dito: "Muitos dos fracassos na vida são de pessoas que, ao desistirem, não perceberam como estavam perto do sucesso", poucos anos antes de finalmente descobrir a solução para a lâmpada elétrica duradoura, depois de várias centenas – e há quem diga de vários milhares – de tentativas fracassadas.

Quando um trabalhador mais jovem propõe uma ideia que já foi explorada, em vez de dispensar a proposta com algo do tipo "já estive lá, já fiz isso", o trabalhador mais maduro deve analisá-la à luz das tentativas passadas. Discutir os esforços anteriores, compartilhar a documentação relevante, como relatórios e e-mails, e apresentar o trabalhador mais jovem aos que trabalharam no problema antes pode suscitar novas perspectivas que talvez inspirem o novo recruta a conceber uma maneira de contornar os obstáculos que inibiram os primeiros desbravadores no passado. Afinal, se uma ideia era brilhante quando foi imaginada, por que não ajudar outra pessoa, com novos pontos de vista, a descobrir uma maneira de alcançar o objetivo? O pior que pode acontecer é a ideia mais uma vez não dar certo. Na melhor das hipóteses, porém, todos juntos – o calouro e os veteranos – emergem da aventura recendendo a rosas.

Em vez de extirpar as novas ideias como pragas, mas sim cultivando-as para que viceiem como flores, você, ao mesmo tempo, encoraja os trabalhadores mais jovens a continuar propondo inovações, por mais ousadas que pareçam, porque até os erros não raro levam a soluções brilhantes. Por exemplo, o Post-it é subproduto fortuito das tentativas infrutíferas de um químico da 3M para desenvolver uma cola superforte, cujo resultado foi uma substância menos adesiva e reutilizável, que por fim foi aplicada nessas etiquetas autoadesivas, ubíquas em todos os ambientes de trabalho e em casa.[117] Lembre-se do panorama geral, em que o sucesso da empresa é o objetivo final. Fomentar novas ideias e novas estratégias para alcançar esse propósito contribuirá para a longevidade da organização por anos a fio.

Se você ouvir os trabalhadores responderem de bate-pronto: "Isso não pode ser feito" ao escutar as ideias de um novo recruta, entre em cena e estimule o diálogo aberto que transforma "Isso não pode ser feito" em "Isso talvez seja possível – mas esteja preparado para superar as dificuldades resultantes desse método". Assim, você não só criará melhores condições para o sucesso, como também despontará como líder sensato e acessível, que inspira os trabalhadores. Obviamente, nem todas as ideias são viáveis, por falta de recursos, de financiamento ou de pessoal, entre outras razões. Quando, porém, for inevitável rejeitar a proposta de um trabalhador mais jovem, faça questão de explicar com clareza o raciocínio por trás da decisão, para que a pessoa se prepare melhor na próxima vez em que apresentar uma ideia.

---

[117] GLASS, Nick; HUME, Tim. The "Hallelujah Moment" Behind the Invention of the Post-It Note. *CNN*, 4 abr. 2013. <http://www.cnn.com/2013/04/04/tech/post-it-note-history/>.

Valorizando a sabedoria da idade

Ao mesmo tempo, os trabalhadores mais jovens precisam aprender a ver as coisas na perspectiva dos colegas mais maduros. Em alguns casos, por exemplo, um veterano no local de trabalho pode encarar a sugestão como afronta pessoal do colega mais jovem: o trabalhador mais velho acha que o mais jovem assume que ninguém imaginou a sua proposta antes. Isso geralmente acontece quando os trabalhadores mais jovens apresentam, cheios de entusiasmo, suas soluções maravilhosas para os problemas, sem levar em conta a experiência dos trabalhadores mais velhos, nem a probabilidade de que também eles já tenham tentado resolver o problema.

Será que os trabalhadores mais velhos deveriam ser menos sensíveis? Sim, é claro. Na verdade, seria ótimo se as pessoas, em geral, não levassem as coisas tão a ponta de faca. Mas encare a situação sob o ponto de vista deles: eles, como qualquer pessoa, querem ser valorizados por suas experiências e por suas contribuições. Adotar a abordagem de arregimentar a ajuda de todos os membros da equipe significa acolher de bom grado todas as contribuições – e reconhecer valor até no que, à primeira vista, parecer negativo. Afinal, saber o que já foi tentado sem sucesso pode evitar desperdícios de tempo e esforço na próxima rodada na busca de soluções. Encoraje os trabalhadores a manejar as recusas como oportunidades para compreender as objeções dos colegas e, portanto, para tornar os seus argumentos ainda mais fortes na próxima vez.

Se você for um *Millennial* que está vendendo novas ideias, não se ofenda quando alguém, de qualquer idade, lhe disser não. Em vez disso, peça mais informações sobre por que alguma coisa não pode ser feita. Se um trabalhador mais velho responder "Já tentamos antes", procure mais informações sobre os esforços passados. Trate a experiência como uma oportunidade de aprender sobre como o problema foi abordado antes, de modo a não perder tempo repetindo a metodologia inadequada e acabar obtendo o mesmo resultado.

Ao propor ideias para melhorar as operações, lembre-se que alguém que ainda trabalha na empresa e talvez até na mesma equipe pode ser a pessoa que implementou as práticas que você está tentando mudar. Criticar uma ideia ao sugerir uma alternativa que lhe parece melhor pode enfurecer de tal maneira o autor da proposta original ao ponto de deixá-lo surdo para qualquer outra sugestão diferente. Isso efetivamente aconteceu comigo quando eu tinha uns 20 e tantos anos e trabalhava em P&D, no departamento de marketing da Rolls-Royce. Na época, eles usavam uma planilha eletrônica Excel, superada, para acompanhar os clientes, e propus mudar para o sistema Customer Relationship Management (CRM), muito mais específico e eficaz para aquela finalidade, que eu já tinha usado em outro departamento – e fiz alguns comentários extremamente depreciativos sobre o sistema então vigente, baseado em Excel. Ocorre que meu chefe foi um dos que havia desenvolvido o formulário em Excel. Ele ficou tão irritado com os meus comentários que rejeitou a minha ideia na hora sem nem mesmo permitir que eu entrasse em detalhes, gerando um clima de tensão em ambos os lados: eu me senti rechaçada e agredida, e ele reagiu como se tivessem pisado nos pés dele.

Felizmente, meu chefe era um excelente mentor: em vez de ridicularizar minhas atitudes durante aquela reunião, ele me ensinou a não expressar julgamentos pessoais durante minhas apresentações profissionais e, isso sim, focar em como minhas ideias podem ajudar a empresa a alcançar seus objetivos. Essa é uma lição valiosa para trabalhadores e gestores de todas as idades. Todos precisam aprender a evitar reações emocionais durante as discussões de negócios e a manter a conversa centrada na solução de problemas – abordagem que renderá ótimos resultados.

Promovendo interações positivas

Os gestores interessados em criar um ambiente inclusivo devem empenhar-se em que as ideias inovadoras, e até as menos inovadoras, não sejam rechaçadas sumariamente. Todos, jovens e velhos, precisam ser tratados com respeito, e isso significa levar a sério as propostas de cada um, não importa como tenham sido apresentadas. Será que os trabalhadores mais jovens poderiam expor suas ideias de maneira que pareçam menos provocadoras para os colegas mais velhos? Claro que sim. Ao mesmo tempo, os trabalhadores mais velhos não devem rejeitar de imediato as ideias dos colegas mais jovens. A atitude profissional durante as apresentações sem dúvida é a mais adequada, mas quando alguém se deixa dominar pelo mais irreprimível entusiasmo por uma ideia, o tom respeitoso pode escoar pelo turbilhão das emoções – sobretudo no caso de trabalhadores mais jovens, que não têm familiaridade com as normas e políticas do escritório. Nessas situações, os veteranos do quadro de pessoal devem se lembrar que eles provavelmente se comportavam da mesma maneira no início da carreira. Em vez de descambar para descomposturas ofensivas, o melhor é incumbir-se de oferecer orientação ao novato, gesto simples que pode contribuir em muito para transpor o fosso entre as gerações.

Sempre que as apresentações de novas ideias no local de trabalho degenerar em conflito, é provável que alguma falha de comunicação esteja na raiz do problema. Quando as partes envolvidas são de gerações diferentes – e, portanto, têm diferentes experiências de vida e de trabalho –, é fundamental que todos prestem atenção cuidadosa ao que dizem, como dizem, e de que maneira alguém pode interpretar as suas palavras. Com a prática, os trabalhadores de todas as idades podem aprender a ser mais sensíveis às nuances da comunicação no local de trabalho. As seguintes duas amostras de conversas oferecem algumas ideias sobre como lidar com alguns cenários típicos no local de trabalho – atentando, inclusive, para o que não dizer.

Exemplo 1

Conversa contraproducente

Novato/mais jovem: "Por que ainda fazemos avaliações do desempenho anuais? Esse processo está ultrapassado e o *feedback* é muito defasado dos fatos".

Veterano/mais velho (talvez um dos que criou e lançou o processo "antiquado"): "Ele produz os resultados esperados. Não faz sentido consertar uma coisa que não está quebrada".

Conversa producente

Novato/mais jovem: "Eu sei que a empresa faz avaliações de desempenho anuais há muitos anos, mas eu soube de algumas soluções que parecem mais eficazes e que poderiam contribuir para a melhora do desempenho com mais rapidez. Será que eu poderia fazer algumas pesquisas e voltar a você com algumas sugestões para melhorar o processo atual?".

Veterano/mais velho: "Essa proposta parece muito boa! Eu gostaria muito de conhecer as opções mais atuais que talvez nos ajudassem a ser mais eficientes e a oferecer mais apoio aos gestores. O que você sugere para iniciarmos essa revisão?".

Exemplo 2

Conversa contraproducente

Novato/mais jovem: "Por que não incluímos sorvete de manteiga de amendoim no menu? É o novo *hype*. Parecemos antiquados não o oferecendo".

Veterano/mais velho: "Já tentamos esse sabor algum tempo atrás, e não agradou".

Conversa producente

Novato/mais jovem: "Você talvez já tenha tentado, mas o que você acha de incluirmos sorvete de manteiga de amendoim no menu? Se você já fez a experiência, qual foi a reação?".

Veterano/mais velho: "Tentamos esse sabor algum tempo atrás. Muitos clientes gostaram, mas também assustou muitos outros clientes que têm alergia a amendoim. Você tem alguma sugestão de como poderíamos oferecer sorvete de manteiga de amendoim, com a certeza de que não contaminamos os outros sabores? E tem alguma ideia de como convencer os clientes alérgicos de que eles podem curtir os outros sabores sem preocupação?".

Nas conversas producentes, a ideia é apresentada de maneira a conduzir ao entendimento entre as partes, não a uma rejeição sumária. Também é exposta sem juízos de valor, para que os participantes não assumam posições defensivas.

No momento em que se adota uma prática ou política, supõe-se que ela seja a melhor escolha disponível, em termos de custo/benefício. Com o passar do tempo, porém, as circunstâncias, as necessidades e as opções evoluem, motivo pelo qual as escolhas do passado devem ser revistas periodicamente, para se certificar de que elas ainda são relevantes e úteis. Até que se torna necessário tentar algo novo – constatação que pode ser mais evidente para quem considera a situação pela primeira vez do que para quem a está observando há anos. Os trabalhadores mais jovens contribuem com uma nova perspectiva, e os trabalhadores mais velhos podem se inspirar nesse novo ponto de vista. Portanto, em vez de censurar as ideias dos trabalhadores mais jovens, convoque-os para contribuir com suas críticas e sugestões. Conforme observa Mark

Graban, especialista em gestão de assistência médica, "os maus gestores dizem aos empregados o que fazer, os bons gestores explicam por que eles precisam fazer alguma coisa, mas os ótimos gestores engajam as pessoas na tomada de decisão e no processo de melhoria".[118] Portanto, seja um ótimo gestor e convide os trabalhadores de todas as idades a participar do processo de criação de ideias.

O desafio da juventude ao liderar a sabedoria

Embora os trabalhadores mais velhos ainda dominem a administração, os trabalhadores mais jovens estão assumindo funções cada vez mais numerosas e abrangentes no quadro de pessoal das empresas. E, embora os *Baby Boomers* estejam se aproximando da idade em que os trabalhadores tradicionalmente deixam o trabalho para desfrutar os anos dourados, essa geração está mudando a natureza da aposentadoria. Muitos dos atuais supostos aposentados não querem simplesmente parar de trabalhar e entrar no ocaso. Em vez disso, eles estão diminuindo o ritmo aos poucos, gradualmente, com muitos deles optando por jornadas mais curtas ou intermitentes em lugar da abstinência total e abrupta. Com a redução das horas de trabalho, porém, também é necessário passar as rédeas da gestão, quase sempre para gestores cada vez mais jovens.

Ambos os lados devem encarar essa transformação como uma oportunidade de ouro. Para os trabalhadores mais velhos, significa menos estresse, mais lazer, e a chance de repassar muitos anos de sabedoria acumulada. Para os gestores jovens, que estão assumindo o lugar do antecessor, significa ampliar suas competências mais rapidamente, o que, por seu turno, os capacita a escalar a hierarquia em ritmo ainda mais acelerado.

Não é novidade para os gestores jovens supervisionar trabalhadores mais velhos. Sempre famintas de novas ideias, as empresas recorrem com frequência a recém-formados, como fontes de inspiração e inovação. Aos 24 anos, supervisionei uma equipe de manutenção com 52 membros, todos homens, na Allison Gas Turbine, divisão da General Motors, que depois foi vendida à Rolls-Royce. À medida

---

[118] GRABAN, Mark. What Bad Managers, Good Managers, and Great Managers Do. *LinkedIn*, 15 set. 2014. <http://www.linkedin.com/pulse/20140911010334-81312-what-bad-managers-good-managers-and-great-managers-do/>.

que eu amadurecia, a porcentagem de trabalhadores mais velhos em minhas equipes evidentemente diminuiu, embora raramente eu tenha exercido função gerencial em que eu não supervisionasse pelo menos uns poucos trabalhadores mais velhos do que eu.

Quando comecei na Allison, eu sabia que a situação seria difícil se eu a manejasse com a mentalidade errada. Eu não tinha condições de ensinar aos membros da equipe qualquer coisa que os levasse a trabalhar melhor, porque todos eles já eram especialistas do mais alto nível nas respectivas áreas de atuação. Como, porém, o meu ponto forte era analisar questões referentes a dinheiro e tempo, dois recursos altamente variáveis em qualquer empresa, um mês depois de assumir a posição fiz questão de perguntar a cada trabalhador quais eram as cinco ferramentas de que precisariam para tornar o seu trabalho mais fácil e mais eficiente. Encontrei muitas semelhanças entre as listas e concentrei meus esforços em fornecer os itens solicitados o mais rápido possível. Com essa experiência, conquistei a confiança da equipe pedindo a opinião deles, e eles compreenderam que, embora eu não pudesse ajudá-los a executar a manutenção rotineira ou a fazer a remoção de asbestos, eu era capaz de tornar a carga de trabalho diária de cada um mais suportável, algo que, de outra maneira, eles não controlavam. E assim eu descobri, ainda novata, como aumentar a eficiência da minha equipe de veteranos maduros e, em consequência, melhorar o desempenho dos trabalhadores, de mim mesma, e da nossa empresa.

Nem todos os novos gestores conseguem propor ideias que facilitem a transição. Às vezes, eles precisam de alguma ajuda para tornar a situação um pouco menos acidentada, na medida em que tentam forjar novas relações com os membros mais velhos da equipe. Os executivos que incumbem trabalhadores mais jovens de supervisionar trabalhadores mais velhos podem distensionar situações potencialmente tensas, falando abertamente sobre a mudança de liderança e ajudando a construir pontes entre as gerações. Por exemplo, converse de antemão com cada trabalhador sobre suas contribuições e compartilhe essas informações com o novo gestor. Esse exercício é especialmente importante para os trabalhadores mais velhos, que querem ser valorizados tanto pelas contribuições passadas quanto pelas que oferecerão no futuro. E assim se prepara o cenário para que os dois lados sintam-se à vontade no novo esquema: reconhece-se mais uma vez o valor dos atuais trabalhadores e fornecem-se ao novo gestor informações valiosas sobre as competências de cada membro da equipe.

Capítulo 11

VOCÊ COMO A
FORÇA MOTIVADORA

Sempre faça o que você tem medo de fazer.
Ralph Waldo Emerson[119]

GERENCIAR PESSOAS é difícil. E ser *bom* é ainda mais árduo, inclusive porque a maioria dos gestores hoje está sobrecarregada com a dupla missão de gerenciar os membros da equipe direta e de executar os próprios projetos, depois das grandes reduções nos quadros de pessoal. Se você for novo na gestão de pessoas, é possível que, depois de ter lido este livro até aqui, esteja pensando sobre si mesmo: "Em que eu fui me meter?". Mesmo que você não seja tão inexperiente no ofício, é possível que lhe estejam ocorrendo pensamentos semelhantes. Com efeito, *todos* os gestores vez por outra têm essas dúvidas e ansiedades. (Em mais de duas décadas como gestora, acho que fiz a mim mesma essa pergunta pelo menos uma vez por ano!) Ser gestor hoje é mais difícil do que em qualquer outra época. Agora, todo trabalhador requer um plano de desenvolvimento pessoal que se rivaliza em complexidade com a estratégia de um time da NFL (*National Football League*). E de há muito já se foram os tempos em que o gestor pedia ao trabalhador para executar uma tarefa e ela ou ele a executava sem pestanejar. Agora, você precisa explicar o porquê, o como e o onde, antes de o trabalhador se dispor a assumir o projeto! É o admirável mundo

---

[119] EMERSON, Ralph Waldo. Essay VIII: Heroism. 1841. *Emerson Central,* [s.d.]. <http://www.emersoncentral.com/heroism.htm>.

novo lá fora, e mesmo que você tenha sido um gestor tremendamente bem-sucedido em gerenciar pessoas durante muitos anos, é hora de atualizar o seu estilo, de atender às necessidades dos seus *Millennials* e ao mesmo tempo de motivar todas as gerações que se reúnem numa equipe para a continuidade do sucesso.

As expectativas dos gestores de hoje

Quando comecei a gerenciar pessoas, no começo da década de 1990, as minhas duas principais atribuições eram identificar possíveis obstáculos que pudessem afetar a programação e exercer a supervisão financeira para garantir que a equipe atendesse às restrições orçamentárias. Minhas competências em gestão de projetos eram postas à prova, na medida em que eu me empenhava para garantir que todos os trabalhadores tinham as ferramentas e as instruções necessárias para concluir o trabalho. Essa experiência foi uma ótima maneira de me afirmar como gestor, porque o meu grupo já estava bastante automotivado e já tivessem desenvolvido rotinas eficazes para executar os projetos, o que permitia que eu focasse em agregar valor e em engajar e motivar a equipe. Gerenciar trabalhadores, porém, nem sempre é assim tão fácil. Mais do que em qualquer outra época, os gestores de hoje devem ser capazes de vestir ampla variedade de camisas:

- *Psicólogo*: Para ser um bom gestor, você deve ser capaz de compreender as carências e os anseios dos trabalhadores e então pôr em prática técnicas motivacionais que se associem a esses desejos profundos. Também é importante ser intuitivo, captar se há alguma coisa errada e se os trabalhadores precisam de mais apoio em projetos específicos.

- *Perito contábil*: Ao conquistar uma posição gerencial, as chances são de que você passe a ter atribuições orçamentárias. Infelizmente, a maioria das empresas não oferece treinamento financeiro e quase sempre presume que os gestores já tenham essa competência. Sendo ou não *expert* em finanças, você por certo será responsabilizado se o seu pessoal desperdiçar o dinheiro.

- *Leader-coach*: Os trabalhadores precisam ouvir o tempo todo que estão trabalhando bem e que devem continuar trabalhando bem. A inspiração não é mais intrínseca – agora compete ao gestor oferecer um fluxo contínuo de estímulos para ajudar as pessoas a se sentirem motivadas a trabalhar cada vez melhor. Se suas exortações forem ineficazes, você não fará outra coisa senão recrutar novos membros para a sua equipe, porque poucos trabalhadores ficarão a bordo por muito tempo.

- *Poderoso Chefão*: Persuadir e induzir só é eficaz até certo ponto. A partir daí, você talvez tenha que descer o sarrafo para que os trabalhadores se concentrem e se empenhem em alcançar os objetivos e em cumprir os prazos. Não será agradável, mas às vezes você precisa fazer o que precisa fazer.

- *Político*: Infelizmente, você também precisa gerenciar o andar de cima, o que exige um conjunto de competências completamente diferentes das necessárias para gerenciar o andar de baixo. Para progredir e ser promovido, você precisa dominar a coreografia complexa de manter o chefe no circuito, sem sobrecarregá-lo, mas deixando-o informado, antes que os problemas transbordem para o nível dele (de preferência, tanto quanto possível, não permitindo que cheguem lá, embora supor que isso nunca acontecerá seja puro devaneio, muito longe da realidade), e ajudando-o a executar os projetos com eficácia, cumprindo os prazos e respeitando as restrições orçamentárias.

- *Controlador de tráfego aéreo*: A qualquer momento, durante um dia normal, é provável que você precise dar atenção a vários projetos importantes, enquanto faz malabarismo com uma dúzia de tarefas menos importantes – e até agora estamos falando apenas dos itens que constam da sua lista de afazeres. Ao mesmo tempo, você também é responsável por garantir que os membros da sua equipe direta estejam executando com eficácia e pontualidade as próprias tarefas. Um controlador de tráfego aéreo do aeroporto O'Hare, de Chicago, poderia tomar aulas de programação com qualquer gestor de hoje (na hora do almoço, evidentemente).

Usar tantos chapéus pode ser estressante e fatigante. Por que, então, se submeter a tanta pressão? Por que se esforçar tanto para ser um ótimo gestor? Porque essa pode ser uma das experiências mais fascinantes da sua carreira. Ainda não encontrei nada tão empolgante e gratificante quanto ajudar uma pessoa a florescer e a superar até as próprias expectativas. É, realmente, uma experiência *mágica* que até agora ultrapassou qualquer outra coisa que eu já tenha feito, inclusive lançar o canal Oxygen e fundar a InterActiveCorp. O legado de que mais me orgulho são as pessoas que trabalharam comigo e que, com minha orientação e motivação, continuaram progredindo, para realizar proezas ainda mais admiráveis. Elas são a razão de eu vibrar com a gestão de pessoas e são elas que me vêm à mente nos dias em que me pergunto: "Em que eu fui me meter?".

Quando você está se sentido confuso e oprimido, sempre se lembre que você é esperto e pode sair dessa. Se você se empenhar em ser o melhor gestor e trabalhar com afinco para que a sua equipe o veja assim, você alcançará o sucesso.

Focando em você

Infelizmente, muitas empresas não oferecem apoio a colaboradores individuais que estão fazendo a transição para gestores nem ajudam gestores veteranos a fazer os ajustes necessários para motivar e engajar as quatro gerações no escritório de hoje. Em muitas organizações, os gestores devem fazer tudo isso sozinhos. Mesmo alguém que seja gestor excelente há anos precisará fazer ajustes para manter o mesmo nível de excelência na realidade do novo local de trabalho.

Portanto, ao elaborar os planos de desenvolvimento de carreira de seu pessoal, não se esqueça de cuidar também de si próprio! Comprometa-se *imediatamente* em focar no que *você* precisa para se manter atualizado no ambiente de trabalho de hoje. Não espere que seu chefe faça isso por você e o oriente a esse respeito; mas, isso sim, considere prioritário defini-lo por si próprio. Eis o que você pode fazer para continuar crescendo e aprendendo na sua atual posição gerencial:

- *Participar de treinamento fora do escritório pelo menos duas vezes por ano.* Por mais difícil que pareça ser ausentar-se do escritório durante algum tempo, é importante afastar-se, de vez em quando, da rotina do dia a dia – e da sua mesa de trabalho – para que você possa, ao mesmo tempo, adotar nova perspectiva e focar no que está aprendendo. Os programas de treinamento on-line não contam: a reciclagem e o aprendizado exigem um ambiente em que os telefones estejam desligados, em que não haja interrupções, e em que todos estejam prestando atenção. Conceder-se esse tempo para o seu próprio desenvolvimento profissional o tornará melhor gestor quando voltar ao escritório.

- *Aprenda a ser um comunicador eficaz.* Seu sucesso no futuro depende da sua capacidade de se comunicar – gerenciar o andar de cima, o andar de baixo e a turma do mesmo andar exige competências de comunicação superiores. Comunicar-se com pessoas de gerações diferentes pode ser traiçoeiro, por causa das diferenças de conhecimento, de experiência, de ética de trabalho e de expectativas. Se, porém, você considerar que todos os trabalhadores – até as pessoas da mesma faixa etária – são indivíduos, talvez você consiga deixar de lado os pressupostos e simplesmente perguntar a cada um o que ele ou ela quer. Empenhe-se em ser ótimo comunicador, que efetivamente escuta o que os trabalhadores estão dizendo e que faz questão de ser tão transparente quanto possível para todos. Essa abordagem pode ajudá-lo a superar as diferenças e a mitigar conflitos entre gerações, propondo soluções que motivem *todos* os trabalhadores. Se você só puder cultivar uma única competência, aprimore sua capacidade de comunicação.

- *Priorize o desenvolvimento de talentos.* Promover a melhoria contínua das competências dos trabalhadores é importante não só para motivá-los, mas também para aumentar suas próprias chances de sucesso no longo prazo. Para subir na hierarquia, você precisa de um sucessor – alguém que execute suas tarefas de hoje, enquanto você assume outras atribuições ou passa a exercer uma função totalmente diferente. Portanto, defina como prioridade o desenvolvimento de talentos, por meio de planos formais, elaborados em conjunto com os trabalhadores. Se você se incumbir sozinho desse trabalho, seus melhores trabalhadores irão preteri-lo por outro gestor que esteja disposto e seja capaz de envolvê-los no processo. Se você não souber desenvolver um plano de desenvolvimento de carreira formal, procure orientação no departamento de RH da empresa, peça conselhos a outros líderes respeitados, ou simplesmente releia o Capítulo 9. Se você construir a reputação de criar talentos ao seu redor, os mais brilhantes e mais capazes quererão trabalhar na sua equipe. Quando, então, chegar a hora de subir na hierarquia, você terá condições de se concentrar em suas novas atribuições, sabendo que o departamento pelo qual tanto zelou estará em boas mãos.

- *Contrate pessoas inteligentes.* Infelizmente, muitos gestores carecem dessa competência vital e acabam tendo que segurar a mão de um mau trabalhador, em vez de focar nas questões estratégicas mais amplas. Não se limite a contratar pessoas inteligentes – contrate pessoas mais inteligentes do que você. É famosa a afirmação de Jack Welch: "Se você for a pessoa mais inteligente da sala, você terá problemas sérios".[120] Aprenda a não se deixar intimidar por pessoas que são mais inteligentes do que você, porque contratá-las apenas o fará parecer mais brilhante! E as pessoas inteligentes oferecem ótimas ideias que não só beneficiam a organização, mas também podem ajudá-lo, na medida em que assumem mais atribuições que, do contrário, recairiam em seus ombros.

- *Não se satisfaça com o estado de coisas – esforce-se para expandir o seu conjunto de competências.* Se você não estiver aprendendo, você estará retrocedendo. Portanto, faça um esforço para aprender novas competências, tanto na própria empresa quanto no setor de atividade. Por exemplo, como é importante compreender de que maneira a empresa gera receita, lucro e caixa, aprenda como o produto é produzido, por quanto é vendido, e qual é a contribuição dele para o lucro. Não fique só nisso, porém: descubra o que é importante para vender o produto ao cliente e que apoio ao cliente é necessário no curto e no longo prazo. Da mesma maneira como você deve mandar o seu pessoal conversar com os chefes de outros departamentos para aprender sobre os seus processos, siga as suas recomendações e também adote essa prática, e talvez você identifique projetos em outras áreas em que a sua contribuição será valiosa. Descubra como agregar valor, em vez de apenas aumentar o seu conhecimento, e então priorize esses projetos. Ao voluntariar-se para ajudar, você reforça o seu relacionamento com outros executivos da empresa, que podem ajudá-lo numa possível promoção, e ainda aprende alguma coisa nova.

- *Cultive a sua reputação como a de alguém que faz acontecer.* Solucione os problemas com criatividade e construa a sua reputação como a de agregador de valor em toda a organização, não apenas em seu departamento. Caso você se atole nos detalhes,

---

[120] MIMAROGLU, Alp. The Magic of Leadership: Observations from 10 of the Most Successful People in Business. *Entrepreneur*, 26 abr. 2016. <http://www.entrepreneur.com/slideshow/274280>.

inscreva-se num curso sobre gestão de projetos para aprender a se organizar e a focar no panorama geral, em vez de se concentrar apenas nas pequenas tarefas que podem consumir o dia inteiro. As pessoas são, geralmente, parte do problema ou parte da solução. Se você se incluir entre estas últimas, a liderança da empresa reconhecerá que a sua promoção é parte da receita para o crescimento e para o sucesso da organização.

Outra opção de desenvolvimento a ser considerada, sobretudo se sua empresa a oferecer, é o *coaching* individual, que é provavelmente uma das ferramentas de desenvolvimento mais eficazes, superada somente pelo relacionamento com o mentor certo, como veremos na próxima seção. Ter alguém com quem discutir questões e ideias específicas pode ser fantástico para desenvolver competências com rapidez. O *coaching* também é ótimo se você estiver interessado em competências de liderança avançadas, que, em geral, têm a ver menos com aspectos técnicos e mais com competências *pessoais* (autoconsciência, autogestão, integridade e autenticidade), *relacionais* (habilidades interpessoais, comunicação eficaz e capacidade de inspirar e influenciar) e *organizacionais* (argúcia política, diplomacia, consciência organizacional e tolerância em relação à mudança e à incerteza), necessárias nos níveis mais seniores.

Mesmo que você trabalhe com um coach, no entanto, é importante encontrar mentores dentro e fora da organização, que possam ajudá-lo no seu desenvolvimento pessoal. Cada tipo tem uma perspectiva diferente: por exemplo, encontrei alguém dentro da empresa que me ajudou a navegar entre as nuances da política e das personalidades, e alguém fora da empresa que me apresentou uma variedade mais ampla de escolhas para lidar com os problemas e ampliar minhas competências. Encontrar um mentor não se resume em procurar uma pessoa e convocá-la para mentor. Exige muita reflexão cuidadosa e esforço persistente.

Encontrando um mentor

Se sua empresa tiver um programa de mentoria formal, inscreva-se nele sem hesitação, porque as empresas geralmente selecionam para esses programas as pessoas que elas querem reter e talvez até promover. Se você não for escolhido, não se assuste – mas faça perguntas e tente descobrir o que fazer e em que melhorar para ser selecionado na próxima oportunidade. Verifique periodicamente com seu chefe e com o RH se você de fato está no rumo certo para ser um candidato mais forte no próximo programa.

Se sua empresa não tiver um programa formal, não desanime e continue procurando um mentor por conta própria. Mas *não* escolha qualquer pessoa! Faça o dever de casa e encontre a pessoa certa.

Defina o que você espera alcançar

Ao tentar identificar o mentor adequado, *comece com o fim em mente*. Defina o que você espera do mentor e como ele ou ela pode ajudá-lo a alcançar os seus objetivos. Conscientizar-se do que você espera alcançar com o relacionamento o ajudará a afunilar os mentores potenciais a serem abordados. Ao mesmo tempo, pergunte-se o que você pode oferecer a um mentor de modo a tornar o relacionamento favorável também para a contraparte. Lembre-se que mentoria é via de mão dupla. Para atrair alguém como mentor, sobretudo alguém com quem você não esteja familiarizado, é preciso deixar claro o que você pode trazer para a mesa.

Saiba o que você quer antes de falar com alguém sobre um relacionamento de mentoria. Definir desde o início o que é importante sob o seu ponto de vista poupará tempo e evitará desgastes – para você e para os mentores potenciais.

Busque um mentor

Reveja a lista de gestores da empresa e identifique um ou dois líderes que você sabe, de antemão, serem muito respeitados pelos trabalhadores. Se você for novo na organização ou se houver gestores cujos estilos de liderança você não conheça muito bem, converse com alguns membros da equipe direta deles. A maioria dos trabalhadores adora conversar sobre os chefes, e se eles não oferecerem nenhuma sugestão ou orientação, esse aspecto em si já é interessante – o que não o dispensa de verificar com outras fontes para se certificar de que está apreciando o panorama geral.

Se você preferir que o mentor não seja da empresa, ou se não houver nenhum líder em sua organização que você admire, procure um mentor na sua rede de relacionamentos. As possibilidades incluem executivos da sua empresa, conexões via LinkedIn, ex-colegas universitários, ou pessoas que você conhece do setor de atividade, de associações de classe ou de outras organizações. Eventos de *networking*, conferências, feiras comerciais, assim como quaisquer outros grupos de representação, além de seminários e workshops presenciais, são excelentes oportunidades para descobrir mentores potenciais.

Faça o contato inicial

Depois de identificar um mentor potencial, descubra o máximo possível sobre o indivíduo, antes de procurá-lo. Veja se vocês têm conexões comuns no LinkedIn ou em outras redes sociais porque, não o conhecendo de encontros pessoais, uma apresentação por um amigo, colega, ou conhecido comum pode ajudá-lo a estabelecer o contato inicial e até a causar uma primeira impressão favorável.

Se você estiver tentando se comunicar com alguém às cegas, sem conexões comuns, nem apresentação prévia, envie-lhe um breve e-mail introdutório, que mencione eventuais afinidades, os possíveis interesses mútuos, e os pontos a serem discutidos, e peça uma breve conversa por telefone, de não mais que 15 minutos, ou um rápido encontro pessoal. É provável que essa primeira abordagem inesperada desperte a curiosidade do mentor potencial, para que a pessoa venha a responder-lhe. Sua objetividade sobre o que espera da mentoria ajudará o mentor potencial a avaliar se o encaixe entre as partes será produtivo. E, principalmente, seja claro e sucinto no e-mail: se você se estender demais nesse primeiro contato, o mentor potencial talvez receie que você também seja prolixo ao telefone ou no encontro pessoal.

Se você não receber resposta, tente mais uma vez, mas não insista demais. Se uma segunda tentativa, duas ou três semanas depois do primeiro contato, não surtir efeito, é de supor que a pessoa não esteja interessada na mentoria, pelo menos de imediato. Mas você ainda pode tentar manter algum tipo de relacionamento, mesmo que em sentido único, enviando-lhe artigos ou notícias que talvez sejam do interesse dela.

Cause boa impressão

Lembre-se sempre de que o seu mentor está lhe fazendo um favor, o que também se aplica no caso de programas internos; portanto, deixe claro que você é grato pelo tempo que ele ou ela tira da sua agenda pessoal para ajudá-lo. Eu não poderia ser mais enfático ao recomendar que vocês se encontrem no local mais conveniente para o mentor potencial, de modo a poupá-lo de mais sacrifícios e a aproveitar ao máximo o tempo juntos. Obviamente, você quer facilitar ao máximo a vida do mentor que irá ajudá-lo!

No primeiro contato, por telefone ou pessoalmente, peça orientação sobre um único tópico ou problema. Não sobrecarregue o mentor com todas as suas dúvidas e dilemas! Aproveite a oportunidade para estabelecer a ligação com o futuro mentor. O objetivo é construir um relacionamento duradouro – em vez de promover um único encontro abrangente e definitivo. Tudo bem em falar sobre a extensão da mentoria, mas, novamente, lembre-se que se trata de uma nova conexão, e você não quer pressionar o mentor a ponto de sugerir que o relacionamento exigiria mais tempo do que ele ou ela pode oferecer.

Além disso, não faça suposições sobre a disponibilidade de tempo e sobre as formas de interação preferidas do mentor. Pergunte-lhe como ele ou ela gostaria de se comunicar e com que frequência, e se convém estabelecer um limite de tempo, de 15 ou 30 minutos, por exemplo, para cada encontro. Acima de tudo, respeite as escolhas e o tempo do mentor, e não vá além do consentido.

Extraindo o máximo da mentoria

Os conselhos que você receber nem sempre serão fáceis de engolir, mas lembre-se que o mentor não alcançou o sucesso à toa e provavelmente sabe o que está recomendando. Aqui estão outras dicas úteis para o seu relacionamento com um mentor:

- *Deixe o orgulho de lado.* Mostre-se sempre receptivo e flexível.
- *Cultive o relacionamento.* Pergunte e escute as respostas ativamente, mostrando interesse, sinalizando concordância e, eventualmente, fazendo comentários.
- *Ajude o mentor a ajudá-lo.* Se você tiver alguma dúvida ou necessidade específica, exponha-a ao mentor. Compete a você se preparar para os encontros e propor a agenda.
- *Retribua o favor.* É provável que você se destaque em alguma competência que talvez seja útil para o mentor. A mentoria é via de mão dupla e, portanto, tente ajudar o mentor de alguma maneira factível e proveitosa.
- *Divirta-se!* Embora seu objetivo seja aprender, nada impede que vocês curtam o tempo que passam juntos. Faça das reuniões um programa agradável para ambos.

Mudando de fazedor tático para pensador estratégico

Ao evoluir de colaborador individual para gestor de pessoas, você precisará focar nas questões estratégicas mais amplas, envolvendo o departamento como um todo. Afinal, você deverá supervisionar os membros da equipe direta, e isso significa espalhar o olhar por sobre o panorama geral – não mais limitando-o às suas próprias tarefas. A necessidade de adotar uma perspectiva estratégica será cada vez mais premente, à medida que você escala a hierarquia organizacional. Essa mudança talvez seja difícil, uma vez que a tendência de qualquer pessoa é lidar com o que está à sua frente – ou seja, o que deve ser feito hoje. E, às vezes, não há como escapar do aqui e agora. Se, porém, você deixar passar as horas e até os dias com o foco estreito sobre questões táticas de curto prazo, você estará prestando um desserviço a você mesmo, à sua posição e à sua empresa. Ao galgar os sucessivos escalões da cadeia de comando, sua função passa a ser cada vez mais traçar, implementar e monitorar a estratégia para a realização dos objetivos de longo prazo. Eis quatro passos para passar do tático para o estratégico.

Passo 1: Delegue coisas menores

É difícil abrir mão de umas tarefas, sobretudo quando é alguma coisa fácil e rápida, de que você se desvencilha em 20 minutos. Logo em seguida, porém, você constata que aquela pequena tarefa agora se desdobrou em três outras – e nisso você já perdeu uma hora. E, na verdade, raramente alguma coisa, por mais banal que seja, consome "só alguns minutos", ainda por cima com as interrupções constantes provocadas por e-mails, mensagens de texto e telefonemas.

Portanto, delegue tanto quanto possível as coisas menores de que você pode cuidar *imediatamente*. Lembre-se, 20% dos seus esforços resultam em 80% dos seus resultados; portanto, faça questão de focar apenas no que realmente *importa*, e não caia na armadilha de se incumbir de uma tarefa só porque ela é fácil.[121] E reconheça que, embora nem sempre seja fácil, às vezes é preciso dizer não para coisas acidentais, para focar no que realmente é essencial.

---

[121] A ideia de que 80% dos resultados decorrem de 20% das causas é conhecida como Princípio de Pareto, e assim foi denominada por Joseph M. Juran. Para mais informações, ver: <http://www.juran.com/about-us/legacy/>.

Passo 2: Reserve tempo para a estratégia

No começo de cada manhã, dedique algum tempo ao planejamento do que você fará naquele dia. (Eu sempre passo os primeiros 30 minutos do dia de trabalho fazendo essa programação.) Nessa lista, inclua os itens táticos que, sem dúvida, não podem ser postergados. (Para mim, aí incluem-se as tarefas relacionadas com os clientes.) Seja muito rigoroso, porém, com o que você define como "necessidade" imperiosa, prioritária, inadiável. Sem isso, as tarefas táticas tomarão todo o seu dia! Assim que terminar a sua lista de prioridades, entre logo no modo de estratégia ou reserve tempo para essas atribuições. Todo santo dia separo algum tempo para *estrategizar*, mesmo que seja apenas meia hora. Esse hábito diário é ingrediente importante da minha vida profissional, e também deve ser parte da sua.

Passo 3: Avalie as questões estratégicas

O que significa exatamente "estrategizar"? Estrategizar consiste em avaliar os seus planos e objetivos de longo prazo e responder a duas perguntas:

1 Será que os seus planos estão alinhados com o futuro que você vê para si próprio, como profissional? (No meu caso, como empreendedora, isso significa perguntar a mim mesma se estou avançando para garantir futuros negócios significativos para mim.)

2 Será que você separa algum tempo, todas as semanas, para se dedicar aos objetivos estratégicos da empresa? (Quando eu trabalhava na Oxygen Media, responder a essa pergunta significava avaliar os objetivos do meu departamento e verificar se eles estavam alinhados com a visão de longo prazo da organização.)

Para responder a essas duas perguntas, você precisa reconsiderar como está usando o seu tempo. Reformule as prioridades, descartando os itens "desejáveis" e focando nos itens "indispensáveis" para alcançar os seus objetivos estratégicos.

Passo 4: Faça um plano

Depois de determinar *em que* focar, é hora de definir *como* executar o plano. Para tanto, priorize seus objetivos estratégicos e defina *prazos realistas* para alcançá-los. Sem estabelecer datas a serem cumpridas, talvez você não se sinta de fato pressionado para trabalhar no plano − e seus objetivos estratégicos não passarão de devaneios. Com base nessas datas finais, estipule quantas horas por semana serão necessárias para realizar esses objetivos. Destaque, então, em sua agenda, as horas de trabalho a serem dedicadas a esse trabalho. Qualquer fração de tempo ajuda, e você ficará surpreso com o que pode ser feito: destinar somente uma hora por dia de semana a esse trabalho, por exemplo, resultará em 20 horas por mês de esforço concentrado.

No momento em que você é promovido para a sua primeira posição gerencial, torna-se premente deslocar o foco para questões estratégicas, em vez de se concentrar nas tarefas rotineiras a serem executadas. Dedicando parte do dia a esse propósito, você também está se exercitando para prosseguir na escalada da hierarquia organizacional, porque quanto mais próximo você estiver do topo, mais você deverá *estrategizar*. Prepare o cenário agora para o sucesso contínuo.

Apêndice A

ESTUDO DE CASO
CHEGG

Site: www.chegg.com
Localização: Santa Clara, Califórnia
Total de trabalhadores: 361 nos Estados Unidos, em tempo integral; 324 em outros países
Demografia dos trabalhadores: 60% *Millennials*, 40% *não Millennials*
O que faz: Hub dos estudantes, oferece, 24/7, sem interrupção, treinamento on-line, preparação para provas, aluguel de livros-texto e outros serviços educacionais para alunos do ensino médio e superior
Entrevistado: Dan Rosensweig, Chairman, CEO, presidente

Antecedentes

Sediada no Vale do Silício, a Chegg testou numerosas estratégias, tanto para reter trabalhadores quanto para melhorar as relações de trabalho entre as gerações. Rosensweig refere-se ao Vale do Silício como "canário na mina de carvão", quando se trata de empresas que manejam quadros de pessoal multigeracionais e que seguem as tendências mais avançadas no fornecimento de benefícios aos trabalhadores. Ele descreve a região como periferia urbana muito dispendiosa, com pouca vida noturna e ofertas culturais – razão pela qual os trabalhadores mais jovens, sobretudo os sem família, optam por viver na vibrante e próxima São Francisco.

A experiência com a diversidade em outras áreas criou condições para que a empresa também fosse cuidadosa com as diferenças entre as gerações. É boa a mistura de trabalhadores nascidos nos Estados Unidos e em outros países; 44% do quadro de pessoal é de mulheres, e a empresa também está ampliando sua abordagem em relação à diversidade étnica. Nas palavras de Rosensweig: "Estamos tentando ser mais representativos, porque os estudantes a quem servimos são mais representativos da população americana do que as empresas americanas tradicionais. Portanto, estamos cuidando dos nossos interesses mais legítimos".

A Chegg desenvolveu os seus programas escutando os trabalhadores e analisando seus comportamentos. Quando a pesquisa de satisfação anual da empresa revelou que alta porcentagem do seu quadro de pessoal tinha empréstimos estudantis, o RH constatou que poucos *Millennials* tinham plano de aposentadoria privada, por exemplo, então a empresa concebeu maneiras de oferecer ajuda financeira aos trabalhadores endividados. Os recrutadores constataram que muitos candidatos a emprego perguntavam se era possível trabalhar fora do escritório de Santa Clara, o que levou a administração a reformular suas políticas e a redesenhar seus espaços internos. "Fizemos um *brainstorming* com a nossa equipe de benefícios", explicou Rosensweig. "Pensamos 'o que devemos fazer para apoiar o estilo de vida que essas pessoas querem levar?'"

Benefícios

Reconhecendo que cada geração tinha suas próprias necessidades e desejos pessoais, a Chegg ajustou seus pacotes de benefícios. Por exemplo, além do tradicional programa de previdência privada 401(k) oferecido havia muitos anos, a Chegg ajuda a pagar o empréstimo estudantil dos trabalhadores, porque os *Millennials* preferem amortizar a dívida a acumular poupança. O 401(k), porém, ainda é oferecido, para atender às expectativas dos trabalhadores mais velhos.

A oferta de vários programas de assistência médica também tem sido uma iniciativa popular. "Oferecemos até seguro para animais domésticos", diz Rosensweig, porque a parcela mais jovem do quadro de pessoal não tem filhos, mas muitos têm animais. Para a fatia mais velha dos trabalhadores, a Chegg oferece opções, como cuidadores de emergência para quem tem filhos pequenos ou pais idosos.

A Chegg também desenvolveu programas de horário flexível, tanto para *Millennials* que já contam com isso quanto para trabalhadores mais velhos que, por exemplo, precisam pegar os filhos na escola, de modo a tornar mais atraente o trabalho na empresa, não só para os atuais trabalhadores, como também para os candidatos a emprego. Muitos desses trabalhadores com horário flexível, ao chegarem em casa com os filhos, retornam ao trabalho em seus computadores pessoais. E como a empresa tem sido leal com os trabalhadores, estes retribuem a confiança sem abusar da flexibilidade e da confiança. "O importante para nós é a produtividade", diz Rosensweig, que está muito feliz com a preservação do nível de desempenho do pessoal, mesmo os que equilibram a vida pessoal com a vida de trabalho.

Cultura da empresa

Rosensweig conta a história de quando ele perguntou a uma estagiária para onde ela ia, ao vê-la, uma tarde, saindo do escritório às 14h30. Ela respondeu que ia terminar o trabalho dela na Starbucks mais próxima, porque achava o ambiente do escritório muito dispersivo. A resposta foi para ele uma revelação do quanto estavam mudando as preferências dos trabalhadores de hoje, de todas as idades, em relação a *como* e *onde* trabalhar.

Agora que a tecnologia possibilita o trabalho remoto, mesmo as gerações mais velhas estão aproveitando essa conveniência. "Se eu posso conversar ao vivo com minha filha, em Copenhague, todos os dias", diz Rosensweig, "por que não posso conversar ao vivo com um trabalhador, sempre que eu precisar?". E isso é exatamente o que os trabalhadores da Chegg começaram a fazer, permitindo que qualquer pessoa da equipe tenha uma rotina de trabalho mais flexível, que explore as novas tecnologias e seja mais atraente para todos. "Nem todos se comportarão da mesma maneira", admite Rosensweig, "e, como gestor, você se esforça para não ter essa expectativa. Gosto de dizer que temos várias culturas, mas só um conjunto de valores, e se todos vivenciamos os mesmos valores, tudo bem em ter várias culturas e estilos de trabalho".

A programação desempenha um papel importante no estilo de trabalho. A administração da Chegg observou que, enquanto os trabalhadores com família tendem a não participar das confraternizações depois do trabalho, os mais jovens demonstram interesse por essas atividades. O piquenique não é mais planejado para os fins de semana, explica Rosensweig, porque, embora ao entrar na empresa ele se sentisse obrigado a participar desses eventos, "as novas gerações não pensam mais assim". As gerações mais velhas também mudaram seu estilo de vida pessoal. Os programas com a família impossibilitam os eventos nos fins de semana. Portanto, embora os *Millennials* tenham sido os primeiros a levar a administração a reconsiderar a programação dos eventos anuais, o remanejamento dessas confraternizações para o horário de trabalho foi bem recebido por todos.

"Tentamos equilibrar as coisas", diz Rosensweig. "O que podemos fazer durante a jornada de trabalho e o que podemos programar para depois do horário de trabalho? Reconhecemos que as pessoas de diferentes gerações têm diferentes atribuições durante e depois do trabalho." Portanto, a empresa tenta variar a hora dos eventos, para que todos tenham a chance de participar das atividades de reforço das equipes. "Só estamos um pouco mais conscientes dessa realidade [do que antes]", prossegue, "e experimentamos situações diferentes. Às vezes somos bem-sucedidos, outras vezes não, mas geralmente merecemos algum crédito ao menos por tentar."

Rosensweig também comenta as diferenças entre as gerações em termos de lealdade à empresa. "Quando me mudei para cá, vindo de Nova York, onde trabalhei em minha empresa anterior durante 15 anos, fiquei impressionado com o *turnover* de pessoal: aqui, os trabalhadores, em média, ficam na empresa durante 2,3 anos." Ele acha que a cultura progressista do Vale do Silício, favorável aos trabalhadores, contribuiu para essa rotatividade, mas que as diferenças geracionais também exerceram alguma influência. Os trabalhadores mais jovens são mais propensos a partir em busca de outras oportunidades de trabalho depois de somente dois anos numa empresa, enquanto a geração mais velha tende a continuar na empresa por mais tempo por causa da necessidade de maior segurança no trabalho, do desejo de manter os benefícios e da esperança de que a lealdade à empresa aumente a probabilidade de promoções.

A volubilidade dos trabalhadores mais jovens quanto ao engajamento no trabalho dificulta para os empregadores mais velhos investir em alguém que talvez parta em busca de outro emprego a intervalos relativamente curtos. "Essa volubilidade nunca foi uma característica das gerações mais velhas, como a nossa", diz Rosensweig, para quem esse talvez tenha sido o principal desafio multigeracional para a Chegg. Os gestores simplesmente não querem perder tempo com um trabalhador para logo constatar que simplesmente o treinaram para um concorrente. Os programas e as políticas que a Chegg implementou nos últimos anos reduziu o *turnover* dos *Millennials* em 40%.

Ambiente de trabalho físico

Depois de anos de ouvir os candidatos a emprego se queixarem da necessidade de locomoção de São Francisco para Santa Clara, a Chegg abriu um escritório em São Francisco e passou a oferecer transporte, com ar-condicionado e Wi-Fi, evidentemente, entre as duas localidades. Bicicletas fornecidas pela empresa, em Santa Clara facilitam o deslocamento dos trabalhadores da estação de trem até o escritório.

Essas mudanças no ambiente de trabalho físico atraíram não só *Millennials*, mas também trabalhadores mais velhos, que apreciam a conveniência e as mudanças ocasionais no cenário, tanto quanto seus colegas mais jovens.

Avaliação dos trabalhadores

O desejo dos *Millennials* de *feedback* constante e imediato levou a Chegg a abandonar seu velho sistema de avaliações anuais. Rosensweig cita a crença tão reiterada de que a geração mais jovem quer escalar a hierarquia organizacional tão rapidamente quanto possível e espera chegar à vice-presidência praticamente no dia seguinte ao da formatura. Os trabalhadores veteranos se ressentem do que interpretam como senso de direito dos *Millennials*.

"Se você criar o conjunto certo de valores e de cultura e semear as expectativas certas, essas questões tendem a desaparecer", diz Rosensweig. "Mas se você não cultivar as expectativas desde cedo, não há o que estranhar se as pessoas que estão oferecendo contribuições importantes já no primeiro ano de empresa ficarem pensando por que elas também não estão participando das mesmas reuniões com outros trabalhadores mais antigos".

A Chegg realizou o objetivo de promover expectativas e de fazer avaliações mais frequentes por meio de um sistema chamado Fast Feedback, que permite aos gestores fornecer realimentação positiva e negativa de maneira oportuna e eficaz. Ao fim de um projeto, explica Rosensweig, o gestor pode dizer aos trabalhadores: "'Você fez um trabalho fenomenal nesse projeto' ou 'Na próxima vez, talvez você deva pensar em mudar [isso ou aquilo]'. O Fast Feedback tem sido extremamente útil na comunicação entre as gerações, ao eliminar os bloqueios entre elas".

Embora Rosensweig não tenha os números exatos do custo de implementação do Fast Feedback, ele disse que "o retorno foi muito maior do que qualquer custo financeiro", ao satisfazer a todos os trabalhadores e a todo o espectro de idade.

Recrutamento

A Chegg sempre revê suas ofertas aos trabalhadores mais jovens para ver o que poderia motivá-los a se mudar para mais perto do escritório de Santa Clara, em vez de fazer a viagem mais longa a partir de São Francisco. Uma ideia foi oferecer eventos que atraem esse grupo etário, como caminhadas culturais pela cidade e "Olimpíadas" de verão para estagiários. Essas atividades, esclarece Rosensweig, demonstram os esforços da Chegg para oferecer oportunidades de forjar novas interações com os trabalhadores que ainda não têm "família ou filhos e que estão procurando reforçar seus vínculos e se conectar com outras pessoas".

"Atuamos no negócio de educação", explica Rosensweig. "A turma que se formará na faculdade em 2020 será um marco realmente interessante, porque nasceram no mesmo ano em que surgiu o Google. Nunca conheceram um dia sem internet, Netflix ou iPhones." Isso significa que, para atrair seus trabalhadores-alvo – recém-formados na faculdade, que compreendem melhor o que os estudantes querem –, a Chegg tem que "pensar pra frente" e "criar ambientes mais compatíveis com as novas expectativas dos *Millennials*". Essas expectativas incluem a presunção de que tudo relacionado com o trabalho – de documentos a formulários de RH – deve ser sob demanda, fácil de usar, customizável, e acessível por dispositivos móveis, tornando mais fácil para os trabalhadores escolher quando e onde fazer o trabalho.

A customização desempenhou papel fundamental em um dos benefícios mais populares no Vale do Silício: o almoço de graça. Embora a Chegg já tenha oferecido só uma opção para todos os trabalhadores – pratos mexicanos um dia, pratos chineses no outro –, ela agora permite que as pessoas façam seus pedidos em vários restaurantes, com diferentes culinárias, todo santo dia de trabalho. Essa oferta é atraente não só para os *Millennials*, que foram os instigadores da mudança, mas também para os trabalhadores que necessitam de, ou preferem, dietas especiais, como vegetarianos, veganos, diabéticos, ou simplesmente os adeptos de alimentação mais saudável. "São coisas desse tipo", diz Rosensweig, "que nunca teríamos imaginado há não mais que cinco anos".

Resumo

Ao implementar novas ofertas de RH e ao atualizar sua cultura de trabalho, a Chegg diminuiu o *turnover* dos *Millennials* em 40% nos últimos quatro anos. Todas as novas políticas e programas não só aumentaram a satisfação dos trabalhadores, como também promoveram uma diferença marcante na comunicação intergeracional. "O que temos visto é a geração mais velha nos mentorear sobre como ser produtivos, o que significa cumprir prazos e trabalhar em equipe", diz Rosensweig. "E os *Millennials* nos ensinaram a trabalhar em equipe *a distância.*" A Chegg também oferece aos *Millennials* o reconhecimento constante que eles desejam e aos trabalhadores mais velhos, maneiras mais eficazes de transmitir e registrar esse reconhecimento.

Apêndice B

ESTUDO DE CASO CONSULTORES: SERVIÇOS DE DESENVOLVIMENTO DA LIDERANÇA

Leadership Development Services, LLC e RGP
Entrevistados
Bridget Graham – Consultor sênior, RGP (www.rgp.com)
Dr. Lois J. Zachary – Presidente, Leadership Development Services, LLC (www.leadservs.com)

Os consultores desfrutam o benefício de ter *insights* oriundos de ampla variedade de empresas – como elas trabalham, qual é a cultura delas e quais são as formas de interação dos trabalhadores. E, não obstante todas as formas e tamanhos, as semelhanças entre as empresas geralmente superam as diferenças. Uma dessas semelhanças é o choque das gerações, que ocorre em quase todos os setores de atividade, da saúde à tecnologia.

Embora nunca tenha sido chamada a uma empresa para tratar especificamente de problemas multigeracionais, Bridget Graham, consultora sênior da RGP, diz que apesar de a maioria das empresas raramente identificarem as diferenças geracionais como causa de problemas, "inevitavelmente essas divergências se manifestam em muitas das dificuldades com as quais tenho lidado".

A doutora Lois J. Zachary, presidente da Leadership Development Services, observa que sem dúvida há diferenças nítidas na mentalidade, nas abordagens e nas maneiras de trabalhar. A empresa dela, que promove a mentoria como ferramenta para o desenvolvimento de competências de liderança, considera esse recurso fundamental para a transposição desses fossos. "A mentoria é um anseio tanto da Geração X quanto dos

Millennials", explica. "É uma maneira de se sentir conectado, de perceber que alguém se importa com você, de se ver apoiado."

Eis as áreas onde os choques entre gerações ocorrem com mais frequência e o que você pode fazer para superá-los no local de trabalho.

Liderança

"Para ser líder você precisa ser mentor", diz Zachary, que vê a mentoria como competência de liderança. "A mentoria é parte do seu crescimento e parte do que você pode fazer como líder."

Com o aumento do número de trabalhadores mais jovens que gerenciam colegas mais velhos, o conceito de quem lidera quem pode ficar nebuloso. Graham gosta de lembrar os gestores mais jovens de que o fato em si de alguém não ter um título pomposo não significa que ele ou ela não seja líder. "Líder é alguém que orienta o grupo", explica. Por exemplo, um departamento pode ter um trabalhador mais falante e articulado, influenciando, assim, as atitudes e os comportamentos do grupo como um todo. "Você quer que o líder percebido seja um aliado", salienta. "Você quer a adesão deles. Eles precisam se sentir incluídos, respeitados."

Se esse líder percebido for um trabalhador veterano, que não atue na condição de gestor, talvez seja necessário adotar uma tática diferente para conquistar o apoio dele ou dela para alinhar o resto da equipe. "A resistência será mínima se o líder percebido for considerado um aliado", diz Graham. "Parta para uma jornada com esses trabalhadores mais velhos. Faça-os sentir-se parte do processo, em vez de simplesmente receber ordens."

Quando se trata de trabalhadores mais velhos gerenciando colegas mais jovens, Graham lembra os trabalhadores mais maduros das semelhanças entre as gerações. "Explico que as coisas importantes para você também podem ser importantes para eles, mas as maneiras de tratar essas questões são diferentes." Nesse caso, ela recorre à matemática básica como exemplo, observando que, embora as gerações mais jovens tenham aprendido a multiplicar e a dividir usando técnicas completamente diferentes das que no passado eram ensinadas nas escolas, todos ainda chegamos às mesmas respostas: "Só os métodos é que são totalmente diferentes".

As equipes trabalham em busca de um objetivo comum, mas podem adotar abordagens diferentes para alcançá-lo. A preferência dos *Millennials* de executar uma tarefa num café não significa que não estejam trabalhando para o objetivo do grupo, do mesmo modo como as longas horas de trabalho dos membros da Geração X não precisam ser adotadas por outros trabalhadores.

Em alguns ambientes, porém, é preciso seguir processos consistentes. Graham relata como, ao prestar consultoria em certo contexto de assistência médica, encontrou uma jovem provedora que não estava seguindo o padrão. "Em assistência médica não há tons de cinza", explica Graham. "Os sinais vitais devem ser medidos de uma determinada maneira; as estatísticas precisam ser anotadas de certo modo. Muitas são as razões para que seja assim, e essa uniformização é fundamental para os resultados da assistência médica." Uma provedora veterana, porém, que estava ajudando a orientar a jovem recruta, percebeu que ela não estava seguindo esses protocolos, e a lembrou de observá-los em numerosas ocasiões. Graham não sabe ao certo se a jovem provedora estava sendo teimosa, achando que a maneira dela era melhor, ou se ela simplesmente não conseguia executar o método correto, mas, depois de várias transgressões, a organização a dispensou. "Ela era qualificada", diz Graham, mas "não seguia – ou não conseguia seguir – o protocolo". Se a empresa adota um padrão absoluto, que deve ser seguido, cuja inobservância acarreta sérias consequências, é preciso fazer alguma coisa. Se, no entanto, há certa flexibilidade, por que não fazer concessões ao individualismo?

Zachary chegou à conclusão de que a mentoria é uma das melhores maneiras de melhorar a liderança. Hoje, diz ela, a nova tendência nos programas de mentoria é tratá-los como uma forma de parceria, não como um modelo de cima para baixo. Dessa maneira, tanto os mentores como os mentoreados saem ganhando. Como exemplo, ela menciona os *Boomers*, ou trabalhadores que estão na empresa há muito tempo e que, muitas vezes, continuam fazendo o que sempre fizeram, desde o início da carreira. "Ao mentorear alguém de uma geração diferente, as perspectivas dos *Boomers* se transformam", explica Zachary. "Eles passam a ver as coisas com olhos diferentes e recuperam a capacidade de crescer e de se desenvolver."

Os programas de mentoria não são de tamanho único, enfatiza Zachary, e descreve como ela faz questão de conhecer a cultura da empresa antes de propor soluções. Além de entrevistar os trabalhadores, para compreender melhor a personalidade, as carências e os anseios de cada um, Zachary identifica os objetivos e os define e mapeia com clareza: "É preciso criar valor e visibilidade para a mentoria.

É necessário receber o treinamento certo. É importante oferecer várias oportunidades de mentoria, sobretudo para diferentes gerações". Para garantir o sucesso do programa, ela estimula as empresas a construir redes de segurança, como conceder tempo aos trabalhadores para desenvolver e participar de programas de *coaching* e de mentoria, de modo a ajudar os mentores e os mentoreados, caso surjam problemas.

Recompensa e reconhecimento são componentes básicos de qualquer programa de mentoria bem-sucedido, e bem em linha com os desejos dos *Millennials*. Enquanto algumas empresas oferecem recompensas monetárias, para outras a mentoria é parte integrante da direção do negócio. Seja como for, demonstrar reconhecimento, tanto ao longo do processo quanto na conclusão da mentoria, deve ser componente necessário do programa. "Trata-se realmente de celebração do aprendizado, de comemoração do crescimento, de exaltação do desenvolvimento", diz ela.

A mentoria também pode contribuir para desenvolver melhor relacionamento com os trabalhadores. Zachary salienta a importância de os trabalhadores se esforçarem para conhecer melhor uns aos outros, o que pode ajudar a romper os estereótipos e preconceitos que geralmente comprometem a produtividade. Como exemplo, ela observa que, em alguns programas de mentoria, os *Boomers* são mentoreados por gerações mais jovens –, situação que, de início, deixa céticos os trabalhadores mais maduros, que supõem não terem nada a aprender com os colegas mais jovens. Ao longo do programa, porém, essas dúvidas logo são dirimidas.

"Insisto com os trabalhadores mais velhos para deixar de lado os estereótipos", salienta Graham, ecoando as palavras de Zachary. "Na seleção de trabalhadores mais jovens inclui-se ampla variedade de pessoas com características diferentes, oriundas de culturas e de ambientes socioeconômicos diferentes, que influenciaram sua ética de trabalho individual. É importante compreendê-las como pessoas, não como um todo coletivo." Conhecer uns aos outros cria condições para que os trabalhadores compreendam melhor como trabalhar juntos e até como explorar seus melhores recursos.

Flexibilidade

De acordo com os consultores, quase todas as gerações mostram alguma aversão à mudança, só que de maneiras diferentes. As gerações mais velhas receiam não serem capazes de aprender uma nova tecnologia, ao passo que as gerações mais jovens acham que a melhoria não é suficiente e que é preciso fazer mais.

Como no caso da provedora de assistência médica já mencionada, os *Millennials* tendem a se aferrar às próprias maneiras, assim como os colegas mais velhos. "Constatei esse fato em todos os setores de atividade – finanças, assistência médica, tecnologia, qualquer um", observa Graham. "Ainda como recém-formados, a percepção deles é a de que tudo está superado. 'Por que não entramos a bordo com novas maneiras de fazer as coisas?'" Ela acha que, nos últimos anos, a tendência está se difundindo e se intensificando.

Essa mentalidade dos *Millennials* pode agravar uma situação que já é difícil, por causa da aversão das gerações mais velhas à mudança, sobretudo quando se trata de tecnologia. Graham menciona uma situação em que uma instituição financeira tentou introduzir um novo software e enfrentou a resistência dos trabalhadores mais velhos, que se sentiam à vontade com o velho estilo. Juntando-se às manifestações de insatisfação, também os *Millennials* se opuseram à mudança, alegando que o novo software não era suficiente para resolver os problemas do velho sistema. Embora a geração mais jovem propusesse soluções alternativas, nem todas eram práticas, nem mesmo possíveis. Ninguém achava que as suas necessidades estavam sendo atendidas.

No fim das contas, a administração teve que intervir e dar um veredicto: a mudança era inevitável e seria feita, quisessem ou não. Depois que os trabalhadores concluíram que a adoção do novo software era fato consumado, os protestos cessaram. "Todos acabam se adaptando", diz Graham, por isso é que as empresas não devem permitir que a resistência dos trabalhadores, em qualquer nível, impeça a inovação e a evolução.

Ética de trabalho e estilo

Tanto Graham quanto Zachary acham que a ética de trabalho é uma das áreas em que são maiores as diferenças entre as gerações. Graham considera a geração mais velha mais comprometida com a empresa; a geração intermediária, mais comprometida com as pessoas da empresa; e a geração mais jovem, mais interessada em como podem progredir na carreira e no que a empresa pode lhes oferecer. "Para os trabalhadores mais jovens, a empresa e a carreira devem fazer sentido sob a perspectiva deles", diz Graham. "Precisam ter significado para eles. Por outro lado, os da Geração X estão divididos entre conviver com a família e se dedicar ao trabalho, e escolhem uma das duas situações, dependendo das circunstâncias."

Qualquer que seja a ética de trabalho promovida pela empresa, ela deve ser consistente, para não demonstrar favoritismo por qualquer dos grupos. Graham menciona uma situação em que uma *Millennial* alegou estar doente durante vários dias seguidos, mas uma colega descobriu fotos dela nas redes sociais, numa praia no exterior. A empresa estava diante de uma decisão difícil, e Graham a aconselhou a demitir a trabalhadora por desonestidade, argumentando, inclusive, que mantê-la na empresa impactaria o moral dos demais trabalhadores. "Ela foi atrevida, mentiu diante de todo mundo", insistiu Graham. Quando a empresa decidiu não demiti-la nem mesmo repreendê-la, contra a recomendação de Graham, constatou-se, de fato, insatisfação entre os trabalhadores, sobretudo dos mais velhos, que acharam ter sido a empresa muito leniente com uma pessoa que demonstrou tamanha falta de respeito e de ética de trabalho.

Por serem os mais novos a entrar na população ativa, os *Millennials* tendem a receber o grosso das críticas. Além da pecha de rejeitar a autoridade, a geração mais jovem tem a fama de estar sempre em busca de reconhecimento. No entanto, mesmo os que cresceram na época do "todos merecem um troféu", os *Millennials* são tão diligentes quanto os colegas mais velhos. Só as motivações é que são diferentes.

Os gestores devem encarar essas diferenças como vantajosas. Afinal, motivação e reconhecimento não são assim tão onerosos; na verdade, são gratuitos. Não importa como eram os trabalhadores quando você conseguiu o primeiro trabalho; o mundo mudou e não é assim tão difícil reconhecer as contribuições dos trabalhadores de qualquer geração. Lembre-se: seja coerente. No caso dos *Millennials*, em especial, o reconhecimento pode ajudar a transpor o fosso geracional, contribuindo para conquistar a confiança deles e consolidando a lealdade deles para com a equipe. Mesmo as gerações mais velhas não se ressentirão de um tapinha nas costas por um trabalho bem feito.

Benefícios

As empresas que identificaram o que querem as próximas gerações e que incluíram essas demandas no pacote de remuneração estão mais bem preparadas para recrutar os mais capazes e mais brilhantes.

Essa é uma das razões pelas quais os *Millennials* e a primeira onda da Geração Z estão bandeando para as startups, diz Graham. "O C-Level da maioria das startups é composto totalmente pelas gerações mais jovens, por isso elas sabem o que atrai esses candidatos – e não hesitam em lhes dar o que querem."

A internet tornou mais fácil do que nunca comparar as ofertas das empresas aos candidatos a trabalho, enquanto as mídias sociais revelam ainda com mais detalhes a vida cotidiana de nossos amigos e de suas famílias, inclusive da vida profissional e dos locais de trabalho. Nessas condições, quase todo mundo conhece os benefícios desmesurados que se tornaram o novo normal no Vale do Silício. O sortimento infindável de lanches e refeições refinadas do Google já virou lenda, enquanto a Apple oferece festas regadas a cerveja, com apresentações ao vivo das melhores bandas e artistas, além de conceder outros benefícios mais rotineiros, como transporte gratuito e ajuda de custo para quem mora mais longe. O conhecimento generalizado dessas regalias – entre as diferentes gerações – exige que as empresas se tornem mais competitivas para atrair os melhores talentos.

Embora já se perceba certa tendência entre as empresas gigantes no sentido de cortar alguns dos benefícios mais extravagantes e supérfluos, a caça de talentos é geralmente um mercado do comprador, mesmo com a economia ainda meio letárgica. Os trabalhadores potenciais ainda detêm o poder, e a maré montante de *Millennials* persistirá em suas demandas e não se satisfará com menos, seja remuneração por horas ociosas, plano de assistência médica flexível, ou simplesmente um ambiente em que sejam reconhecidos pelo trabalho bem feito. Eles podem se dar ao luxo de serem seletivos, não só pelas condições favoráveis do mercado, como também porque, ao contrário das gerações mais velhas, eles são mais propensos a voltar para a casa da mamãe e do papai, enquanto continuarem em busca de trabalho.

O engraçado, diz Graham, é que os *Millennials*, embora sejam insistentes em querer o céu, nem sempre aproveitam os benefícios. "Eles se importam com os benefícios, mas apenas para ter certeza de que conseguiram tudo o que podem", explica. "Eles querem a sensação de que estão trabalhando numa empresa com o melhor pacote de benefícios, porque isso torna a empresa A melhor do que a empresa B." Mesmo que não se inscrevam em todos os benefícios, o simples fato de terem a opção já deixa mais felizes os *Millennials* e outras gerações. "Eles se sentem bem ao saberem que têm muitas opções."

Apêndice C

ESTUDO DE CASO
ELECTRONIC ARTS

Site: www.ea.com
Localização: Redwood City, Califórnia, além de 31 unidades em todo o mundo
Fundação: 1982, empresa de capital aberto
Total de trabalhadores: 8.400; 40% nos Estados Unidos, 60% em outros países
Demografia dos Trabalhadores: 50% *Millennials*, o resto é uma mistura de Geração X e *Baby Boomers*
O que faz: Desenvolve jogos para videogames
Entrevistada: Gabrielle Toledano -Vice-presidente executiva e executiva-chefe de talentos, responsável por RH, Imóveis e Instalações e Responsabilidade Social da Empresa

Antecedentes

Em alguns setores de atividade, a idade do trabalhador pode desempenhar papel crucial no negócio, como quando é importante ter afinidade com os interesses do cliente. A Electronic Arts (EA), pioneira em jogos para videogames, sabe disso muito bem, porque seus jogadores, como a EA chama seus clientes, variam em idade, desde os recém-chegados da Geração Z até os veteranos *Boomers*. O quadro de pessoal da empresa reflete essa demografia: metade dele é composta de *Millennials*, e a maioria dos outros trabalhadores é da Geração X e *Baby Boomers*.

"Precisamos ter um quadro de pessoal com diversidade etária, porque nossos trabalhadores fazem os jogos que atraem esses diferentes públicos", diz Toledano, que trabalha na empresa há mais de dez anos. E acrescenta: "Temos uma enorme diversidade de funções na EA", de modo a refletir a diversidade de jogadores da EA. Como o conhecimento das gerações é tão importante para o sucesso da empresa, a EA gasta muito tempo e dinheiro descobrindo o que é importante para os trabalhadores em cada fase da vida, e usa essa informação para gerenciar melhor o quadro de pessoal: "Identificamos os comportamentos e valores que precisamos apresentar aos trabalhadores de todas as idades e, então, desenvolvemos uma cultura empresarial e programas de pessoal que nos capacitam a liderar com mais eficácia, em face dessas informações".

Com mais de 25 anos em recursos humanos, a veterana de RH percebeu como os locais de trabalho, em especial os de empresas mais jovens ou em campos mais progressistas, tornaram-se menos hierárquicos e mais colaborativos, baseados em equipes, com foco na comunidade para reforçar o companheirismo. Também mudou muito o que se considerava aceitável no escritório. "Poucos anos atrás, restringia-se o acesso das pessoas a sites externos. Quem navegasse pela internet no horário de trabalho recebia cartão vermelho", diz ela. Mas isso mudou, sobretudo na EA, onde atualizar-se em relação às inovações e estimular o pensamento criativo, inclusive por meio de interações sociais on-line, é a pedra angular do negócio. Toledano admite que a EA talvez seja um extremo nessas áreas, em termos de leniência: "Somos uma empresa de videogame, sediada na Califórnia; portanto, nossa mentalidade é diferente. Os trabalhadores jogam videogames, surfam na web, fazem o que querem. Atuamos nos mercados de tecnologia e entretenimento; logo, devemos ser inclusivos e abertos, se quisermos ser uma empresa moderna e não restringir nosso *pool* de talentos. Precisamos evoluir". Essa mentalidade propicia uma comunidade de trabalhadores e um ambiente de trabalho mais criativos.

Cultura da empresa

Quando lhe perguntam sobre a cultura da empresa, Toledano menciona a importância da transparência – e como os *Millennials* foram importantes em difundi-la na organização. O anseio dos trabalhadores dessa coorte pela abertura e responsabilidade resultou em grandes mudanças em muitas áreas. Uma delas é a abordagem da empresa em relação à mentoria.

A compreensão das expectativas dos consumidores mais jovens é fundamental para o futuro da empresa. "Antes, vendíamos os produtos físicos apenas aos varejistas", explica Toledano, "mas agora também vendemos os produtos digitais diretamente aos consumidores. Precisamos de um quadro de pessoal de nativos digitais, que é o que são os *Millennials*. Quase tudo tem sido digital na vida deles. Isso nos levou a criar comunidades intergeracionais, que chamamos de guildas". Ao contrário do sistema de mentoria tradicional, que consistia em trabalhadores maduros orientar os novatos, as guildas da EA se espalham pelas áreas funcionais, como engenharia de software, produção, design e analítica de dados. Essas guildas fomentam a troca de ideias entre as gerações, além de melhor compreensão do estilo de trabalho de cada geração. O resultado tem sido um quadro de pessoal mais entrelaçado, que se comunica com facilidade, e, ainda melhor, provoca uma onda de novas ideias, muitas das quais foram incorporadas nos jogos desenvolvidos pela EA.

Desenvolvimento de carreira

Toledano afirma que o desenvolvimento de carreira situa-se no topo dos desejos dos trabalhadores – e os *Millennials* estão expressando esse anseio cheios de paixão e clareza. "Eles parecem exigir mais *feedback* do que as outras gerações", diz ela. "Eles querem a certeza de que haverá outras oportunidades em seguida às atuais, para garantir a mobilidade deles. Já se foram os tempos de esperar um tapinha nas costas. Os trabalhadores *Millennials* realmente estão interessados em saber quais são os planos da empresa para ajudá-los a progredir."

Tudo isso fez com que a EA reexaminasse seus métodos de desenvolvimento dos trabalhadores, do que resultou um sistema mais transparente, que detalha com clareza e brevidade as competências e as experiências de que o trabalhador precisa para subir um nível na hierarquia. Não há adivinhação – todos sabem muito bem o que é necessário para avançar de engenheiro de software nível 1 para engenheiro de software nível 2, por exemplo, uma vez que cada nível e posição tem requisitos muito específicos a serem cumpridos pelos trabalhadores, como condição de avanço na carreira. No entanto, o *como* também importa – o trabalhador pode ter as competências e a experiência para ser promovido, mas também é importante *como* trabalha com os colegas e *como* executa as tarefas. O supervisor do trabalhador também avalia as *soft skills*, ou competências abstratas (o *como*) para confirmar se ele ou ela realmente está pronto para ser promovido. Toledano estende-se na descrição: "Não basta o *o quê*; o espírito de equipe e os valores do trabalhador, o *como* o trabalho é feito, também são importantes". Ao lhe perguntarem de que maneira chegaram a esse ponto, ela não hesita na resposta: "Fizemos um trabalho profundo e cuidadoso de *job leveling*, para descrever, especificar e avaliar com clareza e exatidão como passar de um nível para outro na hierarquia dos cargos". Esse sistema resultou de anos de trabalho metódico e persistente, e, como processo contínuo, está sujeito a evolução e atualização constantes.

Toledano sempre fez questão de manter encontros pessoais e individuais com os membros de sua equipe direta, mas reconhece que nem todos os gestores oferecem essas oportunidades de diálogo e *feedback*, prática muito importante para os *Millennials*. Esse desejo de verificações mais frequentes levou à eliminação da prática de avaliações do desempenho e de classificações forçadas anuais, ainda predominante em muitas empresas mais tradicionais. Em vez disso, a atual metodologia da EA consiste em avaliações trimestrais, sem escala de classificação. Como orientação sobre o que fazer durante essas sessões, os gestores recebem sugestões de perguntas a serem feitas aos trabalhadores, embora, evidentemente, eles possam ignorar as sugestões e fazer outras perguntas. A natureza das conversas é mais de *coaching*, salientando oportunidades e áreas de desenvolvimento. As orientações e as perguntas tornam o processo mais transparente e mais consistente entre os trabalhadores. O programa daí resultante de Gestão para Resultados, desenvolvido na própria empresa, concentra o foco em desenvolvimento de carreira e em *coaching*, assim como em *feedback* 360 graus, fornecido pelos pares e por outros níveis hierárquicos. Em conjunto, essas abordagens resultam em conversas mais objetivas e construtivas, voltadas para o desenvolvimento de carreira.

Embora Toledano reconheça que algumas dessas mudanças foram promovidas para atender aos *Millennials*, todo o processo de gestão do desempenho precisava ser reformulado, e muitas empresas estão evoluindo para verificações mais frequentes. O *feedback* mais regular e consistente, diz ela, "é apenas boa gestão básica", mais útil no longo prazo para o desenvolvimento dos trabalhadores. E, embora alguns gestores sintam que o novo sistema exige mais tempo, ele também resultou em trabalhadores mais engajados e em melhor desempenho. Além disso, forçou os gestores a repensar seu estilo de gestão e a dedicar algum tempo ao desenvolvimento de carreira dos trabalhadores, o que, até então, era uma tarefa secundária em relação às suas outras atribuições gerenciais. Para ajudar os trabalhadores a compreender o novo sistema e a metodologia, a EA ofereceu "muito treinamento aos gestores, para orientá-los quanto à importância de verificações mais frequentes com os trabalhadores".

Em face dessas mudanças no desenvolvimento de carreiras, a EA desativou o antigo sistema de gestão do desempenho, cujo objetivo, segundo Toledano, era documentar problemas para efeitos legais. "Aqueles registros, porém, não ajudavam ninguém para efeitos legais", diz ela. "Na verdade, eram prejudiciais, porque a maioria dos gestores não anota aspectos negativos do desempenho dos trabalhadores." Alguns gestores, afirmou, até favorecem o trabalhador com avaliações superiores à devida, e, então, mudam de opinião e querem demiti-lo: "O velho sistema de avaliação do desempenho não atendia aos objetivos".

Ainda por cima, o velho sistema falido criava problemas para Toledano, que tinha de explicar ao trabalhador por que o bônus recebido não correspondia à sua avaliação. Ela sabia que era preciso fazer uma grande reformulação, e ao pensar em como implementá-la, lembrou-se de quando trabalhava na Microsoft, onde Bill Gates se opunha energicamente ao sistema de avaliação do desempenho de distribuição forçada, por considerá-lo um processo artificial de avaliação do desempenho, ao espremer as pessoas em caixas pré-moldadas. "Era bom trabalhar com Bill", diz ela, voltando ao passado. "Você não pode ser encaixado em classificações arbitrárias, que distorcem a realidade. Nunca foi fácil explicar a alguém que a avaliação dela foi baixa só porque ela era novata. Era um método que não motivava os melhores."

A transparência almejada pelos *Millennials* também influenciava a comparação dos salários. Se os trabalhadores quisessem saber como o salário deles se comparava com o dos colegas, a administração fornecia uma relação dos salários, preservando a privacidade, é claro. Por exemplo, se um engenheiro de software quisesse saber qual era a sua classificação na escala de salários, os gestores em geral forneciam uma planilha dos salários dos trabalhadores no mesmo nível, com a supressão dos nomes. Como benefício inesperado, essa política se alinhava com a Lei de Remuneração Justa da Califórnia

(California Fair Pay Act), de 2016, cujo objetivo é eliminar a diferença de remuneração por gênero, obrigando as empresas a serem transparentes em relação aos salários dos trabalhadores que desempenham funções "substancialmente semelhantes". Toledano prevê que leis desse tipo serão aprovadas em todos os Estados Unidos: "Sou totalmente a favor".

Sob o novo sistema de Gestão para Resultados, baseado no mérito, ainda não surgiu uma única questão referente à concessão de bônus incompatível com a avaliação do desempenho, e as conversas agora giram em torno do desempenho trimestral do trabalhador e para onde está evoluindo da sua carreira. "Os trabalhadores querem saber em que estão indo bem e o que podem fazer para melhorar, para serem bem-sucedidos", diz Toledano. E o novo sistema está sendo eficaz não só para os *Millennials*, mas também para os da Geração X, que compõem a maioria dos gestores que fazem as avaliações. "O engajamento dos trabalhadores está melhorando, eles estão recebendo bom *feedback*, com mais frequência, e estão retendo o pessoal por mais tempo – enfim, estão felizes", acrescenta.

Outra mudança no ambiente da empresa foi a extinção do termo *poaching*, algo como "caça clandestina", que ocorre quando um departamento rouba um trabalhador de outro departamento. A prática de *poaching* era proibida na maioria das empresas, mas na EA ela foi revertida, concedendo mais mobilidade aos trabalhadores e eliminando sua conotação negativa. "Precisamos oferecer essas oportunidades aos trabalhadores", enfatiza Toledano, reafirmando a importância da transparência. "Não existe essa coisa de *poaching*, tanto quanto sei". Hoje, a EA tem um sistema de recrutamento interno tão rigoroso quanto o de recrutamento externo, e os trabalhadores podem se candidatar a qualquer vaga compatível com as suas qualificações. A empresa espera que os gestores encontrem funções atraentes e envolventes para as suas equipes. Se os trabalhadores forem de alto potencial e não estiverem engajados, a EA ganha quando um gestor de outra equipe puder recrutá-lo para a sua equipe e mantê-lo na empresa.

Toledano dá aos gestores o seguinte conselho sobre transparência: não tome decisões isoladas que estabeleçam um precedente e não sejam justificáveis pelo contexto da situação. Não defenda alguma coisa que não seria explicável se fosse extrapolada para todo o âmbito da organização: "Estimulo minhas equipes a se equiparem com um filtro de equidade. Esse é um valor pessoal para mim".

Recrutamento

Os *Millennials* são muito diferentes de seus antecessores da Geração X na hora da contratação. "Tivemos de conceber novos métodos diferentes, que não existiam nos tempos da Geração X", para o processo de *onboarding* dos *Millennials* com graduação em curso superior, diz Toledano.

Os recém-graduados anseiam pelo espírito de comunidade, e a EA promoveu exatamente isso, que está desenvolvendo para aplicar a todos os novos recrutas: "Enquanto no velho sistema o recém-graduado aparecia na empresa no primeiro dia de trabalho e lá ficava praticamente sozinho, no novo processo de *onboarding* criamos uma experiência inédita de integração, associada a uma comunidade de pares que os acompanha ao longo de toda a carreira na empresa". Assim, no primeiro dia, todos os recrutas recém-graduados formam uma coorte e, como enfatizamos e reforçamos, são para todos os efeitos uma equipe, mesmo que trabalhem em departamentos diferentes. Essa equipe, abrangendo os gestores e os colegas, atua como um grupo de apoio aos novos trabalhadores, à medida que se ajustam à vida de trabalho na EA.

Resumo

Embora os *Millennials* tenham inspirado muitas das mudanças introduzidas na EA, os benefícios se fizeram sentir em todas as gerações. O panorama do local de trabalho está mudando em todos os setores de atividade, mas situar-se na vanguarda dessas transformações permitiu que a empresa – de há muito conhecida como pioneira – se mantivesse entre os melhores empregadores em sua área de atuação.

Apêndice D

ESTUDO DE CASO
HY-KO PRODUCTS

Site: www.hy-ko.com
Localização: Northfield, Ohio
Fundação: 1949
Total de trabalhadores: 204; 30% mensalistas, 70% horistas, 0,02% em outros países
Demografia dos trabalhadores: 41% tradicionalistas e *Boomers*, 34% Geração X, 25% *Millennials*
O que faz: Fabrica bens de consumo, como número e letras para anúncios, além de chaves e acessórios
Entrevistada: Alice Bissett – Vice-presidente de Recursos Humanos

Antecedentes

A Hy-Ko tem sido uma empresa familiar desde a sua fundação. "A cultura está mudando lentamente, da atmosfera familiar, mamãe e papai, para um clima mais empresarial", explica Bissett. "Estamos sendo mais consistentes em nossas políticas administrativas, o que não é apreciado por todos. Tem sido difícil manter os trabalhadores antigos motivados, enquanto eles observam a evolução da empresa", o que fazemos em parte para atrair candidatos mais jovens – e para continuarmos competitivos como empregador para todas as idades.

Como empresa tradicional, o atual quadro de pessoal da Hy-Ko compõe-se principalmente de membros das gerações mais velhas, mas nossos esforços de recrutamento mais recentes estão começando a atrair pessoal mais jovem. Embora o ambiente da empresa seja saudável, com poucos conflitos entre as gerações, Bissett já identificou áreas que podem ser melhoradas, desde que começou na empresa em 2014.

Questões como telefonemas frequentes de trabalhadores mais jovens alegando doença, talvez em consequência da nossa política rigorosa de *paid time off* (PTO), algo como *ausência remunerada*, e a dificuldade em contratar *Millennials*, talvez em decorrência do nosso pacote de benefícios, já foram identificadas. Bissett está procurando manejá-las uma de cada vez. "Estamos tentando tornar a empresa um lugar mais feliz", reconhece. Outro desafio com que se defronta a vice-presidente de RH é a resistência à mudança, em si, "porque é realmente difícil mudar a mentalidade numa empresa madura". Mas isso está mudando.

Benefícios e recrutamento

Quando Bissett chegou à Hy-Ko, a política de PTO, ou *ausência remunerada*, não era uma das melhores ofertas da empresa, em especial para os novos recrutas: os trabalhadores não tinham férias antes de completarem um ano na empresa. A situação era ainda mais difícil para os trabalhadores da fábrica, que eram penalizados com pontos negativos pelas faltas, e, quando acumulavam muitos pontos negativos, eram demitidos. "Eles alegavam doença porque não tinham férias, e, em consequência, recebiam pontos negativos", explica. "Sem que soubessem, alcançavam o limite de tolerância e os dispensávamos. Temos que tratar todos da mesma maneira; portanto, não podíamos manter um trabalhador com alta pontuação negativa e demitir outro em condições semelhantes. Na verdade, estávamos perdendo trabalhadores realmente bons que não tinham o tempo vago de que precisavam por motivos de força maior."

Como o direito a férias era adquirido em função do tempo decorrido, os novos trabalhadores não podiam tirar férias durante todo o primeiro ano. O PTO também não era transferido para o ano seguinte, o que resultava em muito mais faltas entre os trabalhadores mais jovens, que faziam questão de usar todos os seus dias. Na outra ponta do espectro, havia muitos trabalhadores mais velhos insatisfeitos que, por não encontrarem tempo conveniente para se ausentarem da empresa, acabavam perdendo o direito a férias. Para motivar os trabalhadores a comparecerem ao trabalho, a empresa oferecia eventos de fim de mês, como festas com pizzas e reuniões sociais com sorvetes. Isso ajudava, mas o problema persistia.

Ao mesmo tempo, Bissett percebeu que os novatos potenciais negociavam o PTO mais do que qualquer outro benefício, à medida que avançavam no processo de seleção, e os candidatos com tempo de serviço acumulado em outras empresas não se dispunham a entrar em outra empresa que zerava o PTO deles. Bissett, então, decidiu reformular todo o pacote. Como, porém, ela era nova na empresa, primeiro precisou se firmar na posição, antes de promover mudanças abrangentes. E começou fazendo pesquisas.

"Em Cleveland, temos um recurso muito bom, chamado Employers Resource Council, que realiza pesquisas anuais sobre as ofertas das empresas, inclusive PTO e salário", explica. Ela, então, analisou as ofertas dos concorrentes e as apresentou à alta administração. Também informou a elas sobre o número de trabalhadores que demonstravam insatisfação. As descobertas dela convenceram a administração de que a necessidade de mudança era premente.

Hoje, todos os três tipos de PTO – doença, assuntos pessoais e férias – são unificados, e os trabalhadores, novos ou veteranos, podem usá-los como preferirem. O número de horas é rateado, e os trabalhadores com um a quatro anos de serviço recebem o total de 128 horas. Também adotou-se uma política de rolagem. O resultado final foi o aumento da satisfação dos trabalhadores e forte impulso no moral, abrangendo todas as idades e departamentos. Segundo Bissett, a administração reconhece que a melhoria na oferta de PTO mais do que justificou os custos adicionais para a empresa. "O novo sistema cria condições para que os trabalhadores participem dos eventos escolares dos filhos, cuidem dos pais doentes e atendam a qualquer outra necessidade pessoal. Em outras palavras, dá-lhes tempo para fazer o que precisam fazer."

Outra área em que Bissett concentrou a atenção foi a dos trabalhadores mais velhos, com direito ao Medicare, mas ainda usufruindo os benefícios de saúde da Hy-Ko. Bissett explicou a esses trabalhadores que o Medicare era tão bom ou melhor que as opções de assistência médica oferecidas pela empresa. Muitos deles relutavam em fazer a mudança por causa da aparente complexidade do processo burocrático. Bissett, então, ajudou-os na transição, promoveu seminários educativos e convidou especialistas externos para ajudá-los com a inscrição e os documentos. "Eu me tornei como que uma especialista em Medicare", diz ela. O programa deu aos trabalhadores a chance de ver a aposentadoria como uma escolha factível. Dos dez trabalhadores que passaram para o Medicare, quatro se aposentaram no primeiro ano.

"Eles finalmente se sentiram seguros para tomar essa decisão", esclarece. "Experimentar as ofertas do Medicare antes da aposentadoria atenuou os seus receios." E os que se aposentaram fizeram a transição aos poucos, parando de trabalhar gradualmente, em vez de parar de trabalhar de repente. Foi uma situação favorável para todos.

Outra área que ela pretende mudar é o programa 401(k), de previdência privada. Na opinião de Bissett, os trabalhadores mais jovens estão menos interessados no pacote 401(k) do que em progredir na empresa e conseguir melhor equilíbrio trabalho-vida. Ainda por cima, não há muito interesse em participar do programa porque a empresa não contribui com recursos próprios. Os trabalhadores mais velhos parecem mais entusiasmados com essa opção, mas, diz Bissett, "se a empresa também contribuísse, mais pessoas se inscreveriam". Bissett explica que na empresa em que tinha trabalhado antes, "promovíamos workshops para explicar o programa 401(k) e esclarecíamos minuciosamente o que significa 'despesas antes do imposto'. Mostrávamos a eles que, se contribuíssem com US$ 30 por semana para o 401(k), o efeito líquido sobre o que levavam para casa seria de somente uns US$ 10, porque a contribuição é dedutível no cálculo do imposto". Os resultados foram imediatos: as inscrições no programa quase dobraram. Na Hy-Ko, diz Bissett, "fizemos pequenos ajustes nos benefícios", mas ela está planejando mudanças muito maiores. "Ainda acho que podemos melhorar muito."

Desenvolvimento de carreira

Além das mudanças nos benefícios, a Hy-Ko está em vias de implementar seu primeiro programa de gestão do desempenho. "Antes, reajustávamos os salários pela inflação ou concedíamos aumentos por mérito generalizados, geralmente de 3%", explica Bissett. "Agora, todos os trabalhadores têm objetivos e metas para o ano, e só recebe aumento por mérito quem cumpre os objetivos. Portanto, o seu salário não será igual ao do colega se o seu desempenho não for tão bom quanto o dele, e grande parte dessa avaliação, sobretudo na fábrica, depende de assiduidade e pontualidade", insiste ela, referindo-se à já mencionada questão dos trabalhadores que alegam doença.

Outra vantagem do programa é o seu significado para os *Millennials*, que sempre expressam o desejo de receber *feedback* mais frequente. "Faz muita diferença para esse grupo", diz Bissett. Os trabalhadores mais maduros, porém, são exatamente o oposto, geralmente preferindo ficar de cabeça baixa, em vez de receber reconhecimento. Apesar desse contraste no desejo de reconhecimento, o programa beneficia todos os grupos etários: os *Millennials* recebem os créditos almejados, enquanto todas as outras gerações têm seus planos de carreira mapeados com clareza, justificando aumentos salariais e promoções funcionais.

Como a Hy-Ko já usa várias soluções de negócios fornecidas pela ADP, o software de gestão do desempenho não foi assim tão caro – apenas cerca de dois mil dólares. Embora a implementação do programa seja muito recente para ser considerada bem-sucedida, o retorno em motivação e produtividade mais do que compensará o baixo custo de aquisição e implantação, estima Bissett. Para a administração, o ROI (*Return on Investment*) é imenso.

Resumo

As empresas que foram constituídas quando os *Millennials* entraram na população ativa são mais capazes de oferecer pacotes considerados progressistas, se não por outra razão, porque esse foi o ambiente em que as empresas nasceram. Quando os candidatos estão à procura de trabalho, é natural que comparem as ofertas das propostas de trabalho. Portanto, as empresas que ainda oferecem pacotes superados podem estar prejudicando a si próprias, razão pela qual a Hy-Ko esforçou-se tanto para ser mais competitiva como empregadora.

Com todas as mudanças introduzidas pela Hy-Ko, Bissett pretende fazer uma enquete para receber o *feedback* dos trabalhadores. Ela prevê respostas positivas, porque já está ouvindo elogios informais. "A toda hora recebo pessoas em minha sala para dizer que adoraram as mudanças", diz ela. "E querem ainda mais". Ela também constata a diferença na taxa de *turnover* da empresa, que, embora sempre tenha sido baixa, caiu ainda mais.

Apesar de todos os desafios que acompanham as mudanças, Bissett sabe que o esforço tem sido recompensado. "Como convivemos com uma geração mais madura, as coisas nem sempre são fáceis", admite. As novas ideias nem sempre são vistas com bons olhos, seja as das gerações mais jovens, cheias de entusiasmo, seja as dos veteranos, mais resistentes às mudanças – mas Bissett tem observado as transformações na mentalidade da administração, que se torna cada vez mais aberta e receptiva. "Ainda temos um longo caminho pela frente", diz, mas ela se mostra orgulhosa do que realizou.

Apêndice E

ESTUDO DE CASO
TECT CORPORATION

Site: www.tectcorp.com
Localização: Sede em Fort Mitchell, Kentucky, com unidades em Kansas, Washington, Ohio, Califórnia, Georgia, e Nova York
Fundação: 1995
Total de trabalhadores: 1.300; 25% mensalistas, 75% horistas, 100% nos Estados Unidos
Demografia dos trabalhadores: 42% tradicionalistas e *Boomers*, 37% Geração X, 21% *Millennials*
O que faz: fabricação de produtos aeroespaciais.
Entrevistado: Scott Slocum – Gerente de Desenvolvimento Organizacional

Antecedentes

Com tantos trabalhadores horistas da empresa aproximando-se da idade de aposentadoria, Slocum reconhece o desafio de preparar o planejamento de sucessão "antes que todo esse conhecimento se esvaia porta afora". Vários programas de liderança e mentoria estão pavimentando o caminho para que a próxima geração logo assuma as funções que em breve ficarão vagas com a saída dos colegas mais velhos.

No lado positivo, o amplo espectro de idades contribuiu para um ambiente de trabalho inclusivo, com trabalhadores engajados que não se importam de fazer um esforço adicional para serem úteis. Slocum observa que, embora na maioria das empresas os trabalhadores tendam a formar coortes com base em características demográficas, isso não é comum na TECT, onde os vínculos se constituem mais com base na personalidade do que em função do tempo de serviço ou de faixa etária. A diversidade do pessoal também contribui para um local de trabalho mais interessante, diz ele.

Recrutamento

Em resposta ao desejo da empresa de receber os novos empregados de maneira mais acolhedora, Slocum descreve o processo de *onboarding* que a TECT implementou ao longo de vários anos: "Os primeiros 30 dias são programados para ambientar e integrar os novatos", diz ele, referindo-se às reuniões agendadas com diferentes gestores e departamentos de modo a proporcionar melhor orientação no local de trabalho. Um novo operador de máquina ou até um engenheiro recém-graduado pode, por exemplo, conhecer um trabalhador que está na empresa há quatro décadas. Slocum menciona um gerente de engenharia que era estagiário em 1979. "Quando ele se senta durante uma hora com um garoto que acabou de sair da faculdade, eles logo se afinam e as barreiras geracionais se rompem. Isso é parte do processo de *onboarding*", diz Slocum. "Esse é o ponto em que tudo começa", no Dia 1.

Embora todo o processo de *onboarding* não tenha sido totalmente orientado pelo estudo dos *Millennials*, esse foi um fator importante. "Uma coisa que aprendemos com essa geração é que eles estão sempre em busca de conexões", explica Slocum. "Eles de fato valorizam esses relacionamentos, e mal chegam já os estão procurando." Em consequência da reformulação do processo de *onboarding*, a retenção dos novatos saltou de 82% para impressionantes 90%.

Cultura da empresa

Embora, no passado, houvesse certa relutância por parte dos veteranos em trabalhar com novos recrutas, hoje a maioria dos gestores se apressa em aproveitar a oportunidade. Slocum descreve como passou a ser assim em consequência do programa de estágios da TECT, que recebe alunos de faculdades para alguns meses de experiência prática do tipo mão na massa. Muitos desses estagiários acabam trabalhando na empresa depois da graduação.

A principal parceira da empresa nesse programa é a Universidade de Cincinnati, que desenvolveu o programa de estágios em 1906 e ainda hoje é classificada como líder nessa área. Quando a TECT quis reforçar o seu programa, ela começou aceitando alunos da universidade com não mais que 19 anos, o que levou alguns gerentes a desabafar que não queriam "perder tempo como babás". Agora, quase cinco anos depois, esses mesmos gestores praticamente estão implorando por mais estagiários, depois de experimentarem como eles podem ser produtivos – e até aprenderem alguns truques com os estudantes, que estão aprendendo as mais recentes tendências em sala de aula. Essa exposição a trabalhadores mais jovens melhorou em muito as relações interpessoais entre as muitas gerações de trabalhadores da empresa.

A TECT admite cerca de 40 a 60 estagiários por ano, só da Universidade de Cincinnati, além dos que são recrutados nas faculdades locais pelas outras unidades da empresa. Dos cerca de 75 trabalhadores mensalistas que são contratados pela empresa todos os anos, de três a cinco geralmente são oriundos dos programas de estágio da empresa.

Às vezes, o estilo de trabalho é causa de conflitos na TECT, como em muitas outras empresas, mas Slocum tem enfrentado essa situação, orientando os trabalhadores a se comunicarem mais uns com os outros. Por exemplo, quando um trabalhador se queixa de um colega que sai antes do apito das cinco da tarde, Slocum os aconselha a conversarem. Isso ajuda a melhorar a comunicação e ensina aos empregados que diferentes estilos de trabalho nem sempre significam que um trabalhador é menos produtivo do que outro que segue à risca o horário de trabalho mais tradicional. No nível formal, a empresa também tem oferecido treinamento sobre as diferenças geracionais às suas equipes de liderança. "O processo os ajuda a discutir as questões e a compreender que somos todos um pouco diferentes – e que essa diversidade é boa", diz Slocum. As diferenças estimulam o lado criativo dos trabalhadores.

Desenvolvimento de carreira

Embora exista há apenas dois anos, o programa de mentoria formal da TECT já está produzindo resultados. No primeiro dia, os novos recrutas são apresentados a um mentor que já passou por treinamento formal em mentoria. O programa não só orienta os recém-chegados, mas também lhes oferece alguém capaz de os ajudar no desenvolvimento da carreira durante todo o tempo em que trabalharem na TECT. "O mentor desempenha um papel extremamente importante na hora de definir a trajetória de carreira do mentoreado – o que querem realizar e aonde querem ir", salienta Slocum. "O programa ainda não tem tempo suficiente para calcularmos o seu ROI, mas já sei, com base no que tenho observado, que ele exercerá forte impacto."

O programa de mentoria formal da TECT tem ajudado a transpor o fosso geracional não só dos empregados, mas também dos clientes. "Um recém-formado pode ter um cliente que começou a trabalhar na década de 1970", explica Slocum; "nesse caso, você pode pedir ajuda a alguém da sua equipe que tenha experiência semelhante". Entre os trabalhadores, Slocum percebeu que o programa de mentoria possibilita que as gerações mais velhas atualizem suas competências técnicas com a ajuda dos trabalhadores mais jovens.

Os veteranos, porém, também estão desenvolvendo novas competências por conta própria, rompendo alguns preconceitos que o próprio Slocum tinha acerca dos trabalhadores mais velhos. "Nosso gerente de materiais, em Cleveland, que se aposentou no outono setentrional passado, começou a trabalhar em 1976. Quando cheguei à fábrica, em 2011, fiz uma suposição sobre o estilo de trabalho dele – achei que ele seria um pouco arcaico. Mas ele me surpreendeu na primeira semana, quando eu o observei liderando a fábrica e nos conduzindo na implementação dos nossos sistemas MRP (material requirements planning) e ERP (enterprise resource planning). Ele aprendeu tudo aquilo sozinho, no meio da sua carreira. A partir de então, tento por todos os meios não mais fazer essas suposições."

Outro dos programas da TECT permite que os engenheiros façam rodízio entre os departamentos, passando alguns meses em cada um, para participar de diferentes processos, como qualidade e fabricação. O programa, que começou há apenas poucos anos, também promove a troca de funções entre os trabalhadores, em que os engenheiros recém-ungidos assumem a supervisão de inspetores veteranos. "Isso realmente ajuda a romper barreiras", diz Slocum. "*Forçou* fazer acontecer."

Embora a primeira aplicação do programa tenha sido um pouco espinhosa, as sucessivas repetições eliminavam cada vez mais idiossincrasias. Slocum conta um caso que ajudou a empresa a reformular o programa:

> Mandamos um jovem engenheiro para um departamento de manutenção, onde há muitos trabalhadores mais velhos. As atitudes dele quase estragaram tudo – ele foi considerado arrogante e desajustado. No ano seguinte, tentamos de novo, e dessa vez o presidente do sindicato rasgou elogios ao engenheiro que enviamos. Quando lhe perguntei o que havia de diferente no novo engenheiro em comparação com o do ano anterior, ele respondeu que tudo era uma questão de atitude. O segundo engenheiro era mais amigável e parecia ansioso por aprender, o que impressionou o resto da equipe e lhe permitiu se integrar muito melhor que o antecessor. Atualmente, compartilhamos esse aprendizado com nossos jovens engenheiros, antes de mandá-los para outros departamentos. Fez toda a diferença.

Mas a joia da coroa do programa de desenvolvimento de carreira da TECT é a TECT Ed. Agora no quinto ano, a iniciativa indica cerca de uma dúzia de líderes potenciais da TECT Power e da TECT Aerospace, para participar de um programa de treinamento especial durante três dias, várias vezes por ano, em várias unidades da empresa. Originalmente, o programa destinava-se apenas a empregados graduados, que estavam na empresa havia três anos ou menos, mas depois passou a aceitar trabalhadores que estavam na empresa havia mais tempo.

Após essa mudança, Slocum sentiu enorme melhoria. "Eu estava mais animado dessa vez, como nunca antes", diz ele, em relação às sessões. "E ao avaliar as sessões em si, constatei que havia mais diálogo e debate. Os trabalhadores veteranos discutiam procedimentos do passado, o que realmente turbinava as conversas e oferecia aos recém-chegados algo para ruminar."

O propósito da TECT Ed era acelerar o aprendizado que as pessoas acumulavam ao longo da carreira, de modo a preparar-se para assumir em breve posições de liderança. Além do treinamento em liderança, os participantes tinham a oportunidade de se reunir com o CEO e fazer cursos sobre gestão de programas, gestão de cadeia de suprimentos, gestão para resultados, comunicação, Six Sigma, com foco na melhoria dos processos. O programa fornece uma visão geral equilibrada das competências e conhecimentos indispensáveis para o exercício da liderança e para o progresso na carreira.

Como a maioria dos participantes está visitando as outras unidades da empresa pela primeira vez, eles se expõem a culturas de ambiente de trabalho totalmente diferentes e a novos conjuntos de fisionomias. "Os participantes emergem da experiência com uma ideia mais nítida do que fazem as fábricas irmãs", enfatiza Slocum. "Os liames assim construídos são duradouros e autossustentáveis". Em consequência, suas redes ampliam-se e tornam-se mais coesas. Um dos resultados é a derrubada das barreiras entre a TECT Power e a TECT Aerospace."

Agora que o programa, que já levou a inovações e a novas iniciativas entre as unidades da empresa, abriu suas portas para o pessoal mais sênior, Slocum constatou outros benefícios, como a melhoria da comunicação entre as unidades e as gerações. "Eu podia ver os estereótipos se rompendo", observa, antes de contar uma história de como uma discussão entre dois participantes do programa – um mais velho e o outro sênior – contribuiu para o lançamento de nova iniciativa na fábrica da empresa, em Everett: "Isso nunca teria acontecido se os dois não tivessem se encontrado, o que só foi possível com a TECT Ed".

A retenção do pessoal entre os participantes do programa é impressionante: 55 dos 70 participantes ainda estão na empresa. "Os participantes são os mais capazes e mais brilhantes", diz Slocum, "e, portanto, são os mais propensos a serem recrutados por outras empresas, que também os consideram atraentes. No entanto, embora enfrentando esse desafio, nosso entusiasmo pelo programa não arrefeceu."

Em outras empresas prospectivas, a adoção de programas do tipo TECT Ed foi induzida, em parte, pelos anseios dos *Millennials*, que, segundo Slocum, estão interessados em empresas que se interessam pelo crescimento de suas carreiras. "Se não lhes oferecermos oportunidades de crescimento, eles não ficam. Os *Millennials* estão em busca de oportunidades reais para desenvolvimento da carreira. Talvez nem todos aspirem a ser CEOs, mas eles têm ambições, e querem saber como a empresa lhes oferecerá oportunidades de crescimento. As empresas bem-sucedidas estão agindo assim."

Embora Slocum ainda não tenha calculado o ROI da TECT Ed, que ele estima custar US$ 100.000 por ano, ele cita nove promoções de participantes recentes como prova do sucesso da iniciativa. "Estamos alimentando o *pipeline*", diz ele.

Resumo

Alistar participantes de todas as idades para mentorear ou para participar integralmente dos programas, mesmo os destinados aos novos contratados ou às gerações mais jovens, pode enriquecer a experiência de todos os envolvidos, como a TECT Ed demonstrou. Avaliar os programas e as políticas para torná-las mais inclusivas facilita as conversas, melhora as relações interpessoais e estimula a criatividade.

Quanto aos pressupostos e estereótipos educacionais, Slocum oferece esta pílula de sabedoria: "Os estereótipos obstruem o caminho e acarretam perda de tempo. Rapidamente, a verdadeira natureza – e o valor – das pessoas manifestam-se com clareza, mas essa revelação é ainda mais rápida quando se encara a situação sem esses vieses".

Apêndice F

ESTUDO DE CASO
THE ANDERSONS

Site: www.andersonsinc.com

Localização: Sede em Maumee, Ohio, com outras unidades em Alabama, Califórnia, Flórida, Illinois, Indiana, Iowa, Michigan, Minnesota, Missouri, Nebraska, Nova York, Carolina do Norte, Ohio, Carolina do Sul, South Dakota, Tennessee, Texas, Utah, Wisconsin. Unidades fora dos Estados Unidos em Manitoba (Canadá) e Porto Rico.

Fundação: 1947

Total de trabalhadores: 3.315; 75% mensalistas, 25% horistas, 0,01 % em outros países.

Demografia dos trabalhadores: 36% tradicionalistas e *Boomers*, 30% Geração X, 34% *Millennials*

O que faz: Agronegócio diversificado e empresa de varejo que opera elevadores de grãos, distribui fertilizantes e gerencia vagões ferroviários

Entrevistada: Sheri Caldwell – Diretora, Recursos Humanos, Grupo de grãos

Antecedentes

Grupo operacional da The Andersons Inc., o Grain Group "fornece mercadorias e serviços à indústria de grãos, basicamente no Eastern Corn Belt (Cinturão do Milho do Leste). Operamos mais de 40 elevadores de grãos em oito estados, para o transporte de milho, soja e trigo, com capacidade de armazenamento superior a 160 milhões de *bushels*", explica Caldwell, que trabalha na empresa desde novembro de 2013. A divisão dela conta com um amplo conjunto de competências, graças à diversidade etária do seu quadro de pessoal, que abrange desde recém-graduados na faculdade até trabalhadores que estão na empresa há mais de quatro décadas. O departamento explora esse potencial ao se empenhar para que todos os projetos e comitês compreendam todo o espectro de idades.

Caldwell admite que essa diversidade etária também envolve desafios, como na introdução de novas tecnologias e processos. A empresa está implantando o software empresarial SAP, por exemplo, e alguns veteranos, mais do que os jovens, estão expressando ansiedade em relação aos ajustes. A empresa também está manejando questões comuns em outras organizações, como diferenças no estilo de trabalho. A implementação de novos programas, inclusive os inspirados por iniciativa de um grupo de trabalhadores mais jovens, e um novo ambiente de trabalho mudarão ainda mais o panorama, mas tudo para melhor, assegura Caldwell.

Cultura da empresa

As diferenças dos métodos de comunicação entre as gerações influenciam o funcionamento do local de trabalho. Caldwell já constatou como os *Millennials* preferem se comunicar via textos, inclusive via sistemas de mensagem instantânea, que aparecem imediatamente, em tempo real, na tela do destinatário. "A minha geração está mais ligada a e-mails, enquanto as gerações mais velhas preferem telefone", explica. Os trabalhadores veteranos estão tomando gosto pelos métodos dos *Millennials*, o que tem contribuído para melhorar o relacionamento da empresa com os clientes, que, na maioria, são agricultores.

"Os trabalhadores mais velhos gostam de telefonar ou de enviar e-mail, enquanto os estagiários e os novatos instintivamente optam por textos", diz Caldwell. "O estilo de comunicação, porém, depende realmente do agricultor. Estamos insistindo com nossos trabalhadores de todas as idades a usar os meios de comunicação preferidos pelos clientes, não os que lhes parecem melhores." E como nem todos os *Millennials* sentem-se à vontade quando falam ao telefone, da mesma maneira como quando se comunicam por mensagem instantânea, e os *Boomers* às vezes se confundem ao enviar mensagens de texto, as diferentes gerações estão treinando umas às outras nas melhores maneiras de se comunicar, usando o método preferido pelo cliente.

Outros avanços que foram influenciados pela diversidade etária estão despontando, inclusive um grupo informal criado pelos *Millennials*, para se instruírem sobre diversos tópicos setoriais. O que começou como um esforço discreto, com pouca visibilidade, em que os trabalhadores compartilham artigos uns com os outros, logo ficou mais ambicioso, com palestrantes convidados, externos e internos, inclusive o CEO, que falam sobre vários temas gerenciais ou setoriais, como o trabalho com gerações mais velhas. O departamento de RH observou a iniciativa e decidiu formalizar o programa, envolvendo mais trabalhadores. "Estamos desenvolvendo treinamento sobre interações multigeracionais no local de trabalho", explica Caldwell.

Como esse programa de RH, que não custou nada para a empresa, ainda é relativamente novo, Caldwell disse que é cedo para avaliar os resultados, mas ela já percebeu alguma melhoria no moral, resultante do aumento da comunicação. Alguns dos primeiros *Millennials* que criaram o grupo de troca de informações gerenciam trabalhadores muitos anos mais velhos do que eles, e esse compartilhamento de melhores práticas e de estudo de casos reais contribuiu para a formação de um ambiente mais colaborativo. Caldwell espera que o programa formalizado continue a impulsionar o moral e a melhorar as relações interpessoais. Ela também conta com o aumento da produtividade. "Se os trabalhadores hesitam em avançar porque estão inseguros em como lidar com uma situação ou em como se comunicar com alguém, essa incerteza gera ineficiências", explica. "Se nos conscientizarmos dessas situações e nos prepararmos para enfrentá-las, eliminaremos boa parte da indecisão, o que contribui para a agilidade e a produtividade."

Caldwell também fez *coaching* individual com trabalhadores veteranos, pouco afeitos ao estilo de trabalho dos colegas mais jovens, que adotam horários não tradicionais, mas continuam a trabalhar mesmo fora do escritório. Ela explica que as diferenças no estilo de trabalho não significam que um trabalhador é menos produtivo. "É estranho para alguns trabalhadores mais velhos que se possa trabalhar em outros lugares que não seja o escritório", observa. E embora haja quem de início se mostre cético em relação a esse conceito, muitos veteranos se convencem depois de fazer um teste sugerido por ela: enviar uma pergunta via e-mail para ver com que rapidez o trabalhador mais jovem responde. Quase sempre, o resultado do experimento é positivo, com a resposta rápida do novato tranquilizando o veterano. "É uma mudança de cultura", explica Caldwell. "Basta ter calma e paciência um com o outro."

Caldwell e a equipe de RH também tentam promover mais espírito comunitário entre as gerações. "Como as pessoas aqui adoram comer, gostamos de organizar refeições comunitárias", diz ela. O pessoal também promove competições, formam grupos para o Super Bowl e organizam apostas conjuntas na loteria abrangendo todo o escritório, além de outras atividades que facilitam a interação. "Quando conseguimos envolver todos em alguma coisa divertida, as pessoas começam a conhecer umas as outras com muito mais naturalidade." E daí resultam melhores relações no trabalho e entre as gerações.

A modificação dos programas existentes também tem sido uma maneira eficiente de estimular a interação intergeracional. A empresa já participou de um programa de tutoria numa escola local, e Caldwell simplesmente ajustou o funcionamento do programa reunindo trabalhadores mais jovens e mais velhos como parceiros. "Eles têm diferentes maneiras de explicar as coisas aos alunos", diz ela. "Os alunos se identificam com os dois tutores. Aprendem com as experiências dos trabalhadores mais maduros e com as ideias inovadoras dos trabalhadores mais jovens. E os dois trabalhadores compartilham o que aprenderam um com o outro." É uma situação em que todos ganham: o aluno passa a perceber as situações de diferentes perspectivas e os trabalhadores forjam vínculos mais fortes entre si.

Caldwell têm vários outros planos em desenvolvimento. Ela espera que um deles, uma proposta para melhorar o reconhecimento dos empregados pelo bom desempenho, venha a substituir com vantagem o atual sistema, já ultrapassado. Ela descreve a nova solução como um método inspirado no Facebook, onde cada trabalhador pode reconhecer o bom trabalho de outro – superior hierárquico, membro da equipe direta, ou colega no mesmo nível – por alguma realização, e, em alguns casos, até oferecer uma recompensa, como um cartão de presente, um produto ou uma compensação financeira. "É oportuno. É atual. E as pessoas se identificam com a coisa", diz ela, consciente de que muitas empresas estão adotando sistemas semelhantes, devido, em parte, ao desejo dos *Millennials* de receber reconhecimentos mais frequentes por suas contribuições. E como quase todos os trabalhadores agora têm conta nas mídias sociais, muitos já estão acostumados a recompensas gamificadas, ou típicas de jogos eletrônicos, como distintivos e adesivos. Oferecer experiências semelhantes no local de trabalho é uma evolução natural dessa tendência.

Ambiente de trabalho físico

Uma das mudanças mais impactantes em andamento é um novo edifício de escritórios, que sacudirá a hierarquia com o seu *layout* moderno. Ao se prepararem para a elaboração do novo projeto, os representantes da The Anderson circularam pelos escritórios de outras empresas que foram bem-sucedidas em transformações semelhantes, para avaliarem o que funcionou e não funcionou. "Perguntamos nas outras empresas o que eles mudariam, se fosse possível, assim como o que mais gostavam no novo projeto", explica Caldwell. As respostas confirmaram a tendência de ambientes mais abertos, com menos salas individuais e mais espaços colaborativos.

Bem antes da mudança, muitos trabalhadores – em especial os que perderiam a sala privativa – manifestaram preocupação. Outros queixaram-se da falta de salas de reuniões formais. Caldwell, porém, constatou que as gerações mais jovens estavam entusiasmadas com a mudança. "Não sei por que as pessoas estão se queixando da falta de privacidade", comenta Caldwell em tom de questionamento, e cita um trabalhador mais jovem, que disse: "Só vou pegar o meu laptop e sentar num lugar diferente. Por que tanto barulho?". Como as gerações mais jovens estão menos preocupadas com a hierarquia, elas veem a mudança como positiva.

O *layout* do novo edifício não só estimulará mais interação entre os trabalhadores, como também custará muito menos do que se a empresa escolhesse um *layout* mais tradicional, porque a construção de salas individuais é mais cara, em função da necessidade de aquecimento e refrigeração, além dos sistemas de *sprinklers*. Portanto, o novo espaço, além de propiciar um ambiente de trabalho mais progressista, também oferecerá melhor relação custo-benefício que o modelo tradicional. Derrubar as paredes, nos sentidos literal e figurativo, permitirá melhor comunicação e aumentará a interação dos empregados, o que é essencial para transpor os fossos geracionais.

Desenvolvimento de carreira

Assim como influenciaram a maneira como os empregados da empresa se comunicam, os sempre conectados *Millennials* também mudaram os métodos de treinamento da The Andersons. Os trabalhadores em treinamento recebiam enormes pastas, cheias de material instrucional, a ser levada para a sala de aula física, que talvez nem fosse no local de trabalho, mas sim em outro escritório, situado em outro estado. "Naquela época", diz Caldwell, "os trabalhadores provavelmente prefeririam ir a um dentista a participar de um seminário". Alguma coisa precisava ser feita.

Hoje, os trabalhadores da empresa participam de treinamento on-line, nos próprios locais de trabalho, em diferentes localidades espalhadas pelo país. E, embora muitas das aulas sejam on-line, os participantes também recebem atribuições do mundo real, em vez de simplesmente lerem um estudo de caso, na pasta de material instrucional.

Com muitos trabalhadores aproximando-se da idade de aposentadoria, Caldwell e a equipe estão preparando planos para transferência e retenção de conhecimento. Um novo programa de mentoria, baseado na avaliação DiSC, ferramenta usada por muitas empresas para identificar diferenças de comportamento entre os trabalhadores, forma os pares de mentoria (mentores e mentoreados) pelo critério de gerações, como *Boomers* com *Millennials*. O programa também ajuda os trabalhadores a avançar com mais rapidez, com a ajuda dos mentores veteranos.

Caldwell lembra-se de quando um gestor mais velho atribuiu a outro mais jovem uma nova área de responsabilidade para que o mentoreado convivesse com um novo grupo. "O gestor mais velho me disse que ele próprio tinha ficado na mesma área durante muito tempo", explicou. "Ele viu outros trabalhadores ultrapassá-lo e progredir na hierarquia, enquanto ele continuava na mesma posição havia anos." O trabalhador atribuiu essa estagnação à falta de experiência em outros departamentos e não queria que o seu mentoreado passasse pelo mesmo dissabor. "Assuma mais atribuições", o mentor o aconselhou, "e continue aprendendo, para crescer com a empresa".

Embora o programa de mentoria ainda esteja no início, a expectativa de Caldwell é que ele ajude a empresa a transferir conhecimentos dos veteranos para os novatos, e, ao mesmo tempo, oferecer às gerações mais jovens um sistema mais transparente de desenvolvimento de carreira. "É realmente uma boa combinação", diz Caldwell. "Se nós não tivéssemos um quadro de pessoal multigeracional, não teríamos essa profusão de conhecimentos para compartilhar com os novatos."

Benefícios

Para se manter competitivo em relação a outros empregadores, a equipe de benefícios está procurando mudar o pacote de benefícios da empresa. Como parte da pesquisa de RH para o projeto, a equipe de benefícios pretende fazer uma enquete para compreender melhor o que atrai os trabalhadores, muitos dos quais são parte da coorte dos *Millennials*. "Já sabemos que os *Millennials* valorizam a flexibilidade e a liberdade", diz ela, referindo-se ao anseio dessa geração pelo equilíbrio trabalho-vida; "assim sendo, talvez eles queiram menos opções de assistência médica e mais opções de ausência remunerada".

Ela sabe que talvez enfrente oposição, e se lembra de mudança semelhante que testemunhou, quando trabalhava em outra empresa do setor de assistência médica. Uma gestora relativamente jovem propôs um novo plano de assistência médica flexível, com ampla variedade de escolhas, mas foi contestada por outra gestora mais velha, porque "ela não queria mudar o que sempre foi feito". A gestora mais jovem conduziu uma pesquisa informal, cujo resultado convenceu a veterana a mudar de ideia e a anunciar a mudança numa reunião com a participação de muitos trabalhadores. A notícia foi aplaudida de pé por todos os presentes.

"A trabalhadora mais jovem fez com que a gerente dela parecesse realmente boa, graças à pesquisa que conduziu", diz Caldwell, caso que cita como exemplo de como é possível fazer mudanças, mesmo quando a ideia provoca apreensão por se tratar de algo novo, o que acontece com muita frequência em empresas maduras, com ambientes de trabalho mais tradicionais. "Sabíamos que muitos trabalhadores talvez não escolhessem algumas das novas opções, mas o simples fato de ter essa possibilidade de escolha melhorou a satisfação dos trabalhadores."

Resumo

Os novos programas ou projetos não precisam vir com preços muito altos para serem eficazes. The Andersons já estava planejando substituir o velho prédio de escritórios ultrapassado. Portanto, a criação de um ambiente de trabalho mais progressista, que propiciasse e estimulasse a colaboração entre os trabalhadores, sobretudo de diferentes gerações, não foi assim tão onerosa – na verdade, até reduziu despesas. Mesmo os programas e atividades já em operação podem contribuir para a interação entre as gerações. Bastam alguns ajustes nas refeições comunitárias (por exemplo, os *Boomers* levam bebidas e salgadinhos; os Geração X levam os pratos principais; e os *Millennials* levam as sobremesas, para manter as conversas animadas do começo ao fim".

SOBRE A AUTORA

VALERIE M. GRUBB é sócia principal da Val Grubb & Associates Ltd., que ela fundou depois de exercer uma sucessão de funções de liderança em grandes empresas, como NBC Universal, Oxygen Media, Inter ActiveCorp e Rolls-Royce. Ela é uma líder de operações inovadora e visionária, com capacidade excepcional de acertar na mosca dos sistemas, processos e questões de capital humano que podem comprometer o crescimento da empresa. Grubb graduou-se em engenharia mecânica pela Kettering University e se pós-graduou em MBA pela Indiana University Kelley School of Business. Ela continua altamente ativa na Kelley School, como membro do Conselho Consultivo do reitor. Também é presidente da Sessão de Nova York da Women in Cable Telecommunications e é membro do Conselho de Administração da New Orleans Film Society. Valerie lançou recentemente um livro sobre as suas experiências ao viajar ao redor do mundo com a mãe, intitulado *Planes, Canes, and Automobiles: Connecting with Your Aging Parents through Travel* (Greenleaf Book Group, 2015).

ÍNDICE

Nota: o número de páginas em *itálico* refere-se a tabelas.

"Creating a Leadership Development Program" (Pernick), 157
3M, 169
AARP, 44, 52
Allison Gas Turbine, 15, 24, 28, 174
American Management Association, 62
Análise de lacunas para plano de desenvolvimento de carreira, 150
Are You Kidding, 99
Atitude, 103–105
Atlantic, The, 41
Atribuição, delegação e, 106–110
Atribuições interdepartamentais, 88
Autonomia, 85
Autoridade, delegação e, 106–110
Avaliação
  Coaching para, 74–77
  De questões estratégicas, 186–188
  Ética de trabalho e, 128–130
  Feedback eficaz para, 69–74
  GROW (Goal, Reality, Options, Will), modelo, 76, 77
  Visão geral, 68–70
Avaliação
  De cultura organizacional e inclusividade, 49–53
  De programa de desenvolvimento de liderança, 155–158

Baby Boomers
  Avaliação do desempenho dos, 69, 74

Comunicação entre gerações, 166–171
Definição, 33–36, 42, 43
Equilíbrio trabalho-vida dos, 134, 135
Estatísticas de população ativa, 17
Estilo de aprendizado dos, 112
Ética de trabalho dos, 118–120, 126–128
Expectativas de desenvolvimento de carreira dos, 146, 147
Objetivos dos, 22, 25, 64–66
Ver também Comunicação; Cultura de inclusão; Desempenho; Equilíbrio trabalho-vida; Ética de trabalho; Oportunidades de crescimento; Plano de desenvolvimento de carreira
Base de cliente
  Cultura organizacional de inclusão e, 51, 52
  Efeitos do quadro de pessoal na, 26, 27
Base de conhecimento, ampliação, 59, 59
Bersin & Associates, 78
Bersin by Deloitte, 78
Freelance (trabalho autônomo), 141, 142
Blink (Gladwell), 92
Brainstorming, 107, 108
Bureau of Labor Statistics, 18, 61
Business Insider, 98

Capgemini Consulting, 52
Cappelli, Peter, 95
CareerBuilder, 22, 62
Chalk.com, 99
Chartered Institute of Personnel and
    Development (CIPD), 46
Child, Julia, 99
Coaching
    Avaliação e, 74–77
    Coaching individual para gestores,
        182
Coca-Cola, 98
Compartilhamento do trabalho, 139
Comunicação por escrito, interpreta-
    ção, 163, 164
Comunicação, 162–175
    Apreciando a contribuição da ju-
        ventude, 168, 169
    Entre gestores mais jovens e traba-
        lhadores mais velhos, 100, 101,
        174, 175
    Importância da, 97, 162, 163, 179
    Interação positiva promovida pela,
        171–174
    Tecnologia e mudanças na, 164–167
    Valorizando a sabedoria da idade,
        170, 171
    Visão geral, 162, 163
Conduta profissional, expectativas
    sobre, 120–122, 130
Confiança, nas empresas americanas,
    19
Conjuntos de competências
    Expansão, para os gestores, 180–182
    Identificando lacunas de competên-
        cias, 26–28
    Plano de desenvolvimento de carrei-
        ra para, 149, 150, 152, 153, 157
Construção de equipes
    Equipes virtuais, 141–144
    Parceria com os trabalhadores para a
        definição de objetivos, 65, 66
    Ver também Desempenho; Equilíbrio
        trabalho-vida; Gestores; Traba-
        lhadores

Covey, Stephen, 110, 111
Crises pessoais, compreensão das, 82,
    83
Crises, de trabalhadores, 82, 83
Cultura de inclusão, 44–60
    Benefícios da, 91, 92
    Caso de negócios pela diversidade,
        46, 47
    Criando uma cultura de diversidade
        etária, 54–60
    Discriminação por idade, visão
        geral, 44–46
    Padrões culturais e trabalhadores a
        distância, 144
    Papel da cultura da empresa, 48–53
    Para gestores mais jovens e trabalha-
        dores mais velhos, 100, 101
    Superando culturas negativas para,
        53, 54
Cultura organizacional
    Importância da, 29, 30
    Papel da, e inclusão, 48–53 (*Ver
        também* Cultura de inclusão)

Definição de objetivos
    Comunicação e expectativas, 166,
        167
    Definição de objetivos, 65–68, 143
    Expectativas dos gestores, 100, 101,
        120–122
    GROW (Goal, Reality, Options,
        Will), modelo, 76, 77
    Objetivos comuns, 95, 96
    Para plano de desenvolvimento de
        carreira e necessidades da em-
        presa, 152, 153
    SMART (Specific, Measurable,
        Achievable, Relevant, Time-
        -bound), critérios, 68, 69, 154
    Visão geral, 63–65
    Ver também Desempenho; Motivação
Delegação
    De pequenas tarefas, 186
    Para oportunidades de crescimento,
        105–109

Deloitte, 29, 78

Departamento do Trabalho dos Estados Unidos, 18

Desempenho, 61–89
    Avaliação, 69–77
    Definição de objetivos para, 63–69
    Estatísticas sobre *turnover* de pessoal, 62
    Motivação, 78–89
    Presença física *versus,* 135–137

Discriminação por idade no Employ-ment Act (ADEA) de 1967, 102

Discriminação por idade. *Ver* Cultura de inclusão

Divisão da jornada em turnos, 138–140

Doran, George, 68

Durant, Will, 92

Edison, Thomas, 57

Efeito ciclo de vida (efeito idade), 31–33

Efeito coorte, 33

Efeito período, 33

Empoderamento, 110, 111

Empreendedorismo
    Cultura de inclusão e, 56–60
    Nas duas pontas do espectro de idade, 98–100

Equilíbrio trabalho-vida, 131–144
    Comunicação e, 166, 167
    Definição, 132, 133
    Desempenho *versus* presença física, 135–137
    Flexibilidade na programação para, 132, 137–141
    Gerenciando equipes virtuais, 141–144
    Mistura *versus* equilíbrio, 133–134

Equipes virtuais, gerenciamento de, 141–144

Erros, aprendendo com os, 57, 58

Espinoza, Chip, 134

Estatísticas sobre população
    Perfil do quadro de pessoal, 17–19

Quadro de pessoal e *turnover,* 61–63

Estereotipagem, 23, 96, 97

Estilos de aprendizado, 111–114

Ética de trabalho, 118–130
    Considerações da administração e, 127–129
    Diferenças geracionais, visão geral, 118–120
    Definição, 120–122
    Expectativas da empresa e, 130
    Importância da missão para os *Millennials,* 122–126
    Objetivos sociais e, 123–126

Executivos
    Plano de desenvolvimento de carreira pelos, 149, 150
    Objetivos de diversidade e inclusão, 49 (*Ver também* Cultura de inclusão)
    Objetivos dos, 25, 26
    Reconhecimento pelos, 78–81

Expectativas de aposentadoria
    Cultura de inclusão e, 51, 52
    Equilíbrio trabalho-vida e, 134, 135
    Grande Recessão de 2008 e, 17

Face time (presença física, interação pessoal)
    Questões de equilíbrio trabalho-vida, 135–137
    Questões de ética de trabalho, 120
    Ver também Equilíbrio trabalho-vida

Farraj, Grace, 124

Fatos, suposições *versus,* 97

Feedback
    Coaching versus, 74
    Para plano de desenvolvimento de carreira, 159, 160
    Necessidade de, 69
    Visão geral, 70–73
    Ver também Avaliação

Feedback negativo, entrega, 71, 72, 97

Flexibilidade, nos horários de trabalho, 131, 137–141. *Ver também* Equilíbrio trabalho-vida

Fofoca, evitar, 97

Forbes Insights, 46
Formulação de ideias, 56–58
Freeman, Morgan, 99
Fusos horários, consideração dos, 144

Gallup, 21, 45
General Motors, 174
Generation Me (Twenge), 41
Geração X
  Avaliação do desempenho da, 69, 70, 74
  Comunicação entre gerações, 168–171
  Definição, 36, 37, 40–43
  Definição de objetivos para, 65, 66
  Estatísticas de população ativa, 22
  Estilos de aprendizado da, 111
  Ética de trabalho da, 118, 119, 128
  Expectativas de desenvolvimento de carreira, 146–149
  Objetivos da, 22, 25
  Ver também Comunicação; Cultura de inclusão; Desempenho; Equilíbrio trabalho-vida; Ética de trabalho; Oportunidades de crescimento; Plano de desenvolvimento de carreira
Geração Z
  Avaliação do desempenho da, 70, 75
  Definição, 39, 40, 42, 43
  Definição de objetivos para, 65
  Estatísticas de população ativa e entrada na população ativa, 18
  Expectativas de desenvolvimento de carreira, 149 (*Ver também* Plano de desenvolvimento de carreira)
  Técnicas de motivação para, 85
  Ver também Comunicação; Cultura de inclusão; Desempenho; Equilíbrio trabalho-vida; Ética de trabalho; Oportunidades de crescimento; Plano de desenvolvimento de carreira
Gerações, definição, 13–24
  Baby Boomers, 34–36

Características de cada geração, 40–43
Geração X, 36, 37
Geração Z, 39, 40
Millennials, 37–39
Visão geral, 31–34
Ver também Baby Boomers; Geração X; Geração Z; *Millennials*
Gestão de conflitos, 171–174
Gestão do tipo "fazer", 112–114
Gestores, 90–102, 176–188
  Benefícios da inclusão pelos, 91, 92
  Compreensão das características das gerações, 40–43 (*Ver também* Gerações, definição)
  Conciliando diferentes estilos de aprendizado dos trabalhadores, 110–112
  Definição de objetivos e expectativas, 100, 119–123
  Delegação pelos, 105–109
  Dinâmica entre gestores mais jovens e trabalhadores mais velhos, 100, 174, 175
  Empoderamento pelos, 108,109
  Ética de trabalho dos trabalhadores, 125–129
  Expectativas para, 176–179
  Foco no desenvolvimento profissional, 179–182
  Gerenciando equipes virtuais, 141–144 (*Ver também* Equilíbrio trabalho-vida)
  Inovação encorajada pelos, 98, 99
  Liderando pelo exemplo, 94, 95
  Mentores para, 182–185
  Mentoria pelos, 114
  Questões legais para, 100–102
  Raciocínio estratégico dos, 186–188
  Raciocínio falso dos novos gestores, 94
  Respeito inspirado pelos, 95–98
  Superando a cultura negativa, 53, 54
  Superando os maus hábitos dos, 92, 93

Treinamento experiencial oferecido pelos, 112–114

Visão geral, 19–21

Ver também Comunicação; Cultura de inclusão; Desempenho; Equilíbrio trabalho-vida; Ética de trabalho; Liderança; Oportunidades de crescimento; Plano de desenvolvimento de carreira

Gladwell, Malcolm, 92

Grande Recessão de 2008

Efeitos sobre diferentes gerações, 31, 32

Expectativas de aposentadoria e, 17

Práticas de contratação e, 25

Grandma Moses, 99

GROW (Goal, Reality, Options, Will), modelo, 76–77

Grupos étnicos não brancos, projeções das população ativa, 19–21

Hábitos, superação, 92, 93

Harvard Joint Center for Housing Studies, 31

Herrera, Carolina, 98

Hersberg, Frederick, 83

Hewitt and Associates, 124

Hierarquia das necessidades, 81

Hispânicos, projeções de população ativa, 19–21

Hudnell, Rosalind, 46

IBM, 21

Inovação

"Inspirando um Ambiente de Trabalho de Colaboração e Respeito" (workshop), 91

Comunicação para, 168, 169

Cultura de inclusão e, 44, 50–60

Encorajamento, pelos gestores, 98

Intel, 46

InterActiveCorp, 179

Intuit, 142

Job shadowing, oportunidades de, 114, 115

Jobs, Steve, 94

Jones, Benjamin, 45

Kennedy, John F., 104

Key performance indicators – KPIs (Indicadores-chave de desempenho), 135–136

KFC, 98

Khosla, Vinod, 45, 46

Kroc, Ray, 98

Laozi, 101

Lealdade

Dos trabalhadores, 62

Ética de trabalho e, 121, 122

Para os trabalhadores, 85

Liderança

Cultura de inclusão e, 51

Cultura organizacional e desafios da, 29, 30

Leadership IQ, 69

Liderando pelo exemplo, 92, 93

Oportunidades de liderança para os trabalhadores, 84

Programa de desenvolvimento de liderança, 154–157 (*Ver também* Plano de desenvolvimento de carreira)

Visão geral, 19, 20

LightBot, 99

LinkedIn, 183

Localidade, do trabalho, 138, 139

Making Good Habits, Breaking Bad Habits (Meyers), 93

Managing the Older Worker (Cappelli), 95

Martinez, Sebastian, 99

Maslow, Abraham, 59, 60, 81

Mastering the Art of French Cooking (Child), 98, 99

McDonald's, 45, 98

Medição

Key performance indicators – KPIs (Indicadores-chave de desempenho), 136, 137

Para plano de desenvolvimento de carreira, 154

Mentoria
 Para gestores, 182, 183
 Programas, 115
Meyers, Joyce, 93
Millennials
 Avaliação do desempenho da, 70–73
 Comunicação entre gerações,
  168–170
 Definição, 37, 38, 39, 40, 41
 Equilíbrio trabalho-vida dos, 131,
  132, 133
 Estatísticas de população ativa, 17
 Estilos de aprendizado da, 111
 Ética de trabalho dos, 118, 119, 121,
  122, 123, 124
 Expectativas de desenvolvimento de
  carreira, 145, 146 (*Ver também*
  Plano de desenvolvimento de
  carreira)
 Objetivos da, 22, 24, 64, 65
 Técnicas de motivação para, 88
 Turnover dos, 61, 62
 Ver também Comunicação; Cultu-
  ra de inclusão; Desempenho;
  Equilíbrio trabalho-vida; Ética
  de trabalho; Oportunidades de
  crescimento; Plano de desenvol-
  vimento de carreira
Missão, ética de trabalho e, 122, 123, 124
Motivação
 Equilíbrio trabalho-vida para, 141
 Motivadores intrínsecos, 82, 83
 Reconhecimento pela liderança
  sênior *versus* reconhecimento
  pelos pares, 78–81
 Reconhecimento via carreira e
  desenvolvimento, 83–89
 Tipos de reconhecimento e, 81, 82
 Visão geral, 77, 78
Motivadores intrínsecos, 82, 83

Narcissism Epidemic, The (Twenge), 42
National Association for Software and
  Services Companies (NAS-
  COMM), 44

Necessidades individuais, compreensão,
  24
Negatividade, superando a, 53, 54, 92,
  93
Net Impact, 123
Newsweek, 41
Nielsen, 123–125
Northwestern University, 45
Notas, entre gestores e trabalhadores,
  141, 142
NY Women in Communications, 141

Objetivos sociais, ética de trabalho e,
  123, 125, 126
Onward (Schultz), 48
Opiniões, diversidade de, 97
Oportunidades de crescimento,
  103–117
 Conciliação de diferentes estilos de
  aprendizado, 111–114
 Atitudes e aptidões para, 103–105
 Delegação e, 105–109
 Empoderamento para, 110, 111
 Motivação e, 89; Programas de
  mentoria, 116, 117
 Treinamento experiencial para,
  114–116
Oportunidades, para os trabalhadores,
  82, 83
Orçamento, 115–117
Owens, Jennifer, 141
Oxygen Media
 Desempenho e, 84
 Equilíbrio trabalho-vida na, 133,
  134, 137
 Gestão e, 24, 177, 178
 Oportunidades de crescimento na,
  103, 115
 Plano de desenvolvimento de car-
  reira e, 148, 149, 152

Participação, responsabilidade e con-
  trole nas decisões, 82
Pemberton, John, 98
Pensamento estratégico, 186–188

ÍNDICE 235

Pernick, Robert, 157
Pew Research Center, 18, 32
Planejamento da sucessão, 149–151
Plano de ação, para o planejamento de
desenvolvimento de carreira,
154
Plano de desenvolvimento de carreira,
145–161
Desenvolvimento de talento como
prioridade dos gestores, 180
Desenvolvimento profissional para
gestores, 179–182
Diferenças geracionais, 145–149
Para planejamento de sucessão, 149,
150, 151
Para programa de desenvolvimento
de liderança, 154–158
Passos de, 151–154
Plano pessoal para, 158–161
Ver também Oportunidades de cres-
cimento
Práticas de contratação
Contratação de pessoas inteligentes,
180, 181
Cultura de inclusão para, 51, 52, 53,
54–60
Produtividade, 51, 52
Programação do trabalho, 138, 139
Programas de reconhecimento
Cultura de inclusão e, 51, 52, 59, 60
Reconhecimento pela liderança
sênior versus reconhecimento
pelos pares, 78–81
Reconhecimento via carreira e
desenvolvimento, 83–89
Tipos de, 81, 82
Ver também Motivação

Questões ambientais, ética de trabalho
e, 123
Questões legais, para os gestores, 100,
102

Raciocínio falso, dos novos gestores, 94
Realidade do local de trabalho, 17–30

Desafios da, 29, 30
Estatísticas sobre população ativa,
17–19
Expectativas da liderança, 19–21
Mudanças em recursos humanos
(RH), 25–28
Papel da administração, 21–25
Papel dos trabalhadores, 28–30
Ver também Comunicação; Cultu-
ra de inclusão; Desempenho;
Equilíbrio trabalho-vida; Ética
de trabalho; Gerações, definição;
Gestores; Oportunidades de
crescimento; Plano de desenvol-
vimento de carreira; Trabalha-
dores
Reconhecimento de cima para baixo,
Pelos pares, em comparação
com, 78–81
Reconhecimento pelos pares, 78–81
Recreação, como recompensa, 89
Reputação, construção da, 181, 182
Respeito
Comunicação, 171–174
Pelos subordinados, 95–98
Responsabilidade
Cultura de inclusão e, 29, 30
Delegação e, 106–108
Retenção, 125–129
Reuniões, programação, 141–144
Rolls-Royce, 171, 174

Salário, motivação e, 55
Sanders, Harland, 98
Scheepbouwer, Ad J., 20
Schultz, Howard, 48
Segurança no trabalho, motivação e, 55
Seja um modelo, 98
SMART (Specific, Measurable, Achie-
vable, Relevant, Time-bound)
Goals, 68, 154
Society for Human Resources Mana-
gement, 125
Solução de problemas, 97
Starbucks, 48, 125

Talento, desenvolvimento de, 180

Tannen, Deborah, 98

Tecnologia
Geração Z e mudança tecnológica, 39
Internet e práticas de contratação, 54
Mudança da comunicação e, 207–209
Para o equilíbrio trabalho-vida, 171, 172, 178–180 (*Ver também* Equilíbrio trabalho-vida)

Tempo de Glória (Freeman), 99

Time, 41

Tomada de riscos, cultura de inclusão e, 55–60

Trabalhadores
Avaliação, 69, 77
Cultura de inclusão e, 46, 51, 52
Definição de objetivos para, 28, 63–68
Envolvimento dos, para plano de desenvolvimento de carreira, 152
Ética de trabalho de, 118–130
Identificação, para plano de desenvolvimento de carreira, 155, 156
Motivação, 77–89
Mudando o papel dos, 28, 29
Retenção de, 125–129
Trabalhadores a distância, 144 (*Ver também* Equilíbrio trabalho-vida)
Turnover de, 61–63
Ver também Comunicação; Oportunidades de crescimento; Plano de desenvolvimento de carreira

Trabalho autônomo, 141, 142

Trabalho, ambiente de
Atribuições interdepartamentais, 85
Divertido, 83
Ver também Desempenho; Equilíbrio trabalho-vida

Trabalho, como interessante e envolvente, 82

Treinamento
Desenvolvimento de carreira e, 149, 160, 161
Desenvolvimento profissional para gestores, 179, 180
Estilos de aprendizado e, 110–112
Experiencial, 112–114

Treinamento experiencial, 114–116

Turnover, dos trabalhadores, 22, 23

Twenge, Jean, 41

U.S. Census Bureau, 20, 34, 37

Universidade de Navarra, 52

Visibilidade dos trabalhadores, 56, 57

Wang, Vera, 98, 99

Washington Post, 41

Welch, Jack, 181

Whole Foods, 125

Wired, 42

Women in Cable Telecommunications, 165, 166

Working Mother Media, 141

Xun Kuang, 105

Yaroslavski, Danny, 99

You Just Don't Understand (Tannen), 97

Zappos, 81

Zhou, William, 99

Zona de conforto, indo além, 59

Zuckerberg, Mark, 99

LEIA TAMBÉM

RECEITA PREVISÍVEL
Aaron Ross & Marylou Tyler
TRADUÇÃO Celina Pedrina Siqueira Amaral

PETER DRUCKER: MELHORES PRÁTICAS
William A. Cohen, PhD
TRADUÇÃO Afonso Celso da Cunha Serra,
Celina Pedrina Siqueira Amaral

A BÍBLIA DA CONSULTORIA
Alan Weiss, PhD
TRADUÇÃO Afonso Celso da Cunha Serra

TRANSFORMAÇÃO DIGITAL
David L. Rogers
TRADUÇÃO Afonso Celso da Cunha Serra

CUSTOMER SUCCESS
Dan Steinman, Lincoln Murphy, Nick Mehta
TRADUÇÃO Afonso Celso da Cunha Serra

INTELIGÊNCIA EMOCIONAL EM VENDAS
Jeb Blount
TRADUÇÃO Afonso Celso da Cunha Serra

MITOS DA LIDERANÇA
Jo Owen
TRADUÇÃO Afonso Celso da Cunha Serra

OS SONHOS DE MATEUS
João Bonomo

MITOS DA GESTÃO
Stefan Stern, Cary Cooper
TRADUÇÃO Afonso Celso da Cunha Serra

IoT-INTERNET DAS COISAS
Bruce Sinclair
TRADUÇÃO Afonso Celso da Cunha Serra

Este livro foi composto com tipografia Bembo e impresso
em papel Off-White 90 g/m² na Assahi.